KB165198

흥미로운 베이지안 통계

흥미로운 베이지안 통계

스타워즈, 레고, 러버 덕으로 이해하는 통계와 확률

윌 커트 지음 **윤정미** 옮김

i!i
에이콘

지은이 소개

윌 커트 Will Curt

현재 웨이페어Wayfair에서 데이터 과학자로 일하고 있으며, 50년 이상 베이지안 통계를 사용해 실제 비즈니스 문제를 해결해왔다. 운영 중인 블로그 countBayesie.com에서 확률에 관해 자주 이야기한다. 『Get Programming with Haskell』(Manning, 2018)의 저자로 미국 매사추세츠주 보스턴에 살고 있다.

감사의 글

책을 쓰는 것은 실제로 많은 사람들의 노고를 수반하는 놀라운 작업이다. 다음에 언급하는 이름은 이 책을 가능하게 만든 많은 사람들 가운데 일부에 불과하다. 우선 나에게 항상 호기심을 불러 일으키고 영감을 준 아들 아처Archer에게 감사한다.

노스타치No Starch가 출간한 책들은 가장 좋아하는 책 목록에 포함돼 있으며, 이 책을 만들면서 노스타치의 놀라운 팀과 함께 일하게 돼 정말 영광이다. 편집자와 검토자를 비롯해 노스타치 관계자들에게 무한한 감사를 표한다. 리즈 채드윅Liz Chadwick은 이 책의 출간을 제안했으며 이 책이 나오기까지 훌륭한 편집 피드백과 지침을 제공했다. 로렐 천Laurel Chun은 이 책이 완전히 다듬어진 내용으로 될 수 있게 했을 뿐만 아니라 전체 과정을 매우 순조롭게 진행되게 도왔다. 첼시 파렛-펠레리티Chelsea Parlett-Pelleriti는 기술 검토자의 역할을 뛰어넘어 이 책이 최고가 되도록 도와줬다. 프랜시스 소Frances Saux는 이 책의 후반부에서 통찰력 있는 많은 논평을 해줬다. 또한 그렇게 즐거운 출판사를 만든 빌 폴록Bill Pollock에게 감사한다.

학부에서 영문학을 전공한 내가 수학에 관한 책을 쓴다는 것은 상상조차 할 수 없었다. 수학의 경이로움을 볼 수 있도록 도와준 정말 필수적인 사람들이 몇 있다. 수학의 세계가 얼마나 흥미롭고 신나게 할 수 있는지를 보여준 대학 룸메이트 그레그 뮬러Greg Muller에게 영원히 감사할 것이다. 보스턴대학교의 아나톨리 템킨Anatoly Temkin 교수는 항상 "이것은 무엇을 의미하는가?"라는 질문에 답하도록 가르침으로써 내게 수학적인 사고의 문을 열게 해줬다. 수년 동안 침체됐던 내게 수학적 대화와 지침의 오아시스를 제공해준 리처드 켈리Richard Kelley에게 큰 감사를 표한다. 또한 봄보라Bombora의 데이터 과학 팀, 특히 패트릭 켈리Patrick Kelley에게 감사하고 싶다. 그는 훌륭한 질문과 대화를 제공했고, 그중 일부는 이 책에 수록됐다. 항상 멋진 질문과 통찰력을 제공해준 내 블로그 '카운트 베이시Count Bayesie' 독자들에게도 영원히 감사할 것이다. 특히 내가 갖고 있던 초기 오해를 바로

잡는 데 도움을 준 논평자 네빈^{Nevin}에게 감사한다.

마지막으로 이 주제에 대해 많은 성장을 하게 도와준 베이지안 통계학의 몇몇 위대한 저자들에게 감사를 전하고 싶다. 존 크러슈케^{John Kruschke}의 『Doing Bayesian Data Analysis(베이지안 데이터 분석 수행)』(Academic Press, 2014)와 앤드류 겔만^{Andrew Gelman}의 『Bayesian Data Analysis(베이지안 데이터 분석)』(CRC, 2013) 등은 모두가 읽어야 할 훌륭한 책이다. 지금까지 내 사고에 가장 영향을 준 책은 제인스^{E.T. Jaynes}의 『Probability Theory: The Logic of Science(확률 이론: 과학의 논리)』(Cambridge University Press, 2003)다. 또한 이 도전적인 책에 관해 강의해 이 책을 명확히 하는 데 도움을 준 오브리 클레이턴^{Aubrey Clayton}에게 감사의 말을 덧붙이고 싶다.

기술 감수자 소개

첼시 파렛–펠레리티|Chelsea Parlett-Pelleriti
전산 및 데이터 과학 박사 과정 학생으로, 오랫동안 통계를 사랑해왔다. 또한 프리렌서 통계 작가로 유튜브 시리즈인 〈Crash Course Statistics(통계 충돌 코스)〉 및 「프린스턴 리뷰Princeton Review」의 〈Cracking the AP Statistics Exam(AP 통계 시험 크래킹)〉 등의 프로젝트에 기여하고 있다. 현재 미국 캘리포니아 남부에 살고 있다.

옮긴이 소개

윤정미(kjbyjm@yuhan.ac.kr)

가톨릭대학교에서 수학 전공으로 학사를, 이화여자대학교 대학원에서 컴퓨터 전공으로 석사를 마쳤으며 The Graduate Center of the City University of New York에서 컴퓨터 공학 전공으로 박사학위를 받았다. 이후 몇 개 대학교에 출강해 데이터베이스와 시뮬레이션 등을 강의했고, 1990년부터 현재까지 유한대학교 IT소프트웨어공학과 교수로 재직 중이다.

「병렬 컴퓨터상에서 GPSS 구현을 위한 알고리즘」, 「통계 기반 교통시뮬레이션의 애니메이션화」 등 다수의 논문을 썼으며 『예제 따라가며 쉽게 배우는 오라클』(기한재, 2015), 『알기 쉽게 쓴 비주얼 베이직』(생능출판사, 2001) 등의 저서가 있다. 『파이썬과 함께하는 수학 어드벤처』(에이콘, 2020), 『파이썬으로 풀어보는 회귀분석』(에이콘, 2019) 등을 번역했다.

옮긴이의 말

이 책은 불확실성에 대한 추론을 잘할 수 있도록 베이지안 방법을 어떻게 적용하는지 LEGO 블록, 드라마 〈트와일라잇 존〉과 영화 〈스타워즈〉 등 다양하고 흥미로운 예제를 통해 설명한다. 이미 여러분은 일상생활에서 무의식 중에 베이지안 사고를 하고 있다. 이 책은 그런 수많은 문제에 대해 베이지안 통계를 적용해 불확실성을 모델링할 수 있게 하고 제한된 정보로 더 나은 선택을 할 수 있게 한다. 베이지안 통계는 직면하고 있는 문제를 살펴보고 수학적으로 묘사하는 방법을 찾은 다음 추론을 사용해 문제를 해결토록 한다.

이 책은 3부로 구성돼 있다. 1부에서는 베이지안 사고, 불확실성의 논리 및 기본 확률분포를 포함하는 확률에 관해 소개한다. 2부에서는 조건부 확률과 베이즈 정리를 포함하는 베이지안 확률과 사전확률을 다룬다. 3부에서는 데이터의 산포도 측정, 정규분포 및 모수 추정 도구를 포함하는 모수 추정을 다루며, 마지막 4부에서는 통계의 핵심인 가설검정으로 확장시킨다.

이 책의 유일한 요구 사항은 고등학교 때 배운 기본 대수학이다. 몇 가지 수학적인 예를 볼 수 있지만 특별히 부담스러운 것은 없다. 중요한 수학적인 배경 없이도 문제를 수학적인 방법으로 생각하는 것을 시작할 수 있도록 도와준다. 미적분학에 대해서도 기본 개념 정도를 다루지만 이 역시 사전 경험을 필요로 하지 않는다. 부록에서 책을 이해하는 데 필요한 미적분의 기본 개념을 충분히 제공할 것이다. 또한 R 프로그래밍 언어로 작성된 약간의 코드를 사용하지만 필요한 내용을 모두 부록에서 제공하고 설명하므로 R을 미리 배울 필요는 없다.

에이콘출판의 기틀을 마련하신 故 정완재 선생님 (1935-2004)

차례

1부   확률 소개

3부   모수 추정

4부   가설 검정: 통계의 핵심

들어가며

사실 인생의 모든 것은 어느 정도는 불확실하다. 약간 과장된 것처럼 보일지 모르지만, 그 진실을 알기 위해 빠르게 실험을 시도할 수 있다. 하루를 시작하면서 앞으로 30분, 1시간, 3시간, 6시간 안에 일어날 것으로 예상되는 일을 적어보자. 그러고 나서 얼마나 많은 것이 상상한 바와 똑같이 발생하는지 살펴보자. 하루하루가 불확실성으로 가득하다는 것을 금방 알게 될 것이다. "이를 닦겠다"거나 "커피 한 잔 마시겠다"와 같은 예측 가능한 일조차도 어떤 이유로든 예상대로 일어나지 않을 수도 있다.

인생의 불확실한 대부분은 하루 일과를 계획함으로써 꽤 잘 극복할 수 있다. 교통체증으로 인해 아침 통근 시간이 평소보다 길어질 수 있지만 정시에 출근하기 위해 언제 집에서 출발해야 하는지를 충분히 잘 추정할 수 있다. 아침에 매우 중요한 회의가 있을 때 체증에 대비해 더 일찍 출발할 수 있다. 우리 모두 불확실한 상황과 불확실성을 다루는 방법에 타고난 감각을 지니고 있다. 이런 식으로 생각한다는 것은 확률적으로 생각하기 시작한다는 것이다.

통계를 배우는 이유

학교에서 논리를 배우는 것이 일상의 논리적 사고의 오류를 해결하는 데 도움을 주는 것처럼, 이 책의 주제인 베이지안 통계는 불확실성에 대한 추론을 더 잘 할 수 있게 해준다. 방금 이야기했듯이 사실상 모든 사람들이 일상생활에서 불확실성을 다루고 있다는 것을 감안하면 이 책의 독자층은 꽤 넓어질 것이다. 이미 통계를 사용하고 있는 데이터 과학자와 연구자는 이러한 도구들이 어떻게 작동하는지 더 깊은 이해와 직관의 혜택을 누릴 것이다. 엔지니어와 프로그래머는 의사 결정을 좀 더 효과적으로 정량화할 수 있는 많은 방법을 배울 것이다(심지어 베이지안 분석을 사용해 소프트웨어 버그 원인을 파악하기도 한다). 마케팅 담당자와 영업 담당자는 이 책의 아이디어를 적용해 A/B 테스트를 실행하고, 이를 통해 고객을 이해하고 기회의 가치를 더 잘 평가할 수 있다. 높은 수준의 의사 결정을 내리는 사람은 불확실한 의사 결정의 비용과 이점에 대해 신속하게 추정할 수 있도록 최소한 기본적인 확률 감각을 가져야 한다. CEO에게는 이 책이 확률과 불확실성을 포함하는 선택을 더 잘 평가할 수 있도록 기반을 충분히 다질 수 있는 책이 되기를 원한다.

솔직히 모든 사람이 문제를 베이지안 방식으로 생각하면 도움이 될 것이라고 믿는다. 베이지안 통계를 이용하면 수학을 사용해 불확실성을 모델링할 수 있으므로 제한된 정보로 더 나은 선택을 할 수 있다. 예를 들어 특별히 중요한 회의를 위해 제시간에 출근해야 하는데, 선택할 수 있는 두 가지 다른 경로가 있다고 가정하자. 첫 번째 경로는 통상더 빠르지만 심각한 지연을 일으킬 수 있는 꽤 상습적인 교통 정체를 가지고 있다. 두 번째 경로는 평소 시간이 더 오래 걸리지만 교통량이 적다. 어떤 경로를 선택해야 할까? 이를 결정하기 위해 어떤 유형의 정보가 필요할까? 또한 선택한 것을 얼마나 확신할 수 있을까? 단지 소량의 복잡성만 더해져도 약간의 추가적인 사고와 기술을 필요로 한다.

일반적으로 통계를 생각하면 사람들은 새로운 약을 연구하는 과학자, 시장의 추세를 따르는 경제학자, 다음 선거를 예측하는 분석가, 멋진 수학으로 최고의 팀을 구성하려는 야구 감독 등을 떠올린다. 이러한 모든 것들이 통계를 매력적으로 사용하는 분야이지만, 베이지안 추론의 기본을 이해하면 일상생활의 훨씬 더 많은 영역에서 도움을 받을 수 있다. 뉴스에 보고된 새로운 발견에 의문을 제기하거나, 밤늦게 희귀한 질병이 있는지 궁금해 웹을 검색하거나, 세상에 대한 비이성적인 신념에 관해 친척과 논쟁한 적이 있다면 베이지안 통계를 배우는 것이 더 나은 추론을 하는 데 도움이 될 수 있을 것이다.

"베이지안" 통계란?

"베이지안"이 무엇인지 궁금할 것이다. 통계 수업을 들어본 적이 있다면 그것이 빈도 통계학frequentist statistics을 기반으로 한 것 같다고 생각할 것이다. 빈도 통계학은 확률이 어떤 일이 발생하는 빈도수를 나타낸다는 아이디어를 기반으로 한다. 하나의 동전을 던져 앞면이 나올 확률이 0.5라는 것은 하나의 동전을 던졌을 때 절반은 앞면이 나올 것을 기대할 수 있다는 의미이다(두 번 던지면 한 번의 앞면을 얻을 것을 기대할 수 있다).

반면 베이지안 통계는 정보에 대해 얼마나 불확실한지를 나타내는 확률과 관련이 있다. 베이지안 용어로 하나의 동전 던지기에서 앞면을 얻을 확률이 0.5라는 것은 동전 던지기에서 앞면이 나올지 뒷면이 나올지에 대해 똑같이 확신할 수 없다는 것을 의미한다. 동전 던지기와 같은 문제에서는 빈도 접근법과 베이지안 접근법이 모두 합리적으로 보이지만, 선호하는 후보자가 다음 선거에서 승리할 것이라는 신념을 정량화하는 경우에는 베이지안 해석이 훨씬 더 합리적이다. 결국 선거는 한 번밖에 없기 때문에 선호하는 후보가 얼마나 자주 당선될지에 대해 말하는 것은 의미가 없다. 베이지안 통계에서는 주어진 정보를 바탕으로 세상에 대해 믿는 것을 정확하게 묘사하려고 할 뿐이다.

베이지안 통계에서 특히 좋은 점은 불확실한 것에 대한 추론으로 간단하게 볼 수 있기 때문에, 베이지안 통계의 도구와 기술은 모든 직관적으로 이해될 수 있다는 것이다.

베이지안 통계는 직면하고 있는 문제를 살펴보고 수학적으로 묘사하는 방법을 찾은 다음 추론을 사용해 문제를 해결한다. 확신할 수 없는 결과를 제공하는 신비한 테스트, 기억해야 하는 분포, 완벽하게 복제해야 하는 전통적인 실험 설계 등과 같은 것은 없다. 새로운 웹 페이지 디자인이 더 많은 고객을 불러올지, 선호하는 스포츠 팀이 다음 게임에서 이길지, 실제로 우주에 자신 혼자만 있는지 등에 대한 확률을 알고 싶을 때 베이지안 통계는 문제에 대해 몇 가지 간단한 규칙과 새로운 사고방식만을 사용해 이를 수학적으로 추론할 수 있게 해줄 것이다.

이 책의 내용

이 책에서 다루는 내용을 간단하게 살펴본다.

1부: 확률 소개

1장. 베이지안 사고와 일상적 추론

베이지안 사고를 소개하고, 어떤 상황에 대해 비판적으로 생각하는 일상적인 방법과 베이지안 사고가 얼마나 유사한지 보여준다. 세상에 대해 이미 알고 있고 믿는 것을 바탕으로 저녁에 창문 밖으로 보이는 밝은 빛이 UFO일 확률을 살펴볼 것이다.

2장. 불확실성 측정

동전 던지기 예제를 이용해 확률의 형태로 불확실성에 실제값을 할당한다. 무엇인가에 대한 확신이 얼마인지 나타내기 위해 0부터 1까지의 숫자를 사용한다.

3장. 불확실성의 논리

논리에서는 참인 것과 거짓인 사실을 결합하기 위해 AND, NOT 및 OR 연산자를 사용한다. 확률도 이러한 연산자와 비슷한 개념을 가지고 있다. 약속을 지키기 위한 최적의 교통수단을 추론하는 방법과 교통위반 통고서를 받을 가능성을 조사할 것이다.

4장. 이항 확률분포 생성

확률 규칙을 논리로 사용해 고유한 확률분포, 이항분포를 만들어 유사한 구조를 갖는 많은 확률 문제에 적용할 수 있게 한다. 당신은 가챠 카드 게임에서 유명한 통계학자 카드를 수집할 확률을 예측할 것이다.

5장. 베타분포

첫 번째 연속 확률분포를 배우고 통계를 확률과 다르게 만드는 요인을 소개한다. 통계의 실행은 주어진 데이터를 기반으로 알지 못하는 확률을 알아내려고 노력하는 것을 포함한다. 5장의 예제에서는 마법 동전 분배 상자를 통해 잃은 돈보다 더 많은 돈을 얻을 가능성에 관해 조사할 것이다.

2부: 베이지안 확률과 사전확률

6장. 조건부확률

기존 정보를 바탕으로 확률을 조건화한다. 일례로 누군가가 남성인지 혹은 여성인지 아는 것은 그들이 색맹일 가능성이 얼마나 높은지를 알려주는 것과 같은 것이다. 또한 조건부확률을 역으로 하는 베이즈 정리를 소개한다.

7장. LEGO를 사용한 베이즈 정리

LEGO 블록에 대한 추론을 통해 베이즈 정리에 대해 더 나은 직관을 얻을 수 있다. 7장에서는 베이즈 정리가 수학적으로 수행하는 작업에 대한 공간적 감각을 제공할 것이다.

8장. 베이즈 정리의 사전, 우도, 사후

베이즈 정리는 일반적으로 세 부분으로 나뉘며 각각은 베이지안 추론에서 자체의 기능을 수행한다. 실제로 각 부분을 무엇이라고 부르고 어떻게 사용하는지 배울 것이다.

9장. 베이지안 사전확률 및 확률분포

영화 〈스타워즈: 제국의 역습〉의 고전적인 소행성 시나리오의 이해를 돕기 위해 베이즈 정리를 어떻게 사용하는지 살펴보고, 이를 통해 베이지안 통계의 사전확률에 대한 이해를 높일 수 있다. 또한 전체 분포를 사전으로 어떻게 사용할 수 있는지도 알 수 있다.

3부: 모수 추정

10장. 평균화 및 모수 추정 소개

모수 추정은 불확실한 값에 대한 최상의 추측을 공식화하기 위해 사용하는 방법이다. 모수 추정에서 가장 기본적인 도구는 간단하게 관찰값을 평균화하는 것이다. 10장에서는 적설량을 분석해 이것이 작동하는 이유를 살펴볼 것이다.

11장. 데이터의 산포도 측정

평균을 구하는 것은 모수를 추정하는 데 유용한 첫 번째 단계이지만, 관찰값이 얼마나 퍼져 있는지 설명하는 방법도 필요하다. 여기서는 관찰값이 얼마나 퍼져 있는지 측정하기 위한 방법으로 평균절대편차$^{\text{MAD, Mean Absolute Deviation}}$, 분산, 표준편차를 소개한다.

12장. 정규분포

평균과 표준편차를 결합하면 추정을 위해 매우 유용한 분포인 정규분포를 얻을 수 있다. 12장에서는 정규분포를 사용해 알지 못하는 값을 추정할 수 있을 뿐만 아니라 이러한 추정치에 대해 얼마나 확신하는지 알 수 있는 방법을 배울 것이다. 이러한 새로운 기술을 사용해 은행 강도 사건에서 탈출 시간을 결정할 것이다.

13장. 모수 추정 도구: PDF, CDF, 분위수 함수

PDF, CDF 및 분위수 함수를 배워 모수 추정을 더욱 잘 이해할 수 있게 한다. 이러한 도구들을 사용해 이메일 전환율을 추정할 수 있고 각각의 도구가 제공하는 통찰력을 확인할 수 있다.

14장. 사전확률을 고려한 모수 추정

모수 추정을 개선하기 위한 가장 좋은 방법은 사전확률을 포함하는 것이다. 14장에서는 이메일 클릭율 성공에 관해 사전 정보를 추가하면 새로운 이메일에 대한 실제 전환율을 더 잘 추정하는 데 어떻게 도움이 되는지 살펴볼 것이다.

4부: 가설 검정 : 통계의 핵심

15장. 모수 추정에서 가설 검정까지: 베이지안 A/B 테스트 구축

이제 불확실한 값을 추정할 수 있게 됐으니 가설을 검정하기 위해 두 개의 불확실한 값을 비교하는 방법이 필요하다. 새로운 이메일 마케팅 방법에 대해 얼마나 확신이 있는지 알기 위해 A/B 테스트를 생성할 것이다.

16장. 베이즈 요인 및 사후 오즈 소개: 아이디어 경쟁

희귀질환에 걸렸는지 확인하기 위해 늦게까지 자지 않고 웹을 검색한 적이 있는가? 16장에서는 실제로 얼마나 걱정해야 하는지를 결정하는 데 도움이 되는 아이디어를 테스트하기 위한 또 다른 접근법을 소개할 것이다.

17장. 〈트와일라잇 존〉에서의 베이지안 추론

초능력적인 힘에 대해 얼마나 믿는가? 여기서는 〈트와일라잇 존〉의 고전적인 에피소드 상황을 분석해 마음을 읽는 기술을 개발할 것이다.

18장. 데이터가 확신을 주지 못할 때

때로는 데이터가 누군가의 신념을 바꾸거나 논쟁에서 이기는 데 도움을 줄 정도로 충분하지 않을 수 있다. 동의하지 않는 의견에 대해 친구의 마음을 바꾸게 할 수 있는 방법과 호전적인 사람과 논쟁할 가치가 없는 이유를 알아보자.

19장. 가설 검정에서 모수 추정까지

다양한 가설에 대해 비교하는 방법을 살펴봄으로써, 모수 추정으로 다시 돌아간다. 특정 게임의 공정성을 분석하기 위해 간단한 가설 검정에서 다룬 도구를 사용해 첫 번째 통계 예제인 베타분포를 도출할 것이다.

부록 A: R의 간단한 소개

R 프로그래밍 언어의 기본 사항에 대해 간략하게 설명할 것이다.

부록 B: 미적분 개념 소개

이 책에서 사용되는 수학을 편안하게 해줄 수 있을 만큼의 미적분을 다룰 것이다.

이 책의 대상 독자

이 책의 유일한 요구 사항은 고등학교 때 배운 기본 대수학이다. 몇 가지 수학적인 예를 볼 수 있지만 특별히 부담스러운 것은 없다. R 프로그래밍 언어로 작성된 코드를 약간 사용하지만, 이 책에서 제공하고 설명하므로 R을 미리 배울 필요는 없다. 또한 미적분학에 대해서도 다루지만 이 역시 사전 경험을 필요로 하진 않는다. 부록에서 관련 정보를 충분히 제공할 것이다.

즉, 이 책은 중요한 수학적인 배경 없이 문제를 수학적인 방법으로 생각할 수 있도록 돕는 것을 목표로 한다. 책을 모두 읽고 나면 일상생활에서 문제를 설명하기 위해 무심코 방정식을 작성하고 있는 자신을 발견할지도 모른다.

만약 통계(베이지안 통계조차도)에 대해 강력한 배경지식이 있다고 하더라도 여전히 이 책을 읽으며 즐거운 시간을 보낼 것이라고 믿는다. 다른 시각으로 기본을 반복, 재검토하는 것이 한 분야를 이해하는 가장 좋은 방법이라고 생각한다. 저자도 글을 쓰는 과정에서 놀라운 것들을 많이 발견했다.

이제 모험을 떠나자!

곧 알 수 있겠지만, 베이지안 통계는 매우 유용하다는 것 외에도 아주 재미있을 것이다. 베이지안 추론을 배우는 데 도움을 주기 위해 LEGO 블록, 〈트와일라잇 존〉, 〈스타워즈〉 등을 살펴볼 것이다. 문제에 대해 일단 확률적으로 생각하기 시작하면 모든 곳에서 베이지안 통계를 사용하기 시작할 것이다. 매우 빠르고 재미있게 읽을 수 있도록 구성됐으므로, 페이지를 넘겨 베이지안 통계로의 모험을 시작해보자.

정오표

한국어판 정오표는 에이콘출판사의 도서정보 페이지 http://www.acornpub.co.kr/book/bayesian-statistics에서 찾아볼 수 있다.

질문

한국어판에 관한 질문은 이 책의 옮긴이나 에이콘 출판사 편집 팀(editor@acornpub.co.kr)으로 문의해주길 바란다.

1부

확률 소개

1

베이지안 사고와 일상적 추론

1장에서는 데이터를 관찰한 후에 신념을 갖기 위해 사용하는 공식적인 과정인 베이지안 추론(Bayesian Reasoning)의 개요를 소개한다. 시나리오를 통해 일상적 경험이 베이지안 추론에 어떻게 매핑하는지 살펴볼 것이다.

반가운 것은 이 책을 사용하기 전에 독자는 이미 베이지안이었다는 것이다. 베이지안 통계Bayesian statistics는 자연적으로 증거를 사용해 일상적인 문제에 대한 새로운 신념과 이유를 만드는 방법과 밀접한 관련이 있다. 까다로운 부분은 이 자연적인 사고 과정을 엄격한 수학적 사고 과정으로 분해하는 것이다.

통계에서는 확률을 더욱 정확하게 정량화하기 위해 특정한 계산과 모델을 사용한다. 그러나 1장에서는 어떠한 수학이나 모델을 사용하지 않을 것이다. 단지 기본 개념을 익히고 직관을 사용해 확률을 결정할 것이다. 2장에서는 확률에 정확한 숫자를 사용하고, 나머지 부분에서는 1장에서 다루는 개념에 대해 공식적으로 모델화하고 추론하기 위해 어떻게 수학적 기법을 사용하는지 살펴볼 것이다.

낯선 경험에 대한 추론

어느 날 밤 창문으로 들어오는 밝은 빛 때문에 갑자기 깨어난다. 침대에서 벌떡 일어나 하늘에 있는 접시 모양의 커다란 물체를 바라본다. 통상 회의적이었고 외계인과의 만남을 결코 믿지 않았지만 그 광경에 완전히 사로잡혀 스스로 "이것이 UFO일 수 있을까?"라고 생각하는 자신을 발견한다.

베이지안 추론은 확률적 가정을 하고 그 가정을 사용해 신념을 업데이트하는 단계적인 사고 과정을 갖는다. UFO 시나리오에서는 이미 다음과 같은 이유로 완전한 베이지안 분석을 진행했다.

1. 관찰 데이터
2. 가설hypothesis 형성
3. 데이터를 기반으로 신념 업데이트

추론이 너무 빨리 진행돼서 자신의 생각을 분석할 시간이 없었다. 의심의 여지없이 새로운 신념을 만들었고, UFO의 존재를 믿지 않았던 이전과는 달리 지금은 신념을 업데이트하고 UFO를 봤다고 생각한다.

1장에서는 자신의 신념과 신념을 만들어내는 과정을 구조화하는 것에 중점을 둠으로써 좀 더 공식적으로 검토할 수 있도록 하고 앞으로 다가올 과정을 정량화할 것이다.

데이터를 관찰하는 것부터 시작해 추론의 각 단계를 차례로 살펴보자.

관찰 데이터

데이터에 대해 신념을 갖는 것은 베이지안 추론의 핵심 요소다. 주어진 광경에 대해 어떤 결론을 내리려면 (UFO를 본 것을 주장하는 것과 같이) 관찰한 데이터를 이해해야 한다. 위의 경우,

- 창밖의 매우 밝은 빛

- 공중에서 맴도는 접시 모양의 물체

과거의 경험을 바탕으로 하면, 창밖으로 보이는 광경을 "놀랍다"라고 묘사했을 것이다. 확률 용어로는 다음과 같이 쓸 수 있다.

$$P(\text{창밖의 밝은 빛, 하늘의 접시 모양 물체}) = \text{매우 낮음}$$

여기서 P는 확률probability을 나타내며 두 개의 데이터를 괄호 안에 나열한다. 이 식을 "창밖의 밝은 빛과 하늘의 접시 모양의 물체를 관찰할 확률은 매우 낮다"와 같이 읽을 것이다. 확률 이론에서는 주로 여러 사건의 결합 확률combined probability을 나타낼 때 쉼표를 사용해 사건을 분리한다. 주어진 데이터는 UFO에 관해 어떤 내용도 포함하지 않는다는 점을 유의하자. 단순히 관찰한 내용으로만 구성되며, 이것은 나중에 중요한 사항이 될 것이다.

또한 단일 사건의 확률은 다음과 같이 표시한다.

$$P(\text{비}) = \text{가능성 높음}$$

이 식은 "비가 올 확률이 높다"로 읽는다.

UFO 시나리오의 경우 두 사건이 함께 일어날 확률을 결정한다. 두 개의 사건 중 하나가 스스로 발생할 확률과는 완전히 다른 것이다. 예를 들어 밝은 빛이라는 하나의 사건은 지나가는 자동차에서도 쉽게 일어날 수 있으며, 이 사건 자체의 확률은 접시 모양의 물체를 본 사건과 결합한 확률보다 가능성이 더 높다(접시 모양의 물체는 그 자체만으로도 여전히 놀랄 것이다).

확률을 어떻게 결정할까? 지금은 직관 즉, 사건을 인지할 수 있는 일반적인 감각을 사용하고 있다. 2장에서는 확률에 대한 정확한 수치를 어떻게 도출할 수 있는지 살펴볼 것이다.

사전 신념 보유 및 조건부확률

세상이 어떻게 돌아가는지에 대한 사전 신념prior belief을 갖고 있기 때문에 많은 분석을 하지 않고도 아침에 일어나 커피를 마시고 일하러 갈 수 있다. 사전 신념은 평생 동안 쌓아

온 경험(즉, 관찰 데이터)에 의해 구축된 신념의 집합이다. 태어날 때부터 매일 태양이 떠올랐기 때문에 태양이 떠오를 것이라고 믿는다. 마찬가지로 다가오는 차량에 대해 교차로의 신호등이 빨간색이고 운전하는 차량의 신호등이 녹색이면 교차로를 안전하게 통과할 수 있다는 사전 신념을 갖는다. 사전 신념이 없다면 내일 아침 태양이 떠오르지 않을 수도 있기 때문에 매일 밤 겁에 질려 잠자리에 들 수도 있고 모든 교차로에서 정지한 후 다가오는 차량을 주의 깊게 살펴야 할 것이다.

사전 신념은 접시 모양의 물체를 보는 것과 동시에 창밖으로 밝은 빛을 보는 것은 지구상에서는 드문 현상이라고 알려준다. 그러나 행성 간의 방문자가 많고, 많은 수의 비행접시가 있는 먼 행성에 살고 있다면 하늘에서의 불빛과 접시 모양의 물체를 볼 확률은 훨씬 더 높을 것이다.

식에서는 다음과 같이 |로 분리해 관찰 데이터 뒤에 사전 신념을 나타낸다.

$$P(\text{창밖의 밝은 빛, 하늘의 접시 모양 물체} \mid \text{지구상에서의 경험}) = \text{매우 낮음}$$

이 식을 "지구상에서의 경험으로 볼 때 밝은 빛과 접시 모양의 물체를 관찰할 확률은 매우 낮다"라고 읽는다.

확률 결과는 다른 사건의 존재에 대해 한 사건의 확률이 조절되기 때문에 조건부확률 conditional probability이라 한다. 이 경우 사전 경험에 따라 관찰 확률이 조절된다.

확률에 P를 사용한 것과 같은 방식으로 사건 및 조건에 대해 짧은 변수명을 사용하는 것이 일반적이다. 식을 읽는 것이 익숙하지 않은 경우 처음에는 너무 간결해 보일 수 있다. 하지만 얼마 지나지 않아 변수명이 짧을수록 가독성을 높이고 위와 같은 식이 더 방대한 종류의 문제에 어떻게 일반화되는지 확인할 수 있을 것이다. 모든 데이터를 단일 변수 D에 할당하자.

$$D = \text{창밖의 밝은 빛, 하늘의 접시 모양 물체}$$

지금부터 데이터 집합의 확률에 대해 간단하게 $P(D)$를 사용한다.

마찬가지로 다음과 같이 변수 X를 사용해 사전 신념을 나타낸다.

$$X = 지구상에서의 경험$$

위의 식을 $P(D|X)$로 쓸 수 있다. 이 표기법은 의미를 바꾸지 않으면서도 사용하기 훨씬 더 쉬워진다.

다중 신념에 대한 조건

확률에 하나 이상의 변수가 커다란 영향을 미치는 경우, 또 다른 하나 이상의 사전 신념을 추가할 수 있다. 지금은 7월 4일이고 미국에 산다고 가정해보자. 사전 경험으로 7월 4일 (미국 독립 기념일)에 불꽃놀이가 흔하게 이뤄진다는 것을 안다. 지구상에서의 경험과 7월 4일이라는 사실을 고려하면 하늘에서 빛을 볼 확률은 적지 않으며 접시 모양의 물체조차도 불꽃놀이와 연관이 있을 수도 있다. 다음과 같이 식을 다시 쓸 수 있다.

P(창밖의 밝은 빛, 하늘의 접시 모양 물체 | 7월 4일, 지구상에서의 경험) = 낮음

두 가지 경험을 모두 고려하면 조건부확률은 "매우 낮음"에서 "낮음"으로 변경된다.

실제의 사전 신념 가정

통계에서는 일반적으로 추측할 수 있는 기존의 모든 경험에 대한 조건을 명시적으로 포함하지는 않는다. 따라서 이 책에서는 이러한 조건에 대해 별도의 변수를 사용하지 않는다. 그러나 베이지안 분석에서는 세상에 대한 이해가 항상 사전 경험에 따라 결정된다는 것을 명심해야 한다. 1장의 나머지 부분에서는 이 사실을 상기시키기 위해 "지구상에서의 경험" 변수를 유지한다.

가설 형성

지금까지는 데이터 D(밝은 빛과 접시 모양의 물체를 본 것)와 사전 경험 X를 사용했다. 관찰한 것을 설명하기 위해서는 일종의 가설을 만들어야 한다. 가설은 세상이 어떻게 돌아가는지 예측하는 모델이다. 가설은 여러 형태로 나타날 수 있으며 다음과 같이 세상에 대한

모든 기본 신념은 가설이다.

- 지구가 회전한다고 믿는다면 태양은 특정한 시간에 떠오르고 진다고 예측한다.
- 좋아하는 야구 팀이 최고라고 믿는다면 다른 팀보다 더 많이 이길 것으로 예측한다.
- 점성술을 믿는다면 별의 정렬이 사람과 사건에 대해 묘사할 것이라고 예측한다.

또한 가설은 좀 더 공식적이거나 정교할 수 있다.

- 과학자는 특정 치료법이 암의 성장을 늦출 것이라는 가설을 세울 수 있다.
- 금융계의 정량 분석가는 시장이 어떻게 움직일지에 대한 모델을 가지고 있을 수 있다.
- 심층 신경망은 어떤 이미지가 동물이고 어떤 이미지가 식물인지 예측할 수 있다.

이러한 모든 사례는 세상을 이해하기 위한 어떤 방법을 갖고 있고 세상이 어떻게 행동할 것인지에 대한 예측을 사용하기 때문에 가설이 된다. 베이지안 통계에서 가설은 일반적으로 관찰하는 데이터를 얼마나 잘 예측하는지가 중요하다.

증거를 본 후에 UFO라고 생각하면 가설을 세우고 있는 것이다. UFO 가설은 수많은 영화나 텔레비전에서 본 사전 경험을 기반으로 한다. 첫 번째 가설은 다음과 같이 정의한다.

$$H_1 = \text{뒷마당에 UFO가 있다}$$

그러나 이 가설은 무엇을 예측하고 있을까? 이 상황을 거꾸로 생각하면 "만약 UFO가 뒷마당에 있다면 무엇을 볼 것을 기대하느냐?"라고 물을 수 있다. 그러면 "밝은 빛과 접시 모양의 물체"라고 답할 수 있다. H_1은 데이터 D를 예측하기 때문에 주어진 가설을 고려해 데이터를 관찰하면 데이터의 확률이 증가한다. 공식적으로는 다음과 같이 표기한다.

$$P(D \mid H_1, X) \gg P(D|X)$$

위의 식은 "물체가 UFO이고 사전 경험이라는 신념을 감안할 때 하늘에서 밝은 빛과 접시 모양의 물체를 발견할 확률은 어떤 설명도 없이 하늘에서 밝은 빛과 접시 모양의 물체를 볼 확률보다 더욱 더 높음"을 나타낸다(~보다 크다를 의미하는 것은 >>으로 표시한다). 여기에서는 주어진 가설이 데이터를 설명한다는 것을 증명하기 위해 확률적 표현을 사용했다.

일상 언어에서의 가설 발견

일상 언어와 확률 사이의 관계는 쉽게 알 수 있다. 이를테면 무엇인가 "놀랍다"라고 말하는 것은 사전 경험을 바탕으로 낮은 확률의 데이터를 가지고 있다는 것과 같다. "이치에 맞다"고 말하면 사전 경험을 바탕으로 높은 확률의 데이터를 갖고 있음을 의미한다. 이미 지적한 것처럼 보일 수도 있지만, 확률적 추론의 핵심은 일상적인 생활에서조차 데이터를 해석하고 가설을 세우고 신념을 바꾸는 방법에 대해 신중하게 생각하는 것이다. H_1이 없으면 관찰한 데이터에 대한 설명이 없기 때문에 혼란스러울 수 있다.

더 많은 증거 수집과 신념 업데이트

데이터와 가설이 있다고 가정하자. 그러나 회의론자인 경우 사전 경험을 감안할 때 주어진 가설이 여전히 엉뚱한 것처럼 보일 수 있다. 가지고 있는 지식 상태를 개선하고 좀 더 신뢰할 수 있는 결론을 도출하려면 더 많은 데이터를 수집해야 한다. 이는 통계적 추론과 직관적 사고의 다음 단계이다.

더 많은 데이터를 수집하려면 더 많은 관찰을 해야 한다. 이전의 시나리오에서 관찰할 수 있는 것을 조금 더 살펴보기 위해 창밖을 본다.

> 밖의 밝은 빛을 보면서 해당 지역에 아주 많은 빛이 있다는 것을 안다. 또한 큰 접시 모양의 물체가 전선에 의해 고정돼 있고 카메라 제작진이 있는 것을 본다. 박수 소리가 들리고 누군가가 "컷^{cut}"을 외친다.

이 광경을 보고 무슨 일이 일어나고 있는지 생각을 즉시 바꿨을 것이다. 전에는 UFO를 목격하고 있다고 추론했다. 지금은 새로운 증거를 통해 누군가가 근처에서 영화를 촬영하고 있는 것처럼 보인다는 것을 깨닫는다.

이러한 사고 과정을 통해 뇌는 순식간에 다시 한 번 정교한 베이지안 분석을 수행했다. 사건을 조금 더 신중하게 추론하기 위해 머리에서 일어난 일을 분석해보자.

초기 가설로 시작한다.

$$H_1 = \text{UFO가 착륙했다}$$

경험에 비춰 볼 때 독립적인 상태에서 이 가설은 가능성이 극히 낮다.

$$P(H_1 \mid X) = \text{매우 매우 낮음}$$

지금까지의 사용 가능한 데이터를 감안할 때 유일하게 존재하는 유용한 설명이다. 추가 데이터를 관찰했을 때 근처에서 영화를 촬영하고 있다는 또 다른 가능한 가설을 생각할 수 있다.

$$H_2 = \text{창밖에서 영화를 촬영하고 있다}$$

이 가설 또한 독립적으로는 확률이 직관적으로 매우 낮다(영화 스튜디오 근처에 살지 않는 한 말이다).

$$P(H_2 \mid X) = \text{매우 낮음}$$

H_1의 확률을 "매우 매우 낮음"으로, H_2의 확률을 "매우 낮음"으로 설정한 것을 주목하자. 이는 직관적이다. 누군가가 아무런 데이터도 없이 다가와 "이웃에서 일어나는 일에 대해 밤에 나타나는 UFO와 옆집에서 촬영되는 영화 중 어느 것이 더 가능성이 있다고 생각하느냐?"고 물으면 UFO 출연보다 영화 촬영이 더 가능성이 있다고 말할 것이다.

이제 가지고 있는 신념을 바꾸기 위해 새로운 데이터를 고려할 방법이 필요하다.

가설 비교

처음에는 다른 설명이 없었기 때문에 가능성이 거의 없지만 UFO 가설을 받아들였다. 그러나 지금은 가능한 또 다른 설명(영화 촬영 중)이 있으므로 다른 대체 가설alternate hypothesis을 세울 수 있다. 대체 가설을 고려하는 것은 가지고 있는 데이터를 사용해 여러 이론을 비교하는 과정이다.

전선, 영화 제작진, 추가 조명을 보면서 데이터가 바뀐다. 업데이트된 데이터는 다음과 같다.

$$D_{\text{업데이트}} = \text{밝은 빛, 접시 모양 물체, 전선, 영화 제작진, 다른 조명 등}$$

추가 데이터를 관찰한 후에는 무슨 일이 일어났는지에 대한 결론이 바뀐다. 이 과정을 베이지안 추론으로 분석해보자. 첫 번째 가설 H_1은 혼란 없이 데이터를 설명하는 방법을 제공했지만, 추가 관찰로 인해 H_1은 더 이상 데이터를 잘 설명하지 않는다. 다음과 같이 나타낼 수 있다.

$$P(D_{\text{업데이트}} \mid H_1, X) = \text{매우 매우 낮음}$$

이제는 다음과 같이 쓰여진 데이터를 훨씬 잘 설명하는 새로운 가설 H_2가 있다.

$$P(D_{\text{업데이트}} \mid H_2, X) \gg P(D_{\text{업데이트}} \mid H_1, X)$$

여기서 중요한 것은 이러한 가설이 관찰된 데이터를 얼마나 잘 설명하고 있는지 비교하는 것이다. "두 번째 가설이 주어진 상태에서의 데이터 확률이 첫 번째 가설에서의 확률보다 훨씬 크다"라고 말하는 것은 관찰된 데이터가 두 번째 가설에 의해 더 잘 설명된다는 것과 같다. 이것이 베이지안 분석의 핵심이다. 신념의 정도는 세상을 얼마나 잘 설명하고 있는지에 달려 있다. 어떤 신념이 관찰하는 세상에 대해 더 나은 설명을 제공한다면 그 신념을 다른 신념보다 더 정확하다고 말한다.

수학적으로 이 아이디어를 두 확률의 비율로 표현한다.

$$\frac{P(D_{\text{업데이트}} \mid H_2, X)}{P(D_{\text{업데이트}} \mid H_1, X)}$$

비율이 1000 정도로 큰 숫자인 경우에는 "H_2가 H_1보다 데이터를 1,000배 더 잘 설명한다"를 의미한다. H_2가 H_1보다 데이터를 훨씬 더 잘 설명하므로 신념을 H_1에서 H_2로 업데이트한다. 이것은 관찰한 것에 대한 설명에 대해 마음을 바꿨을 때 일어나는 일이다. 이제는 H_2가 관찰한 모든 데이터에 대해 가능성이 더 높은 설명이기 때문에 창밖으로 본 광경이 영화 촬영이라고 믿는다.

데이터는 신념에 영향을 미치지만 신념은 데이터에 영향을 미치지 않는다

마지막으로 강조할 것은 모든 경우에 유일하게 절대적인 것은 데이터라는 것이다. 가설이 변하고 세상에서의 경험 X도 다른 사람과 다를 수 있지만 데이터 D는 모두 똑같이 공유한다.

다음의 두 가지 공식을 생각해보자. 첫 번째는 1장에서 사용한 것이다.

$$P(D \mid H, X)$$

이는 "자신의 가설과 세상의 경험을 바탕으로 한 데이터의 확률" 또는 더 분명하게 "자신의 신념이 자신이 관찰한 것을 얼마나 잘 설명하느냐?"를 나타낸다.

그러나 다음과 같이 일상적 사고에서 흔히 볼 수 있는 반전이 있다.

$$P(H \mid D, X)$$

이는 "주어진 데이터와 세상에서의 자신의 경험을 바탕으로 한 신념의 확률" 또는 "자신이 관찰한 것이 자신의 신념을 얼마나 잘 뒷받침하느냐?"를 나타낸다.

첫 번째의 경우는 수집한 데이터와 데이터를 잘 설명하는 세상에 대한 관찰에 따라 신념을 바꾼다. 반면 두 번째 경우는 자신이 가지고 있는 신념을 뒷받침할 데이터를 수집한다. 베이지안 사고는 자신의 신념을 바꾸고, 이해하고 있는 세상을 업데이트하는 것이다. 관찰한 데이터는 모두 가상이 아닌 실제이므로 데이터와 일치할 때까지 신념을 변화해야 한다.

인생에서도 자신의 신념은 항상 변할 수 있어야 한다. 영화 제작진이 짐을 쌀 때 모든 승합차에 군 휘장을 달고 있다는 것을 알았다고 가정하자. 제작진이 코트를 벗기자 전투복이 보였고, 누군가가 "글쎄, 그것을 본 사람은 누구든 속였어야 했는데… 좋은 생각"이라고 말하는 것을 들었다고 가정하자.

이 새로운 증거로 신념이 다시 변할 수 있다.

마무리

배운 내용을 요약해보자. 신념은 자신이 가지고 있는 세상의 경험 X로 시작한다. 데이터 D를 관찰할 때 자신의 경험과 일치하는 경우에는 "$P(D \mid X)$ = 매우 높다"로, 자신을 놀라게 하는 경우에는 "$P(D \mid X)$ = 매우 낮다"로 표현한다. 세상을 이해하기 위해서는 관찰한 것에 대해 가지고 있는 신념이나 가설 H를 기반으로 한다. 종종 $P(D \mid H, X) \gg P(D \mid X)$처럼 새로운 가설이 자신을 놀라게 하는 데이터를 설명하는 데 도움을 줄 수 있다. 새로운 데이터를 수집하거나 새로운 아이디어를 생각해내면 좀 더 많은 가설 $H_1, H_2, H_3, \cdots$ 등을 만들 수 있다. 새로운 가설이 기존 가설보다 더 잘 설명하는 경우 신념을 업데이트한다.

$$\frac{P(D \mid H_2, X)}{P(D \mid H_1, X)} = \text{큰 숫자}$$

마지막으로, 데이터가 신념을 뒷받침하는 $P(H \mid D)$보다 신념을 바꾸는 데이터에 훨씬 더 관심을 가져야 한다.

이러한 기초가 확립되면 숫자를 추가해 생각할 준비가 된 것이다. 1부의 나머지 부분에서는 자신의 신념을 언제 어떻게 변경해야 하는지 정확하게 결정하기 위해 자신의 신념을 수학적으로 모델링할 것이다.

연습 문제

다음 물음에 답해 베이지안 추론을 잘 이해하는지 확인해보자. 답은 부록 C에서 찾아볼 수 있다.

1. 1장에서 배운 수학적 표기법을 사용해 다음 문장을 식으로 표현해라.
   - 비가 올 확률은 낮다.
   - 구름이 낀 경우 비가 올 확률은 높다.
   - 비가 올 때 우산을 가지고 있을 확률은 평상시에 우산을 가지고 있을 확률보다 훨씬 높다.

2. 다음 시나리오에서 관찰한 데이터를 1장에서 다룬 기법을 사용해서 수학적 표기법으로 정리해라. 그런 다음 주어진 데이터를 설명할 수 있는 가설을 제시해라.

   직장에서 집으로 왔을 때 현관문이 열려 있고 옆 창문이 깨져 있다는 것을 안다. 안으로 들어서자 마자 노트북이 없어진 것을 즉시 알아차린다.

3. 다음 시나리오는 2번 시나리오에 데이터를 추가한다. 주어진 새로운 정보가 2번에서 가지고 있던 신념을 어떻게 바꾸는지 설명하고 1장에서 배운 표기법을 사용해 데이터를 설명하기 위한 두 번째 가설을 제시해라.

   동네 아이가 달려와 실수로 창문에 돌을 던진 일을 사과한다. 집 안의 노트북을 보았고 노트북의 도난을 원치 않았기 때문에 현관문을 열어 노트북을 가지고 나왔고 노트북은 안전하다고 주장한다.

2

불확실성 측정

1장에서 데이터가 신념에 어떻게 영향을 미치는지 이해하기 위해 직관적으로 사용하는 몇 가지 기본적인 추론 도구를 살펴봤다. "이러한 도구를 어떻게 정량화할까?"와 같은 중요한 문제는 해결되지 않았다. 확률론에서는 신념에 대해 "매우 낮음"과 "높음"의 용어로 묘사하는 것보다 실제 숫자로 나타낸다. 이를 통해 세상의 이해에 대한 양적 모델을 만들 수 있다. 양적 모델을 통해 증거가 신념을 얼마나 변화시키는지 알 수 있으며 마음을 언제 변경해야 할지 결정할 수 있고 현재 지식 상태에 대해 확고한 이해를 얻을 수 있다. 2장에서는 사건의 확률을 정량화하기 위한 개념을 살펴볼 것이다.

확률이란 무엇인가?

확률에 관한 아이디어는 일상 언어에 깊이 뿌리내리고 있다. "그럴 것 같지 않다" 또는 "만일 그렇지 않다면 깜짝 놀랄 것이다" 또는 "확실하지 않다"와 같은 말을 할 때마다 확률에 대해 이야기하고 있는 것이다. 확률은 세상의 일에 대해 얼마나 강하게 믿는지 측정하는 것이다.

1장에서는 추상적이면서 질적인 용어를 사용해 신념을 묘사했다. 신념을 어떻게 발전시키고 변화시키는지 실제로 분석하려면 $P(X)$를 공식적으로 정량화해 확률이 무엇인지 즉, X를 얼마나 강하게 믿는지 정확히 정의해야 한다.

확률은 논리의 확장으로 생각할 수 있다. 기본 논리에서는 절대적 신념에 해당하는 "참^{true}"과 "거짓^{false}" 두 개의 값이 있다. "참"이라고 말하는 것은 완전히 확신한다는 것을 의미한다. 논리는 많은 문제에서 유용하지만 어떤 것이 절대적으로 "참"이라고 믿거나 절대적으로 "거짓"이라고 믿는 경우는 거의 없다. 모든 결정에는 거의 대부분 어느 정도의 불확실성이 있다. 확률은 논리를 확장해서 "참"과 "거짓" 사이의 불확실한 값으로 나타내게 한다.

컴퓨터는 일반적으로 "참"을 "1"로, "거짓"을 "0"으로 나타낸다. 이 모델을 확률로 사용할 수 있다. $P(X) = 0$은 "X = 거짓"이라고 하는 것과 동일하며 $P(X) = 1$은 "X = 참"이라고 하는 것과 같다. 0과 1 사이의 가능한 값은 무한하다. 0에 가까운 값일수록 어떤 것이 거짓이라는 것을 더 확실하게 나타내고 1에 가까운 값일수록 어떤 것이 참이라는 것을 더 확실하게 나타냄을 의미한다. 값 0.5는 어떤 것이 참인지 혹은 거짓인지를 완전히 확신할 수 없음을 의미함을 주목하자.

논리에서 또 다른 중요한 부분은 부정^{negation}이다. "참이 아니다"는 "거짓"을 의미한다. 마찬가지로 "거짓이 아니다"는 "참"을 의미한다. 확률은 같은 방식으로 적용되므로 X의 확률과 X 확률의 부정(즉, 값은 X 또는 not X)의 합은 1이 된다. 다음 방정식을 사용해 표현할 수 있다.

$$P(X) + \neg P(X) = 1$$

NOTE $\neg$ 기호는 "부정" 또는 "not"을 의미한다.

이러한 논리를 사용해 1에서 $P(X)$를 빼면 $P(X)$의 부정이 된다. 예를 들어 $P(X) = 1$인 경우 부정은 $1 - P(X)$ 즉, 기본 논리 규칙에 따라 0이 된다. 그리고 $P(X) = 0$인 경우에 부정은 $1 - P(X) = 1$이 된다.

다음은 불확실성을 정량화하는 방법을 살펴볼 것이다. 임의의 값을 선택하자. 0.95는 매우 확실함을, 0.05는 매우 불확실함을 의미한다. 그러나 이것은 확률을 결정하는 데 있어서 이전에 사용한 추상적인 용어에 비해 많이 도움이 되진 않는다. 대신 확률을 계산하기 위해 공식적인 방법을 사용해야 한다.

사건의 결과를 세어 확률 계산

확률을 계산하는 가장 일반적인 방법은 사건의 결과를 세는 것이다. 두 가지 중요한 결과를 가질 수 있다. 첫 번째는 어떤 사건의 모든 가능한 결과이다. 동전 던지기의 경우 "앞면" 또는 "뒷면"이다. 두 번째는 관심 있는 결과의 개수다. "앞면"을 승리한다는 의미로 결정한 경우 관심을 갖는 결과는 "앞면"이다(하나의 동전 던지기의 경우에는 하나의 사건이 된다). 관심 있는 사건은 동전 던지기, 앞면 얻기, 독감 걸리기 또는 침실 밖 UFO 착륙 등 무엇이든 가능하다. 관심 있는 결과와 관심 없는 결과 두 가지 결과 집합을 고려할 때 중요한 것은 가능한 전체 결과 수에 대한 관심 있는 결과의 비율이다. 동전 던지기의 간단한 예를 살펴보자. 유일하게 가능한 결과는 "앞면"이 나오거나 "뒷면"이 나오는 것이다. 첫 번째 단계는 가능한 모든 사건을 세는 것이다. 이 경우 "앞면" 또는 "뒷면" 두 가지에 불과하다. 확률론에서는 Ω(그리스 대문자 오메가)를 사용해 모든 사건의 집합을 나타낸다.

$$\Omega = \{앞면, 뒷면\}$$

하나의 동전 던지기에서 "앞면"을 얻을 확률 P(앞면)을 얻고 싶다면, 관심 있는 결과의 수인 1을 가능한 전체 결과의 수인 2로 나눈다.

$$\frac{\{앞면\}}{\{앞면, 뒷면\}}$$

하나의 동전 던지기의 경우 두 가지 가능한 결과 중에서 하나의 관심 있는 결과가 있음을 볼 수 있다. 따라서 "앞면"이 나올 확률은 다음과 같다.

$$P(\text{앞면}) = \frac{1}{2}$$

더 까다로운 문제를 살펴보자. 동전 두 개를 던질 때 적어도 한 번의 "앞면"이 나올 확률은 무엇일까? 가능한 사건의 집합은 더 복잡하다. 단순히 {앞면, 뒷면}이 아니라 "앞면"과 "뒷면"이 가질 수 있는 가능한 모든 쌍으로 이뤄진다.

$$\Omega = \{(\text{앞면, 앞면}), (\text{앞면, 뒷면}), (\text{뒷면, 앞면}), (\text{뒷면, 뒷면})\}$$

적어도 하나의 앞면을 얻을 확률을 구하기 위해 몇 개의 쌍이 조건에 맞는지 살펴본다. 조건에 맞는 경우는 다음과 같다.

$$\{(\text{앞면, 앞면}), (\text{앞면, 뒷면}), (\text{뒷면, 앞면})\}$$

위에서 살펴봤듯이 관심 있는 사건의 집합은 3개가 있으며 얻을 수 있는 전체 집합은 4개의 쌍이 있다. 이는 P(한 개 이상의 앞면) = 3/4임을 의미한다.

간단한 예제이지만 관심 있는 사건과 가능한 전체 사건의 수를 계산할 수 있으면 쉽고 빠르게 확률을 구할 수 있음을 알 수 있다. 예제가 더 복잡해질수록 가능한 결과를 수동으로 모두 세는 것은 불가능함을 짐작할 수 있을 것이다. 조합론combinatorics이라는 수학 분야를 포함하면 더 어려운 확률 문제를 해결할 수 있다. 4장에서 조합론을 사용해 좀 더 복잡한 문제를 해결하는 방법을 살펴볼 것이다.

신념의 비율로 확률 계산

사건을 세는 것은 실제 물체에는 유용하지만 다음과 같이 대부분의 실제 확률 문제에는 그다지 유용하지 않다.

- 내일 비가 올 확률은 얼마인가?
- 그녀가 회사의 사장이라고 생각합니까?
- 저것은 UFO입니까?

거의 매일 확률에 근거해 수많은 결정을 내리지만, 만약 누군가가 "정시에 열차를 운행할 가능성은 얼마나 된다고 생각합니까?"에 대한 답을 요청하는 경우 방금 설명한 방법으로는 계산할 수 없다.

이는 좀 더 더 추상적인 문제를 추론하기 위해 사용할 수 있는 또 다른 접근법이 필요함을 의미한다. 친구와 임의의 주제에 대해 대화한다고 가정해보자. 친구가 만델라 효과Mandela effect에 대해 들어본 적이 있는지 묻자 아직 들어본 적이 없다는 당신의 대답에 친구는 다음과 같이 말한다. "많은 사람들이 사건을 잘못 기억하고 있다는 것은 이상한 일이야. 예를 들어 많은 사람들이 넬슨 만델라Nelson Mandela가 1980년대에 감옥에서 죽었다고 기억하잖아. 그런데 이상한 것은 그는 감옥에서 풀려났고 남아프리카의 대통령이 됐으며 2013년까지 죽지 않았다는 것이야." 당신은 친구를 돌아보며 회의적으로 이렇게 말한다. "그것은 인터넷 대중 심리 같아. 아무도 잘못 기억했다고 생각하지 않아. 나는 위키피디아Wikipedia 항목 어디에도 그런 기사는 없다고 장담해."

이를 기반으로 P(만델라 효과에 관한 위키피디아 기사 없음)를 측정하려고 한다. 휴대폰이 수신되지 않는 지역에 있기 때문에 정확한 답을 신속하게 확인할 수 없다고 가정하자. 그런 기사가 없다는 신념에 대한 확신이 높기 때문에 자신의 신념에 대해 높은 확률을 부여하고 싶지만 0에서 1까지의 숫자를 할당해 해당 확률을 공식화해야 한다. 어디서부터 시작해야 할까?

친구에게 이렇게 말하기로 결심한다. "그건 사실이 아니야. 이렇게 하면 어떨까? 만델라 효과에 대한 기사가 없으면 5달러를 나에게 주고, 만약 기사가 있으면 너에게 100달러를 줄게." 내기를 한다는 것은 신념을 얼마나 강하게 가지고 있는지 표현하는 실용적인 방법이다. 기사가 존재할 가능성이 거의 없다고 믿기 때문에 자신이 틀리면 100달러를 친구에게 주고 만약 자신이 옳으면 친구로부터 5달러만 받는다고 한다. 자신의 신념에 관한 양적 가치에 대해 이야기하고 있기 때문에 만델라 효과에 관한 위키피디아 기사가 없다는 신념의 정확한 확률을 파악할 수 있다.

오즈를 이용한 확률 결정

친구의 가설 $H_{기사}$는 만델라 효과에 관한 기사가 있다는 것이다. 그리고 당신의 가설 $H_{기사없음}$이 있다. 아직 구체적인 확률을 갖고 있지는 않지만 당신의 내기에 오즈^{odds}를 제공함으로써 당신의 가설을 얼마나 강하게 믿는지를 나타낸다. 오즈는 사건의 결과에 대해 틀렸을 때 지불할 의사가 있는 금액과 정확했을 때 받기를 원하는 금액의 비율로 신념을 표현하는 일반적인 방법이다. 예를 들어 어떤 말이 경주에서 우승할 가능성이 12:1이라고 가정하자. 즉, 내기를 하기 위해 1달러를 지불해 경주에서 이기면 12달러를 받는다. 오즈는 일반적으로 "$m{:}n$"으로 표시하지만 단순하게 비율 m/n으로 나타낼 수 있다. 오즈와 확률 사이에는 직접적인 관계가 있다.

만델라 효과에 관한 내기의 오즈는 "100:5"로 표현할 수 있다. 이것을 어떻게 확률로 바꿀 수 있을까? 당신의 오즈는 기사가 있다고 믿는 것보다 얼마나 더 강하게 기사가 없다고 믿는지를 나타낸다. 이를 다음과 같이 기사가 있다는 친구의 신념 $P(H_{기사})$에 대해 기사가 없다는 당신의 신념 $P(H_{기사없음})$의 비율로 나타낼 수 있다.

$$\frac{P(H_{기사없음})}{P(H_{기사})} = \frac{100}{5} = 20$$

두 가설의 비율에서 기사가 없다는 가설에 대한 당신의 신념이 친구의 가설에 대한 신념보다 20배 크다는 것을 알 수 있다. 고등학교 대수학을 이용해 가설에 대한 정확한 확률을 계산할 수 있다.

확률 해결

가설의 확률과 관련해 방정식을 작성하자.

$$P(H_{기사없음}) = 20 \times P(H_{기사})$$

이 방정식은 "기사가 없을 확률은 기사가 있을 확률보다 20배 크다"라고 말할 수 있다.

만델라 효과에 관해서는 위키피디아 기사가 있거나 기사가 없는 두 가지 가능성만 있다. 두 개의 가설이 모든 가능성을 포함하기 때문에 기사가 있을 확률은 1에서 기사가 없을 확률을 뺀 값이므로 다음과 같이 방정식에서 $P(H_{기사})$ 대신 $P(H_{기사없음})$을 사용해 대체할 수 있다.

$$P(H_{기사없음}) = 20 \times (1 - P(H_{기사없음}))$$

괄호 안의 두 부분에 20을 곱해서 $20 \times (1 - P(H_{기사없음}))$를 다음과 같이 쓸 수 있다.

$$P(H_{기사없음}) = 20 - 20 \times P(H_{기사없음})$$

$P(H_{기사없음})$을 왼쪽으로 분리하기 위해 방정식의 양쪽에 $20 \times P(H_{기사없음})$을 더하면 오른쪽의 $P(H_{기사없음})$ 항이 제거된다.

$$21 \times P(H_{기사없음}) = 20$$

그리고 양쪽을 21로 나누면 다음의 결과를 얻는다.

$$P(H_{기사없음}) = \frac{20}{21}$$

이제 만델라 효과에 대한 기사가 없다는 가설에 대한 신념을 확실하게 양적인 확률로 0과 1 사이에서 정의했다. 오즈를 확률로 변환하는 과정을 다음과 같이 일반화할 수 있다.

$$P(H) = \frac{O(H)}{1 + O(H)}$$

실제로 추상적 신념의 확률을 구할 때 그 신념에 얼마나 내기를 걸 수 있는지를 생각하는 것은 매우 도움이 될 수 있다. 내일 해가 뜨는 것에 10억:1은 가능하지만 가장 좋아하는 야구 팀이 승리할 확률은 훨씬 낮을 수 있다. 두 경우 모두 방금 진행한 단계를 사용해 해당 신념에 대한 확률을 정확하게 숫자로 계산할 수 있다.

동전 던지기에서의 신념 측정

오즈를 이용해 추상적인 아이디어에 대해 확률을 결정하는 방법을 알았지만, 이 방법의 견고성에 대한 실제 테스트는 결과를 세면서 계산한 동전 던지기에 적용되는지에 달려 있다. 동전 던지기를 하나의 사건으로 생각하기보다 "다음 동전 던지기에서 앞면이 나올 것을 얼마나 강하게 믿느냐?"라는 질문으로 바꿀 수 있다. 이제는 P(앞면)에 대한 것이 아니라 오히려 가설 또는 동전 던지기에 대한 신념 즉, $P(H_{앞면})$에 대해 이야기하고 있는 것이다.

이전과 마찬가지로 신념을 비교할 수 있는 대체 가설이 필요하다. 대체 가설은 간단하게 앞면이 나오지 않는 것 즉, $H_{¬앞면}$이라고 할 수 있지만, 뒷면이 나오는 것 즉 $H_{뒷면}$이 일상생활 언어와 더 가깝기 때문에 $H_{뒷면}$을 사용할 것이다. 결국 가장 염두에 두는 것은 의미가 통하게 하는 것이다. 따라서 다음을 인정하는 것이 중요하다.

$$H_{뒷면} = H_{¬앞면}, P(H_{뒷면}) = 1 - P(H_{앞면})$$

자신의 신념을 경쟁적인 가설들 사이의 비율로 어떻게 모델링하는지 살펴볼 수 있다.

$$\frac{P(H_{앞면})}{P(H_{뒷면})} = ?$$

이는 "결과가 앞면일 것이라고 믿는 것이 뒷면일 것이라고 믿는 것보다 몇 배나 더 크다고 생각합니까?"와 같다. 내기가 진행되면 각 결과가 동일하게 불확실하기 때문에 유일하게 공정한 오즈는 1:1이다. 물론 두 개의 값이 같기만 하면 2:2, 5:5 또는 10:10의 어떤 것도 사용할 수 있다. 이 모든 것은 같은 비율을 갖는다.

$$\frac{P(H_{앞면})}{P(H_{뒷면})} = \frac{10}{10} = \frac{5}{5} = \frac{2}{2} = \frac{1}{1} = 1$$

이들의 비율이 모두 동일하다는 것을 감안하면 만델라 효과에 대한 기사가 없을 확률을 계산하는 데 사용한 과정을 간단히 반복할 수 있다. 앞면이 나올 확률과 뒷면이 나올 확률의 합이 1이어야 함을 알고 있고 이 두 확률의 비율도 1이라는 것을 알고 있으므로 다음과 같은 방정식으로 확률을 나타낼 수 있다.

$$P(H_{앞면}) + P(H_{뒷면}) = 1, \frac{P(H_{앞면})}{P(H_{뒷면})} = 1$$

만델라 효과를 추론할 때 사용한 과정을 살펴보면 $P(H_{앞면})$ 관점에서 볼 때 이 문제에 대한 유일한 해결책은 1/2이다. 이는 첫 번째 접근법을 통해 사건의 확률을 계산한 결과와 정확히 같으며, 신념의 확률을 계산하는 방법이 사건의 확률을 구하는 데 충분히 사용 가능함을 증명한다.

두 가지 방법 중에서 어떤 상황에 어떤 방법을 사용해야 할지 궁금할 것이다. 다행인 것은 두 가지가 동등함을 알고 있으므로 주어진 문제에 대해 가장 쉬운 방법을 사용하면 된다는 것이다.

마무리

2장에서는 두 가지 유형의 확률 즉, 사건의 확률과 신념의 확률을 살펴봤다. 확률은 모든 가능한 결과의 수에 대한 관심을 갖는 결과의 비율로 정의한다.

이것이 확률에 대한 가장 일반적인 정의이지만 대부분의 실용적이고 일상적인 확률 문제는 명확한 결과를 얻지 못하므로 직관적으로 이산 숫자discrete number로 할당하기가 어렵기 때문에 신념에 적용하기가 어렵다.

신념의 확률을 계산하려면 하나의 가설을 다른 가설보다 몇 배나 더 믿는지를 구해야 한다. 한 가지 좋은 방법은 자신의 신념에 얼마나 많은 돈을 걸 용의가 있는지 생각해보는 것이다. 예를 들어 UFO가 존재하면 친구에게 1,000달러를 주고 UFO가 존재하지 않으면 친구에게 1달러만 받기로 내기하는 경우와 같은 것이다. 이는 UFO가 존재하지 않는다는 신념이 UFO가 존재한다는 신념의 1,000배 이상이라는 것을 의미한다.

이러한 방법을 사용해 광범위한 문제에 대해 확률을 구할 수 있다. 3장에서는 논리의 기본 연산자인 AND 및 OR를 확률에 적용하는 방법을 설명한다. 3장으로 넘어가기 전에 2장에서 배운 내용을 사용해 다음 연습 문제를 풀어보자.

연습 문제

다음 물음에 답해 자신의 신념을 어떻게 0과 1 사이의 실수 값으로 나타내는지 확인하자. 답은 부록 C에서 찾아볼 수 있다.

1. 6면이 있는 주사위 2개를 던져 7보다 큰 값을 얻을 확률은 얼마인가?

2. 6면이 있는 주사위 3개를 던져 7보다 큰 값을 얻을 확률은 얼마인가?

3. 양키스^{Yankees}와 레드삭스^{Red Sox}가 경기를 하고 있다. 당신은 레드삭스 팬이고 친구에게 레드삭스가 이길 거라고 장담한다. 레드삭스가 경기에서 지면 친구에게 30달러를 주고, 레드삭스가 이기면 친구에게 5달러를 받기로 한다. 레드삭스가 이길 것이라는 당신의 신념에 직관적으로 할당한 확률은 얼마인가?

3

불확실성의 논리

 2장에서는 확률이 논리에서의 참 값과 거짓 값의 확장이며 어떻게 0과 1 사이의 값으로 표현되는지 살펴봤다. 0과 1 사이의 범위 안에서 무한히 많은 가능한 값이 있을 수 있다는 것이 확률의 힘이다. 3장에서는 논리 연산자를 기반으로 하는 논리 규칙이 확률에 적용되는 방법을 설명한다. 일반적으로 논리에는 다음과 같이 세 가지 중요한 연산자가 있다.

- AND
- OR
- NOT

세 가지 간단한 연산자를 사용해 기존 논리의 주장에 대해 추론할 수 있다. 다음 문장을 살펴보자. "비가 온다. 그리고(AND) 외출할 것이다. 그렇다면 우산이 필요하다." 이 문장은 단 하나의 논리 연산자 AND를 포함한다. 이 연산자로 인해 비가 오는 것이 참이고 외출하는 것이 참이면 우산이 필요하다는 것을 알 수 있다.

또한 이 문장에 다른 연산자를 사용해 표현할 수도 있다. "비가 오지 않는다(NOT). 또는(OR) 외출하지 않는다(NOT). 그렇다면 우산이 필요하지 않을(NOT) 것이다." 이 경우 기본 논리 연산자를 사용한 사건을 통해 언제 우산이 필요한지 결정을 내릴 수 있다.

그러나 이러한 유형의 논리적 추론은 주어진 사건이 절대적으로 참 값 또는 거짓 값인 경우에만 잘 작동한다. 이 경우는 지금 당장 우산이 필요한지를 결정하는 것이므로 지금 현재 비가 오는지 여부와 외출 여부를 확실히 알면 쉽게 우산이 필요한지를 결정할 수 있다. 대신 "내일 우산이 필요할까?"로 질문을 바꿔보자. 이 경우 일기예보를 통해 내일 비가 올 확률만 알 수 있고 외출 여부도 모르기 때문에 사건은 불확실해진다.

3장에서는 세 가지 논리 연산자를 확장해서 확률을 구하기 위해 기존 논리의 사건과 같은 방법으로 불확실한 정보에 대해 어떻게 추론하는지 설명할 것이다. 확률론적 추론을 위해 NOT을 정의하는 방법은 이미 살펴봤다.

$$\neg P(X) = 1 - P(X)$$

3장의 나머지 부분에서는 두 개의 연산자 AND와 OR를 사용해 확률을 결합하고 좀 더 정확하고 유용한 데이터를 제공하는 방법을 살펴본다.

AND를 사용한 결합 확률

통계에서는 AND를 사용해 결합된 사건의 확률을 언급한다. 예를 들면 다음과 같다.

- 6이 나오고 앞면이 나옴
- 비가 오고 우산을 잊음
- 복권이 당첨되고 번개에 맞음

AND를 확률로 정의하는 방법을 이해하기 위해 동전과 6면 주사위를 포함한 간단한 예부터 시작하자.

두 가지 확률의 결합 해결

동전 던지기에서 앞면이 나오고 주사위를 던져 6이 나올 확률을 알고 싶다고 가정해보자. 각 사건의 개별적인 확률은 다음과 같다.

$$P(\text{앞면}) = \frac{1}{2}, P(6\text{이 나옴}) = \frac{1}{6}$$

이제 다음과 같이 두 개의 사건이 같이 일어날 확률을 구하고자 한다.

$$P(\text{앞면}, 6\text{이 나옴}) = ?$$

2장에서와 같은 방법으로 계산할 수 있다. 관심 있는 결과를 세어 전체 결과로 나눈다.

이 예에서는 이러한 사건이 순서대로 발생한다고 가정해보자. 그림 3-1에서와 같이 동전을 던질 때 앞면과 뒷면 두 개의 가능한 결과가 존재한다.

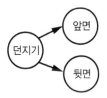

그림 3-1 한 개의 동전 던지기에서 가능한 결과를 별개의 경로로 시각화

그림 3-2에서는 동전 던지기의 각 결과에 대해 주사위 던지기의 가능한 6개의 결과를 나타낸다.

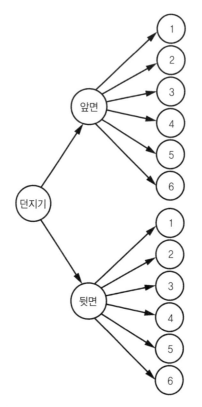

그림 3-2 동전 던지기와 주사위 던지기에서 발생할 수 있는 가능한 결과 시각화

시각화된 그림을 사용하면 솔루션 찾는 것이 가능하다. 동전 던지기와 주사위 던지기의 가능한 결과는 12개이며, 이러한 결과 중에서 관심을 갖는 경우는 다음과 같이 1개이다.

$$P(앞면, 6이 나옴) = \frac{1}{12}$$

이제 이 문제에 관한 솔루션을 찾았다. 그러나 실제로 원하는 것은 다양한 확률 조합에 대해 솔루션을 찾는 데 도움이 되는 일반적인 규칙이다. 솔루션을 어떻게 확장할지 살펴보자.

확률에 곱의 규칙 적용

위와 같은 문제를 사용하자. 동전 던지기에서 앞면이 나오고 6면 주사위 던지기에서 6이 나올 확률은 얼마일까? 먼저 동전 던지기에서 앞면이 나올 확률을 알아보자. 분기 경로를 살펴보면 사건에 따라 몇 개의 경로가 분리되는지 알 수 있다. 이 문제에서는 앞면을 포함하는 경로만 관심이 있다. 앞면일 확률은 1/2이므로 가능한 결과의 절반을 제거한다. 그런 다음 앞면에 남은 가능한 결과만 살펴보면 6면 주사위를 던졌을 때 6이 나오는 결과를 얻을 기회는 1/6밖에 없다는 것을 알 수 있다. 그림 3-3에서는 이러한 추론을 시각화하며 여기서 관심 있는 결과는 단 한 개뿐이라는 것을 알 수 있다.

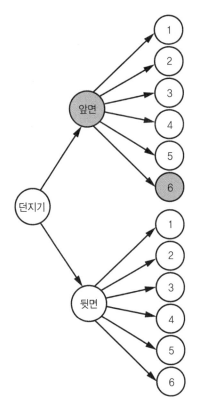

그림 3-3 동전 던지기의 앞면과 주사위 던지기의 6이 같이 발생할 확률 시각화

두 개의 확률을 곱하면 다음과 같다.

$$\frac{1}{2} \times \frac{1}{6} = \frac{1}{12}$$

이것은 전에 구했던 확률과 동일하지만, 모든 가능한 결과를 세는 것이 아니라 경로를 따라가면서 관심이 있는 결과의 확률만 센 것이다. 이 문제는 그림 3-3과 같이 시각화할 수 있을 정도로 많이 쉽지만, 이 문제를 예제로 설명한 실제 이유는 AND를 사용한 결합 확률에 대해 일반 규칙을 보여주기 위한 것이다.

$$P(A,B) = P(A) \times P(B)$$

결과의 곱 즉, 결과를 곱하기 때문에 확률에 대한 곱의 규칙product rule이라고 한다.

이 규칙을 확장해 더 많은 확률을 포함할 수 있다. $P(A, B)$를 하나의 확률로 생각하면 이 과정을 반복해 세 번째 확률 $P(C)$와 결합할 수 있다.

$$P(P(A,B),C) = P(A,B) \times P(C) = P(A) \times P(B) \times P(C)$$

따라서 곱의 규칙을 사용하면 사건을 무제한으로 결합해 최종 확률을 구할 수 있다.

예제: 지각할 확률 계산

주사위를 던지거나 동전 던지기보다 약간 더 복잡한 문제에 곱의 규칙을 적용해보자. 시내 반대편에서 4시 30분에 친구를 만나 커피를 마시기로 약속하고 대중교통을 이용할 계획이라고 가정해보자. 현재 시간은 3시 30분이다. 다행히도 현재 있는 역에는 약속 장소로 가는 기차와 버스가 모두 있다.

- 다음 버스는 3시 45분에 오고 커피숍까지 45분 걸린다.
- 다음 기차는 3시 50분에 오며 30분 걸리고 기차에서 내린 후 걸어서 10분 이내에 도착한다.

기차와 버스 모두 정확히 4시 30분에 도착할 것이다. 시간의 여유가 없기 때문에 조금이라도 지연이 되면 늦게 도착할 것이다. 다행인 것은 버스가 기차보다 먼저 도착하기 때문에 버스가 늦게 도착한 상황에서 기차가 연착하지 않으면 정시에 약속 장소에 도착할 수 있다는 것이다. 버스가 정시에 오고 기차가 늦게 오는 경우 역시 제시간에 도착할 수 있다. 약속에 늦게 될 유일한 상황은 버스와 기차가 모두 늦게 도착하는 경우이다. 지각할 확률을 어떻게 구할 수 있을까?

먼저 기차와 버스가 모두 늦을 확률을 설정해야 한다. 지방 교통국이 다음과 같은 수치를 발표했다고 가정해보자(책의 뒷부분에서 데이터로부터 수치를 추정하는 방법을 배울 것이다).

$$P(\text{연착}_{\text{기차}}) = 0.15$$
$$P(\text{연착}_{\text{버스}}) = 0.2$$

발표된 자료에 따르면 기차는 15%가 늦고 버스는 20%가 늦는다는 것을 알 수 있다. 기차와 버스 모두 늦는 경우에만 지각하므로 곱의 규칙을 사용해 이 문제를 해결할 수 있다.

$$P(\text{연착}) = P(\text{연착}_{\text{기차}}) \times P(\text{연착}_{\text{버스}}) = 0.15 \times 0.2 = 0.03$$

버스가 늦거나 기차기 늦을 가능성은 상당히 높지만 버스와 기차가 모두 늦을 확률은 0.03에 불과하다. 버스와 기차가 모두 늦을 확률은 3%라고 할 수 있다. 이 계산을 통해 지각에 대한 스트레스를 조금 덜 받을 수 있다.

OR를 사용한 결합 확률

논리의 또 다른 필수적인 규칙은 OR를 사용한 결합 확률이며, 다음과 같은 예를 들 수 있다.

- 감기에 걸리거나 기침을 함

- 동전의 앞면이 나오거나 주사위의 6이 나옴
- 타이어가 펑크가 나거나 가스가 부족함

하나의 사건 또는 다른 사건이 발생할 확률은 사건이 상호 배타적일 수도 있고 상호 배타적이 아닐 수도 있기 때문에 약간 더 복잡하다. 하나의 사건이 발생하면 다른 사건은 절대로 발생할 수 없음을 나타낼 때 사건을 상호 배타적^{mutually exclusive}이라고 한다. 예를 들어 하나의 주사위를 던질 때의 가능한 결과는 단일 주사위 던지기에서 1과 6이 동시에 나올 수 없기 때문에 상호 배타적이다. 그러나 비가 오거나 코치가 아프면 야구 경기가 취소된다고 가정해보자. 이 경우는 코치가 아프고 동시에 비가 올 가능성이 존재하기 때문에 상호 배타적이지 않다.

상호 배타적인 사건에 대한 OR 계산

두 사건을 OR로 결합하는 과정은 논리적으로 직관적이다. "동전 던지기에서 앞면 또는 뒷면이 나올 확률은 얼마인가?"라고 물으면 "1"이라고 말할 것이다.

$$P(\text{앞면}) = \frac{1}{2}, P(\text{뒷면}) = \frac{1}{2}$$

직관적으로 두 사건의 확률을 더할 수 있을 것이다. 그 이유는 나올 수 있는 가능한 결과가 앞면과 뒷면 두 개뿐이고 모든 가능한 결과의 확률은 1과 같아야 하기 때문이다. 모든 가능한 결과의 확률이 1과 같지 않다면 누락된 결과가 있다는 것이다. 합이 1보다 작을 경우 누락된 결과가 있다는 것을 어떻게 알 수 있을까?

앞면이 나올 확률이 $P(\text{앞면})$ = 1/2이라는 것을 알고 있고 어떤 사람이 뒷면이 나올 확률이 $P(\text{뒷면})$ = 1/3이라고 주장한다고 가정하자. 앞면이 아닐 확률은 다음과 같다.

$$\text{NOT } P(\text{앞면}) = 1 - \frac{1}{2} = \frac{1}{2}$$

앞면이 나오지 않을 확률은 1/2이고 뒷면이 나올 확률은 1/3이므로, 이는 누락된 사건이 있거나 뒷면이 나올 확률이 잘못됐다는 것을 의미한다.

이로부터 사건이 상호 배타적일 경우 각각의 가능한 사건의 확률을 모두 더해 하나의 사건 또는 또 하나의 사건이 발생할 확률을 계산할 수 있다. 다른 예는 주사위를 던지는 것이다. 1이 나올 확률은 1/6이고 2가 나올 확률도 마찬가지이다.

$$P(1) = \frac{1}{6}, P(2) = \frac{1}{6}$$

따라서 두 개의 확률을 더해서 동일하게 진행할 수 있으며, 1 또는 2가 나올 확률은 다음과 같이 2/6 또는 1/3임을 알 수 있다.

$$P(1) + P(2) = \frac{2}{6} = \frac{1}{3}$$

다시 말하지만 이것은 직관적인 것이다.

이러한 합의 규칙$^{addition\ rule}$은 상호 배타적인 결과의 결합에만 적용된다. 확률론적 관점에서 상호 배타적이란 다음을 의미한다.

$$P(A)\ AND\ P(B) = 0$$

즉, A와 B를 동시에 얻을 확률은 0이다. 이러한 사실은 다음을 의미한다는 것을 알 수 있다.

- 동전 한 개를 던져서 앞면과 뒷면이 동시에 나오는 것은 불가능하다.
- 한 개의 주사위를 던져서 1과 2가 동시에 나오는 것은 불가능하다.

OR를 사용한 결합 확률을 실제로 이해하려면 사건이 상호 배타적이지 않은 경우를 살펴봐야 한다.

상호 배타적이지 않은 사건에 합의 규칙 사용

주사위를 던지고 동전을 던지는 예를 다시 사용해 동전의 앞면이 나오거나 주사위의 6이 나올 확률을 살펴보자. 확률에 대해 초보인 사람들은 이 경우도 확률을 더하는 것이 효과가 있다고 할 수 있다. $P(앞면) = 1/2$이고 $P(6) = 1/6$인 것을 감안할 때 처음에는 두 개의 사건 중에서 한 개의 사건이 일어날 확률은 단순히 4/6임이 타당해 보일 것이다. 그러나 동전에서 앞면이 나오거나 주사위에서 6보다 작은 숫자가 나올 확률을 고려해본다면 4/6가 옳지 않다는 것을 즉시 알 수 있다. $P(6보다 작은 숫자) = 5/6$이므로 두 개의 확률을 더하면 1보다 큰 8/6이 된다. 이는 확률이 0과 1 사이여야 한다는 규칙에 위배되므로 4/6의 결과가 틀렸다는 것을 알 수 있다.

문제는 동전에서 앞면이 나오고 주사위에서 6이 나오는 것이 상호 배타적이지 않다는 것이다. 앞에서 살펴본 바와 같이 $P(앞면, 6) = 1/12$이다. 두 개의 사건이 동시에 발생할 확률이 0이 아니기 때문에 정의에 의해 두 개의 사건은 상호 배타적이지 않다는 것을 알 수 있다.

상호 배타적이 아닌 사건에서 확률을 더하는 것이 잘 작동하지 않는 이유는 두 사건이 모두 발생하는 수를 두 번 세기 때문이다. 예를 들어 동전 던지기와 주사위 던지기를 결합해서 앞면이 나올 수 있는 모든 결과를 살펴보자.

앞면 — 1

앞면 — 2

앞면 — 3

앞면 — 4

앞면 — 5

앞면 — 6

$P(앞면) = 1/2$인 것처럼 위의 결과는 12개의 가능한 결과 중에서 6개를 나타낸다. 이제 주사위의 6을 포함한 모든 결과를 살펴보자.

앞면 — 6

뒷면 — 6

위의 결과 역시 $P(6) = 1/6$인 것처럼 6이 나올 12개의 가능한 결과 중에서 2개를 나타낸다. 앞면이 나오는 조건을 만족시키는 결과는 6개이고 6이 나오는 조건을 만족시키는 결과는 2개이므로 앞면이 나오거나 6이 나오는 결과는 8개이다. 그러나 두 가지 경우 모두 "앞면 — 6"의 결과를 포함하므로 이중 계산이다. 실제로 12개의 결과 중에서 7개의 결과가 존재한다. 단순하게 P(앞면)과 P(6)을 더하면 초과해서 계산하게 된다.

확률 계산을 바로잡기 위해 모든 확률을 더한 다음 두 사건이 모두 일어날 확률을 빼야 한다. 이것은 OR를 이용해 상호 배타적이지 않은 확률의 결합 규칙을 도출하게 한다.

$$P(A) \text{ OR } P(B) = P(A) + P(B) - P(A, B)$$

각각의 사건이 발생할 확률을 더한 후 $P(A)$와 $P(B)$에 모두 포함되는 즉, 두 개의 사건 모두 발생할 확률을 빼서 두 번 계산하지 않도록 한다. 따라서 주사위 던지기와 동전 던지기의 예제에서 6이 나오거나 앞면이 나올 확률은 다음과 같다.

$$P(\text{앞면}) \text{ OR } P(6) = P(\text{앞면}) + P(6) - P(\text{앞면}, 6) = \frac{1}{2} + \frac{1}{6} - \frac{1}{12} = \frac{7}{12}$$

위의 아이디어를 확실하게 하기 위해 OR 예제를 살펴보자.

예제: 높은 벌금을 받을 확률 계산

새로운 시나리오를 생각해보자. 운전 중에 과속에 걸려 차를 세웠다. 한동안 위반에 걸려 차를 세운 적이 없었기 때문에, 앞 좌석에 있는 사물함에 자동차 등록증이나 새로운 보험카드가 없을 수도 있다고 가정하자. 두 가지 중에 하나라도 없으면 더 비싼 벌금을 물어야 한다. 사물함을 열기 전에 카드 중에서 자동차 등록증 또는 보험카드가 없어 더 높은 벌금 딱지를 받을 확률은 어떻게 구할 수 있을까?

자동차 등록증은 차에 넣었다고 확신하므로 등록증이 차 안에 있을 확률을 0.7로 정한다. 하지만 보험카드는 집에 있는 카운터에 두고 왔다고 생각하므로 차 안에 보험카드가 있을 확률은 0.2로 정한다.

$$P(\text{등록증}) = 0.7$$
$$P(\text{보험카드}) = 0.2$$

이 값은 차에 있는 사물함에 등록증이 있을 확률과 보험카드가 있을 확률이다. 둘 중 하나가 없는 것이 아닌지 걱정하고 있으므로, 없는 것의 확률을 구하기 위해 다음과 같이 부정을 사용한다.

$$P(없음_{등록증}) = 1 - P(등록증) = 0.3$$
$$P(없음_{보험}) = 1 - P(보험) = 0.8$$

합의 규칙을 사용해 결합 확률을 구하면 확률이 1보다 큰 것을 알 수 있다.

$$P(없음_{등록증}) + P(없음_{보험}) = 1.1$$

두 개의 사건은 상호 배타적이지 않기 때문에 등록증과 보험카드 두 개가 모두 없을 가능성이 있다. 따라서 위의 방법을 사용하면 이중으로 계산된다. 즉, 두 개가 모두 없을 확률을 계산해서 빼야 한다. 곱의 규칙을 이용해서 구할 수 있다.

$$P(없음_{등록증}, 없음_{보험}) = 0.24$$

이제 동전에서 앞면이 나오거나 주사위에서 6이 나올 확률을 계산한 것처럼 합의 규칙을 사용해서 등록증이나 보험카드 중 하나가 없을 확률을 구할 수 있다.

$$P(없음) = P(없음_{등록증}) + P(없음_{보험}) - P(없음_{등록증}, 없음_{보험}) = 0.86$$

두 개 중 하나가 차 안의 사물함에 없을 확률이 0.86이므로 경찰관에게 아주 공손하게 해야 한다.

마무리

3장에서는 AND 및 OR를 사용한 결합 확률을 구하기 위해 합의 규칙을 사용해 불확실성의 논리를 완전하게 했다. 지금까지 다룬 논리적 규칙을 검토해보자.

2장에서 확률은 0에서 1 사이의 값을 가지며 0은 "거짓(확실히 발생하지 않음)"을, 1은 "참(확실하게 발생함)"을 나타낸다는 것을 배웠다. 첫 번째 중요한 논리 규칙은 AND를 사용해 두 가지 확률을 결합하는 것이다. $P(A)$와 $P(B)$라는 두 개의 사건이 같이 발생할 확률을 구하기 위해 간단하게 두 사건의 확률을 곱하는 곱의 규칙을 사용한다.

$$P(A, B) = P(A) \times P(B)$$

다음은 합의 규칙을 사용해 확률을 OR로 결합하는 것이다. 합의 규칙에서 주의할 것은 상호 배타적이지 않은 확률을 더하는 경우에 두 개의 사건이 모두 일어날 확률에 대한 계산이 중복되므로 두 사건이 같이 일어날 확률을 빼야 한다. 이 문제를 해결하기 위해 합의 규칙과 곱의 규칙을 같이 사용한다(상호 배타적인 사건에서는 $P(A, B) = 0$임을 기억하자).

$$P(A \text{ OR } B) = P(A) + P(B) - P(A, B)$$

이러한 규칙들은 2장에서 다룬 규칙과 더불어 매우 다양한 문제들을 표현할 수 있게 한다. 이는 책의 나머지 부분에서 확률론적 추론의 기초로 사용할 것이다.

연습 문제

다음 물음에 답해 확률에 적용되는 논리 규칙을 이해하는지 확인하자. 답은 부록 C에서 찾아볼 수 있다.

1. 20면을 가진 주사위를 던져 연속으로 3번 20이 나올 확률을 구해라.
2. 일기예보에 따르면 내일 비가 올 확률은 10%이며 외출할 때 절반은 우산을 잊고 나간다. 내일 우산 없이 비가 올 확률을 구해라.
3. 날달걀에 살모넬라균이 있을 확률은 1/20,000이다. 두 개의 날달걀을 먹을 때 살모넬라균과 함께 날달걀을 먹을 확률을 구해라.
4. 두 개의 동전 던지기에서 두 개의 앞면이 나오거나 6면 주사위를 3번 던져 3번 6이 나올 확률을 구해라.

4

이항 확률분포 생성

3장에서는 일반적인 논리 연산자인 AND, OR, NOT과 연관된 몇 가지 확률 규칙을 배웠다. 4장에서는 이러한 규칙을 사용해 발생 가능한 모든 사건과 각 사건이 발생할 확률을 설명하는 첫 번째 확률분포를 생성한다. 확률분포(probability distribution)는 종종 통계를 더 많은 사람이 쉽게 이해할 수 있도록 시각화한다. 특정한 그룹의 확률 문제를 일반화하는 함수를 정의함으로써 확률분포를 생성한다. 즉, 하나의 특정 사례가 아닌 전체 상황에 대한 확률을 계산하는 분포를 만든다.

각 문제의 공통 요소를 찾고 추상화하는 방법으로 일반화한다. 통계학자는 이러한 접근 방식을 사용해 광범위한 문제를 훨씬 쉽게 해결한다. 이 방법은 문제가 매우 복잡하거나 필요한 세부 사항 중 일부를 알 수 없을 때 특히 유용하다. 이 경우, 잘 알려진 확률분포를 완전히 이해하지 못한 실제 행동의 추정치로 사용할 수 있다.

확률분포는 가능한 값의 범위에 대한 문제에 매우 유용하다. 예를 들어 고객이 1년에 30,000달러에서 45,000달러의 매상을 가질 확률, 어른이 6′ 10″보다 클 확률, 웹페이지를 방문하는 사람들 가운데 25%에서 35%가 사이트에 가입할 확률 등을 결정하기 위해 확률분포를 사용한다. 대다수의 확률분포는 매우 복잡한 방정식을 포함하므로 익숙해지는 데 시간이 걸릴 수 있다. 그러나 확률분포에 대한 모든 방정식은 3장에서 다룬 기본 확률 규칙으로부터 도출된다.

이항분포의 구조

여기서 다룰 분포는 이항분포^{binomial distribution}로, 주어진 시행 횟수와 성공적인 결과의 확률을 바탕으로 특정한 시행 횟수에 대한 성공적인 결과의 확률을 계산하는데 사용된다. 이항^{binomial}이라는 용어의 "bi"는 관심을 갖는 두 가지 가능한 결과 즉, 사건이 발생하거나 사건이 발생하지 않는 것을 나타낸다. 결과가 두 개 이상인 경우의 분포는 다항^{multinomial}이다. 이항분포에 해당하는 문제를 예로 들면 다음과 같다.

- 동전을 세 번 던졌을 때 앞면이 두 번 나올 확률
- 백만 개의 복권을 사서 1회 이상 당첨될 확률
- 20면을 가진 주사위를 10번 던져서 20이 3회보다 적게 나올 확률

이 문제들은 비슷한 구조를 갖는다. 실제로 모든 이항분포는 세 가지 매개변수^{parameter}를 포함한다.

k 관심 있는 결과의 수

n 시행 횟수

p 사건이 발생할 확률

이러한 매개변수는 분포에서 입력값으로 사용된다. 예를 들어 동전을 세 번 던졌을 때 앞면이 두 번 나올 확률을 계산하는 경우는 다음과 같다.

- $k = 2$: 관심 있는 사건의 수 즉, 앞면이 나오는 수
- $n = 3$: 동전 던지기의 횟수
- $p = 1/2$: 동전 던지기에서 앞면이 나올 확률

이항분포를 만들어 이런 종류의 문제를 일반화할 수 있으므로 세 개의 매개변수와 관련된 어떤 문제도 쉽게 해결할 수 있다. 이항분포를 다음과 같이 표기한다.

$$B(k; n, p)$$

3번의 동전 던지기의 예에 대해서는 $B(2; 3, 1/2)$과 같이 표기한다. B는 이항분포의 약자이다. k는 세미콜론을 사용해 다른 매개변수와 구분한다. 이는 값의 분포를 이야기할 때 일반적으로 고정된 n과 p에 대해 k의 모든 값에 관심을 갖기 때문이다. 따라서 $B(k; n, p)$는 분포의 각 값을 나타내고 전체 분포를 나타낼 때는 일반적으로 간단하게 $B(n, p)$를 사용한다.

모든 문제를 이항분포로 일반화할 수 있는 함수를 어떻게 만드는지 좀 더 자세히 살펴보자.

문제의 세부 사항을 이해하고 추출하기

분포를 만드는 것이 어떻게 확률을 단순화할 수 있는지를 확인하는 가장 좋은 방법 중 하나는 구체적인 예를 가지고 해결한 다음 가능한 한 많은 변수를 추출하는 것이다. 3번의 동전 던지기에서 앞면이 두 번 나올 확률을 계산하는 문제를 계속 살펴보자.

가능한 결과의 수가 적으므로 연필과 종이만으로도 원하는 결과를 빠르게 알아낼 수 있다. 세 번의 던지기에서 두 개의 앞면이 나오는 가능한 결과는 세 가지이다(앞면은 H로, 뒷면은 T로 표기한다).

HHT, HTH, THH

가능한 모든 결과를 나열하고 관심 있는 결과 수를 가능한 전체 결과 수(이 경우는 8)로 나누어 문제를 해결하려고 할 수 있다. 그렇게 하면 이 문제를 해결하는 데는 효과가 있지만 4장에서의 목표는 사건이 일어날 확률이 주어진 상황에서 여러 시행 횟수와 함께 일련의 결과를 요구하는 모든 문제를 해결하는 것이다. 만약 이 문제만을 해결하고 일반화하지 않았다면, 매개변수를 바꾸는 것은 새로운 문제를 다시 해결해야 한다는 것을 의미할 것이다. 예를 들어 "4번의 동전 던지기에서 두 번의 앞면이 나올 확률은 무엇인가?"라고 물었을 때 또 다른 새로운 솔루션이 필요하다는 것이다. 대신 여기서는 이 문제를 추론하기 위해 확률의 규칙을 사용할 것이다.

일반화를 시작하기 위해 이 문제를 바로 해결할 수 있는 작은 조각들로 나누고 그 조각들을 다루기 쉬운 방정식으로 만들 것이다. 이러한 것들을 모아 이항분포를 위한 일반화된 함수를 만들 것이다.

가장 먼저 주목해야 할 것은 관심을 갖는 각각의 결과가 같은 확률을 가질 것이라는 것이다. 각각의 결과는 다른 결과의 순열permutation 또는 재배열reordering이다.

$$P(\{앞면, 앞면, 뒷면\}) = P(\{앞면, 뒷면, 앞면\}) = P(\{뒷면, 앞면, 앞면\})$$

앞으로 이를 간단히 다음과 같이 부를 것이다.

$$P(원하는 결과)$$

세 가지 결과가 있지만 그중 하나만 일어날 수 있고 어떤 것이든 상관하지 않는다. 세 가지 중 하나의 결과만 일어날 수 있기 때문에 서로 상호 배타적이며 다음과 같이 나타낼 수 있다.

$$P(\{앞면, 앞면, 뒷면\}, \{앞면, 뒷면, 앞면\}, \{뒷면, 앞면, 앞면\}) = 0$$

확률의 합 규칙을 사용해 다음과 같이 정리할 수 있다.

$$P(\{앞면, 앞면, 뒷면\} \text{ or } \{앞면, 뒷면, 앞면\} \text{ or } \{뒷면, 앞면, 앞면\}) =$$
$$P(원하는 결과) + P(원하는 결과) + P(원하는 결과)$$

물론 이 세 가지를 더하면 다음과 같다.

$$3 \times P(원하는 결과)$$

관심 있는 결과를 요약해서 언급하는 방법이 있지만, 일반화하는 데 있어서의 어려움은 값 3이 이 문제에서 구체적으로 특정됐다는 것이다. 간단하게 3을 $N_{결과}$라는 변수로 대체함으로써 어려움을 해결할 수 있다. 이제 다음과 같이 일반화할 수 있다.

$$B(k; n, p) = N_{결과} \times P(원하는 결과)$$

이제 두 가지 부가적인 문제, 즉 관심을 갖는 결과의 수를 계산하는 방법과 단일 결과에 대한 확률을 결정하는 방법을 알아내야 한다. 두 가지 부가적인 문제를 해결하고 나면 모든 것이 준비가 된 것이다.

이항계수를 사용해 결과의 수 세기

먼저 주어진 k(관심 있는 결과)와 n(시행 횟수)에 대해 얼마나 많은 결과가 있는지 파악해야 한다. n이 작은 숫자인 경우에는 비교적 간단히 계산할 수 있다. 5번의 동전 던지기에서 앞면이 4번 나오는 것을 생각한다면 다음과 같이 5개의 결과가 있음을 알 수 있다.

HHHHT, HTHHH, HHTHH, HHHTH, HHHHT

그러나 계속해서 이를 수작업으로 하기는 쉽지 않다. 예를 들어 "6면 주사위를 3번 던져 2번 6이 나올 확률은 얼마일까?"와 같은 문제이다.

이것은 6이 나오는 사건보다 6이 아닌 것이 나오는 사건이 훨씬 많지만 6이 나오거나 6이 나오지 않는 두 가지 결과를 가지므로 이항 문제이다. 단지 주사위를 3번 던지는 작은 횟수의 문제임에도 경우의 수를 세는 것은 쉽지 않다.

$$6 - 6 - 1$$
$$6 - 6 - 2$$
$$6 - 6 - 3$$
$$\cdots$$
$$4 - 6 - 6$$
$$\cdots$$
$$5 - 6 - 6$$
$$\cdots$$

가능한 모든 솔루션을 나열하는 것은 해결책이 아니다. 해결책은 조합에 있다.

조합: 이항계수를 사용해 세기

수학 분야에서의 조합을 살펴보면 이 문제에 대해 약간의 통찰력을 얻을 수 있다. 이것은 단순히 세는 것의 고급화된 이름이다.

n에서 k를 선택하는 방법의 수를 세기 위해 이항계수binomial coefficient라고 부르는 특수한 조합combinatorics 연산을 사용한다. 즉, 전체 시행 횟수에서 관심을 갖는 결과를 선택하는 것이다. 이항계수의 표기는 다음과 같다.

$$\binom{n}{k}$$

이 표현을 "n에서 k를 선택"으로 읽는다. 위의 예제 "세 번의 던지기에서 두 개의 앞면을 선택"은 다음과 같이 표현한다.

$$\binom{3}{2}$$

조합 연산의 정의는 다음과 같다.

$$\binom{n}{k} = \frac{n!}{k! \times (n-k)!}$$

!는 팩토리얼factorial을 의미하며 1부터 ! 기호 앞에 있는 숫자를 포함한 모든 숫자의 곱으로 계산되고 $5! = (5 \times 4 \times 3 \times 2 \times 1)$이다.

대부분의 수학적 프로그래밍 언어는 choose() 함수를 사용해 이항계수를 나타낸다. 예를 들어 수학적 언어 R에서는 다음과 같이 함수 호출을 통해 3번의 동전 던지기에서 앞면이 2번 나오는 경우에 대한 이항계수를 계산한다.

```
choose(3, 2)
>>3
```

관심 있는 결과의 수를 계산하는 일반 연산을 통해 일반화 공식을 다음과 같이 수정할 수 있다.

$$B(k; n, p) = \binom{n}{k} \times P(\text{원하는 결과})$$

P(원하는 결과)는 3번의 동전 던지기에서 앞면이 두 번 나오는 경우의 수 중 한 개의 확률임을 상기하자. 앞의 방정식에서 이 값을 고정값으로 사용하지만 실제로 이 값을 어떻게 계산하는지는 모른다. 이제 남아 있는 것은 P(단일 결과)를 푸는 것이다. 그러고 나면 모든 종류의 문제를 쉽게 일반화할 수 있다.

원하는 결과의 확률 계산

남아 있는 것은 관심을 갖는 어떤 사건이 발생할 확률인 P(원하는 결과)를 구하는 것이다. 지금까지 P(원하는 결과)를 문제 해결을 위한 변수로 사용했으므로 이제 이 값을 구하는 방법을 정확하게 파악해야 한다. 다섯 번의 동전 던지기에서 두 개의 앞면을 얻을 확률을 살펴보자. 이 조건을 만족하는 하나의 결과인 HHTTT에 초점을 맞출 것이다.

동전을 한 번 던져서 앞면이 나올 확률이 1/2임을 알고 있지만 문제를 일반화하기 위해 P(앞면)을 사용함으로써 확률에 대한 고정된 값에 사로잡히지 않을 것이다. 3장에서의 곱의 규칙과 부정을 사용해 문제를 다음과 같이 설명할 수 있다.

$$P(\text{앞면, 앞면, not 앞면, not 앞면, not 앞면})$$

또는 "앞면, 앞면, not 앞면, not 앞면, not 앞면 이 나올 확률"이라고 말한다.

"not 앞면"은 1 − P(앞면)으로 나타낼 수 있다. 그런 다음 곱의 규칙을 사용해 나머지를 해결할 수 있다.

$$P(\text{앞면, 앞면, not 앞면, not 앞면, not 앞면}) =$$
$$P(\text{앞면}) \times P(\text{앞면}) \times (1 - P(\text{앞면})) \times (1 - P(\text{앞면})) \times (1 - P(\text{앞면}))$$

지수를 사용해 곱셈을 단순화하자.

$$P(\text{앞면})^2 \times (1 - P(\text{앞면}))^3$$

모든 것을 종합하면 다음과 같다.

$$(\text{5번 던지기에서 앞면 두 개}) = P(\text{앞면})^2 \times (1 - P(\text{앞면}))^3$$

$P(\text{앞면})^2$과 $(1 - P(\text{앞면}))^3$에서 지수는 주어진 시나리오에서 앞면의 숫자와 앞면이 아닌 것의 숫자임을 알 수 있다. 관심 있는 결과의 수인 k와 전체 시행 횟수에서 관심 있는 결과의 수를 뺀 $n - k$에 해당한다. 모든 것을 적용해 고정 숫자를 제거하고 훨씬 더 일반적인 공식을 만들 수 있다.

$$\binom{n}{k} \times P(\text{앞면})^k \times (1 - P(\text{앞면}))^{n-k}$$

이제 $P(\text{앞면})$을 P로 대체해 앞면만으로 국한되지 않는 어떤 확률에 대해서도 일반화해보자. 이것은 관심 있는 결과의 수 k, 시행 횟수 n, 개별적인 결과의 확률 p에 대한 일반적인 솔루션을 제공한다.

$$B(k;n,p) = \binom{n}{k} \times p^k \times (1 - p)^{n-k}$$

이제 이 방정식을 이용해서 동전 던지기와 관련된 모든 문제를 풀 수 있다. 예를 들어 24번의 동전 던지기에서 앞면이 12번 나올 확률은 다음과 같이 계산할 수 있다.

$$B\left(12;\ 24,\ \frac{1}{2}\right) = \binom{24}{12} \times \frac{1}{2}^{12} \times \left(1 - \frac{1}{2}\right)^{24-12} = 0.1612$$

이항분포에 대해 배우기도 전에 먼저 까다로운 문제를 해결했다.

이항분포의 기초가 되는 이 공식을 확률 질량함수$^{\text{PMF, Probability Mass Function}}$라고 한다. 이름에서의 질량은 고정된 n과 p를 사용해 주어진 k에 대한 확률의 양을 계산할 수 있다는 사실에서 비롯된 것이므로 확률의 질량을 의미한다.

예를 들어 10번 동전 던지기에서 k에 대해 가능한 모든 값을 PMF에 넣어 그림 4-1과 같이 모든 가능한 값에 대한 이항분포를 시각화할 수 있다.

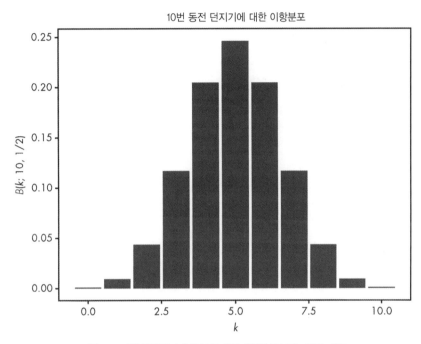

그림 4-1 10번 동전 던지기에서 k를 얻을 확률을 보여주는 막대그래프

또한 6면의 주사위를 10번 던져서 한 개의 6이 나올 확률에 대해서도 그림 4-2와 같이 동일한 분포를 볼 수 있다.

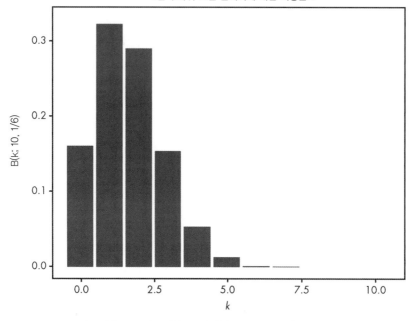

그림 4-2 6면 주사위를 10번 던져서 *k*개의 6이 나올 확률

살펴봤듯이 확률분포는 모든 종류의 문제를 일반화하는 방법이다. 분포를 배웠으니 이제 광범위한 문제를 해결할 수 있는 강력한 방법을 가진 것이다. 단순한 확률 규칙으로부터 이 분포를 도출했다는 것을 항상 기억하자. 그것을 시험해보자.

예제: 가챠 게임

가챠 게임^{Gacha Game}은 모바일 게임의 한 장르로, 특히 일본에서 인기가 있다. 플레이어는 게임 내 통화^{currency}로 가상 카드를 구입할 수 있다. 문제는 모든 카드가 무작위로 주어지기 때문에 플레이어가 카드를 구입할 때 어떤 카드를 받을지 선택할 수 없다는 것이다. 카드의 선호도가 모두 다르기 때문에 플레이어는 슬롯머신과 비슷한 방식으로 원하는 카드를 받을 때까지 스택에서 카드를 계속 가져오는 것이 좋다. 가상 가챠 게임에서 어떤 위험을 감수할지를 결정하는 데 이항분포가 어떻게 도움이 되는지 살펴보자.

시나리오는 다음과 같다. 새로운 모바일 게임인 베이지안 베틀러^{Bayesian Battlers}가 있다. 가져올 수 있는 현재 카드 세트를 배너^{banner}라고 한다. 배너에는 보통 카드와 더 가치 있는 특색 있는 카드가 있다. 베이지안 베틀러에 있는 모든 카드는 유명한 확률론자와 통계학자들이다. 배너의 맨 위에 있는 카드는 다음과 같으며 각 카드는 뽑힐 확률을 가지고 있다.

- 토마스 베이즈^{Thomas Bayes}: 0.721%
- E. T. 제인스^{E. T. Jaynes}: 0.720%
- 해럴드 제프리스^{Harold Jeffreys}: 0.718%
- 앤드류 겔먼^{Andrew Gelman}: 0.718%
- 존 크루스케^{John Kruschke}: 0.714%

특색 있는 카드는 전체 확률의 0.03591에 불과하다. 확률의 합은 1이 돼야 하므로 덜 바람직한 카드를 뽑을 확률은 나머지 0.96409이다. 게다가 카드 더미를 효과적으로 무한대로 취급한다. 즉, 뽑은 카드가 카드 더미에서 사라지지 않기 때문에 특정 카드를 뽑아도 다른 카드를 뽑을 확률은 변하지 않는다. 이것은 카드 한 벌에서 카드 한 장을 꺼낸 후 카드를 다시 넣지 않는 것과는 다르다.

엘리트 베이지안 팀을 완성하기 위해 E. T. 제인스가 반드시 필요하다고 가정하자. 안타깝게도 카드를 가져오려면 게임 내 통화인 베이즈 벅스^{Bayes Bucks}를 구입해야 한다. 한 개의 카드를 가져오려면 1개의 베이즈 벅스가 필요하지만 지금 당장 100개의 베이즈 벅스를 10달러에 살 수 있는 특별 상품이 있다. 10달러가 이 게임에 사용할 수 있는 최대 금액이며 적어도 원하는 카드를 뽑을 가능성이 있는 경우에만 사용 가능하다. 이것은 E. T. 제인스 카드를 뽑을 확률이 0.5 이상인 경우에만 베이즈 벅스를 구입한다는 것을 의미한다.

물론 E. T. 제인스 카드를 얻을 확률을 이항분포를 위한 공식에 넣어 다음을 얻을 수 있다.

$$\binom{100}{1} \times 0.00720^1 \times (1 - 0.00720)^{99} = 0.352$$

결과가 0.5보다 작기 때문에 구입을 포기해야 하지만, 잠시 중요한 것을 생각하지 못한 것이 있는지 다시 한 번 살펴보자. 앞의 공식에서는 E. T. 제인스 카드를 정확히 한 개 뽑을 확률만 계산했다. 그러나 E. T. 제인스 카드를 두 개 뽑을 수도 있고 심지어 세 개도 뽑을 수 있다. 따라서 실제로 한 개 이상을 뽑을 확률을 구해야 하므로 식을 다음과 같이 다시 쓸 수 있다.

$$\binom{100}{1} \times 0.00720^1 \times (1 - 0.00720)^{99} + \binom{100}{2} \times 0.00720^2 \times (1 - 0.00720)^{98} +$$

$$\binom{100}{3} \times 0.00720^3 \times (1 - 0.00720)^{97} \ldots$$

100개의 카드를 뽑을 확률까지 계속할 수 있지만, 너무 지루한 작업이므로 특별한 수학적 표기법인 Σ(그리스 대문자 시그마)를 사용한다.

$$\sum_{k=1}^{100} \binom{100}{k} \times 0.00720^k \times (1 - 0.00720)^{n-k}$$

Σ는 합산 기호이다. 맨 아래의 숫자는 시작하는 값을 나타내고 맨 위의 숫자는 끝나는 값을 나타낸다. 따라서 위의 방정식은 p가 0.00720인 경우 단순하게 1부터 n까지의 모든 k값에 대해 이항분포의 값을 더하는 것이다.

이 문제를 훨씬 쉽게 쓰기는 했지만 실제로 값을 계산해야 하는 일이 남아 있다. 이 문제를 풀기 위해 계산기를 사용하는 것보다 R을 사용하기로 하자. R에서 pbinom() 함수는 PMF의 모든 k에 대한 값을 자동적으로 합산한다. 그림 4.3은 pbinom() 함수를 사용해 주어진 문제를 어떻게 해결하는지 보여준다.

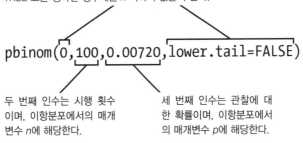

그림 4-3 pbinom() 함수를 사용해 베이지안 베틀러 문제 해결

pbinom() 함수는 세 개의 필수 인수와 하나의 선택 인수 lower.tail(TRUE가 디폴트)을 갖는다. 네 번째 인수가 TRUE이면 첫 번째 인수보다 작거나 같은 확률을 모두 더한다. lower.tail이 FALSE로 설정되면 첫 번째 인수보다 큰 확률을 모두 더한다. 여기서는 첫 번째 인수를 0으로 설정해 한 개 이상의 E. T. 제인스 카드를 얻을 확률을 구하고 있다. 첫 번째 인수보다 큰 값을 원하기 때문에 lower.tail을 FALSE로 설정했다(디폴트는 첫 번째 인수보다 작은 값을 취한다). n을 나타내는 두 번째 인수는 시행 횟수이며 p를 나타내는 세 번째 인수는 성공 확률이다.

그림 4-3에 표시된 것처럼 각 인수에 숫자를 넣고 lower.tail을 FALSE로 설정하면 R은 100 베이즈 벅스를 가지고 한 개 이상의 E. T. 제인스를 뽑을 확률을 계산할 것이다.

$$\sum_{k=1}^{100} \binom{100}{k} \times 0.00720^k \times (1-p)^{n-k} = 0.515$$

정확히 E. T. 제인스 카드를 한 개 뽑을 확률은 0.352이지만, 적어도 한 개 이상의 E. T. 제인스 카드를 뽑을 확률은 위험을 감수할 만큼 높다. 따라서 10달러를 내고 앨리트 베이지안 팀을 완성할 만하다.

마무리

4장에서는 확률 규칙(조합의 결합)을 사용해 모든 종류의 문제를 해결하는 일반적인 규칙을 만들 수 있음을 살펴봤다. n번의 시행 횟수에서 확률이 p인 결과를 k개 가질 확률과 관련된 모든 문제는 이항분포를 사용해 쉽게 해결할 수 있다.

$$B(k;n,p) = \binom{n}{k} \times p^k \times (1-p)^{n-k}$$

놀랍게도 확률의 규칙을 세고 적용하는 것 외에 다른 것이 아무것도 없다.

연습 문제

다음 물음에 답해 이항분포를 완전히 파악했는지 확인하자. 답은 부록 C에서 찾아볼 수 있다.

1. 20면 주사위를 12번 던질 때 한 번의 1 또는 한 번의 20이 나올 확률에 대한 이항분포의 매개변숫값은 무엇인가?

2. 52장으로 된 카드 한 벌에 4개의 에이스가 있다. 한 개의 카드를 뽑은 후에 뽑은 카드를 다시 넣어 섞은 후 다시 뽑는 경우 5번 뽑을 때 단 1개의 에이스가 나오는 경우는 몇 가지인가?

3. 2번 문제에서 10번을 뽑을 때 에이스가 5개 나올 확률은 무엇인가?(카드를 뽑은 후에 뽑은 카드를 다시 넣어 섞는다는 것을 기억해라)

4. 새로운 일자리를 찾을 때 비교할 수 있도록 항상 둘 이상의 취업 제안을 갖는 것이 좋다. 인터뷰할 때 취업 제안을 받을 확률은 1/5이고 한 달에 7개 회사를 인터뷰하는 경우, 1개월에 적어도 2개 취업 제안을 받을 확률은 무엇인가?

5. 많은 모집 관련 이메일을 받고 다음 달에 25개의 인터뷰가 준비돼 있음을 알게 된다. 안타깝게도 25개의 인터뷰를 모두 한다면 매우 지치게 될 것이고 피곤할 경우 취업 제안을 받을 확률은 1/10로 낮아진다는 것을 알고 있다. 적어도 두 개의

취업 제안을 받을 가능성이 두 배 이상 높지 않다면 이 많은 인터뷰에 참여하고 싶지 않다. 25개의 인터뷰를 하러 가는 것과 7회만 하는 것 중에서 어느 쪽으로 결정하는 것이 좋을까?

5

베타분포

5장에서는 4장의 이항분포를 바탕으로 또 다른 확률분포인 베타분포(Beta Distribution)를 소개한다. 베타분포를 사용해 이미 여러 번 시행하고 성공적인 결과의 수를 관찰한 사건의 확률을 추정한다. 예를 들어 지금까지 동전 던지기 100회 중에 40번 앞면이 나오는 것을 관찰했을 때 앞면이 나올 확률을 추정하는 데 베타함수가 사용된다.

베타분포를 공부하면서 확률과 통계의 차이점을 살펴볼 것이다. 종종 확률에서는 사건의 확률을 명시적으로 제공받는다. 그러나 실생활에서는 정확히 사건의 확률을 아는 경우는 드물다. 대신 확률에 대한 추정치를 산출하는 데 사용되는 데이터가 제공된다. 이것이 통계의 개념이다. 즉, 수집한 데이터를 사용해 다루고자 하는 확률을 추정할 수 있다.

마법 상자 시나리오: 데이터 얻기

5장에서 주어지는 시나리오는 다음과 같다. 어느 날 당신은 이상한 가게에 들어간다. 주인이 당신에게 인사를 하고 찾고자 하는 특별한 물건이 있는지 물어본다. 당신은 가게를

잠시 둘러본 후 가게에 있는 것 중에서 가장 특이한 것을 보고 싶다고 한다. 주인은 미소를 지으며 카운터 뒤에서 무언가를 꺼낸다. 루빅 큐브^{Rubik's Cube}만한 크기의 검정 상자를 받았는데 엄청나게 무겁다. 당신은 호기심을 가지고 "이것이 뭘 하는 것입니까?"라고 묻는다.

가게 주인은 상자 위와 아래에 있는 작은 구멍을 가리킨다. "위로 25센트 동전 한 개를 넣으면 가끔 아래로 두 개가 나옵니다"고 주인이 말한다. 흥분한 당신은 주머니에서 25센트 동전 한 개를 꺼내 위로 넣고 기다렸지만 아무 일도 일어나지 않는다. 가게 주인은 다음과 같이 말한다. "때로는 동전을 가져가기도 합니다. 이 상자를 오랫동안 지켜봤지만 상자에 동전이 다 떨어지거나 동전을 못 넣을 정도로 가득 찬 것을 본 적이 없습니다."

이 말에 당황했지만 당신은 새로운 확률 기술을 사용하기로 하고 주인에게 "25센트 동전 두 개가 나올 확률은 얼마인가?"라고 질문한다. 주인은 의아한듯 대답한다. "잘 모르겠습니다. 보다시피 검정 상자일 뿐이고 어떤 설명서도 없습니다. 제가 알고 있는 것은 어떻게 작동하는지가 전부입니다. 때로는 25센트 동전 두 개가 나오고 때로는 그 동전을 가져갑니다."

확률, 통계, 추론의 구분

이것은 다소 흔하지 않은 일상적인 문제이지만 실제로는 매우 일반적인 유형의 확률 문제다. 1장을 제외하고 지금까지의 모든 예제에서는 가능한 모든 사건의 확률을 알고 있거나 적어도 그 사건에 얼마나 내기를 걸 수 있는지를 알고 있었다. 그러나 실생활에서는 어떤 사건의 정확한 확률이 무엇인지 거의 확신하지 못한다. 대신 관찰과 데이터를 갖는다.

이것이 일반적으로 통계와 확률을 구분하는 차이점이다. 확률에서는 사건이 일어날 가능성이 얼마인지 정확히 알고 있으며 관심을 갖는 것은 특정 관찰에 대해 얼마나 가능성이 있는지에 관한 것이다. 예를 들어 공정한 동전 던지기에서 앞면이 나올 확률은 1/2이고 동전을 20번 던져서 정확히 앞면이 7개 나올 확률을 구하는 것 같은 것이다.

통계에서는 이 문제를 거꾸로 살펴볼 것이다. 동전을 20번 던져서 7개의 앞면이 나오는 것을 관찰한 경우 한 번의 동전 던지기에서 앞면을 얻을 확률은 얼마일까? 이 예에서는 확률이 얼마인지 정확히 알지 못한다. 어떤 의미에서 통계는 확률의 역이라고 할 수 있다. 주어진 데이터로 확률을 파악하는 작업을 **추론**inference이라고 하며, 통계의 기초가 된다.

데이터 수집

통계적 추론의 핵심은 데이터다. 지금까지는 마법 상자로부터 단 하나의 샘플만 가지고 있었다. 즉, 25센트 동전을 넣고 아무것도 나오지 않았다. 이 시점에서 알 수 있는 것은 동전을 잃을 가능성이 있다는 것이다. 가게 주인은 이길 수 있다고 말했지만 아직은 확실히 알 수 없다.

마법 상자에서 두 개의 동전이 나올 확률을 추정하고 이를 위해 몇 번 더 시도한 후 얼마나 자주 두 개의 동전이 나오는지 확인해야 한다.

가게 주인 역시 호기심이 많기 때문에 10달러에 해당하는 25센트 동전 40개를 기부할 테니 이겨서 얻는 금액은 돌려 달라고 한다. 다행히 다시 한 개의 동전을 넣었더니 두 개의 동전이 나왔다. 이제 2개의 데이터를 가지고 있다. 사실 마법 상자는 때로는 동전을 내주고 때로는 동전을 가져간다.

두 가지 관찰을 살펴보면, 하나는 동전을 잃는 것이고 다른 하나는 이기는 것이다. 순진하게 P(두 개의 동전) = 1/2이라고 추측할 수 있다. 그러나 데이터가 너무 제한적이기 때문에 마법 상자가 두 개의 동전을 반환하는 실제 가능성에 대해 다양하게 고려해야 한다. 더 많은 데이터를 수집하기 위해 남아 있는 동전을 모두 이용할 것이다. 처음 동전을 포함한 마지막 결과는 다음과 같다.

14 이김

27 잃음

추가 분석을 하지 않고도 직관적으로 P(두 개의 동전) = 1/2을 P(2개의 동전) =

14/41로 수정할 수 있다. 그러나 원래 추측은 어떠한가? 새로운 데이터는 확률이 1/2일 가능성은 없다는 것을 의미할까?

확률의 확률 계산

이 문제를 해결하기 위해 가능한 두 가지 확률을 살펴보자. 다음은 마법 상자가 두 개의 동전을 반환하는 비율에 관한 가설이다.

$$P(두 개의 동전) = \frac{1}{2} : P(두 개의 동전) = \frac{14}{41}$$

단순화하기 위해 각 가설을 변수에 할당한다.

$$H_1 : P(두 개의 동전) = \frac{1}{2}$$
$$H_2 : P(두 개의 동전) = \frac{14}{41}$$

대부분의 사람들은 직관적으로 H_2가 더 정확히 관찰한 것이기 때문에 더 가능성이 높다고 말할 것이다. 그렇지만 좀 더 확실히 하기 위해서는 수학적으로 증명할 필요가 있다.

이는 각 가설이 관찰한 것을 얼마나 잘 설명하는지에 관한 문제로 생각할 수 있다. 즉, "H_1이 참일 경우 관찰한 것은 얼마나 가능성이 있느냐? 또는 H_2가 참인 경우 관찰한 것은 얼마나 가능성이 있느냐?"이다. 4장의 이항분포를 사용해 쉽게 계산할 수 있다. 이 경우 $n = 41$, $k = 14$임을 알고 있고 $p = H_1$ 또는 $p = H_2$로 가정할 것이다. 데이터는 변수 D로 사용한다. 주어진 숫자를 이항분포에 적용하면 다음과 같은 결과를 얻는다(4장의 이항분포 공식으로 해결할 수 있음을 떠올리자).

$$P(D \mid H_1) = B\left(14;41,\frac{1}{2}\right) \approx 0.016$$
$$P(D \mid H_2) = B\left(14;41,\frac{14}{41}\right) \approx 0.130$$

다시 말해 H_1이 참이고 2개의 동전을 얻을 확률이 1/2일 때 41번의 시도에서 두 개의 동전이 14번 나오는 것을 관찰할 확률은 약 0.016이다. 그러나 H_2가 참이고 상자로부터 2개의 동전을 얻을 확률이 14/41일 때 동일한 결과를 관찰할 확률은 약 0.130이 된다.

이것은 주어진 데이터(41번의 시도에서 두 개의 동전이 14번 나오는 것을 관찰)를 감안할 때 H_2가 H_1보다 거의 10배 더 가능성이 높다는 것이다. 이것은 데이터를 기반으로 만들 수 있는 수많은 다른 가설이 있을 수 있음을 보여준다. 예를 들어 데이터를 $H_3 : P$(두 개의 동전) = 15/42로 할 수도 있다. 패턴을 찾기 위해서 0.1부터 0.9까지 0.1씩 증가시킬 수 있다. 각 분포에서 관찰된 데이터의 확률을 계산하고 그로부터 가설을 설정하자. 그림 5-1은 각 값이 어떻게 나타나는지 보여준다.

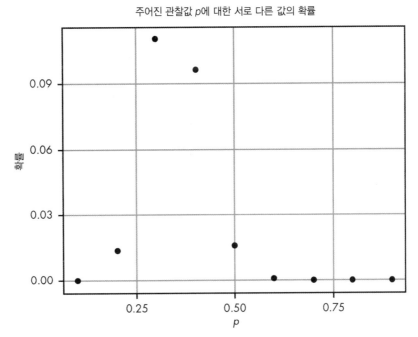

그림 5-1 두 개의 동전을 얻는 비율에 대한 다양한 가설의 시각화

이런 모든 가설도 유한한 수의 가설로 작업하기 때문에 가능한 모든 결과를 다루지는 않는다. 더 많은 분포를 테스트해 더 많은 정보를 얻어보자. 마지막 실험을 반복해 0.01부터 시작해 0.99까지 0.01씩 증가하면서 각각의 확률을 계산하면 그림 5-2의 결과를 얻을 수 있다.

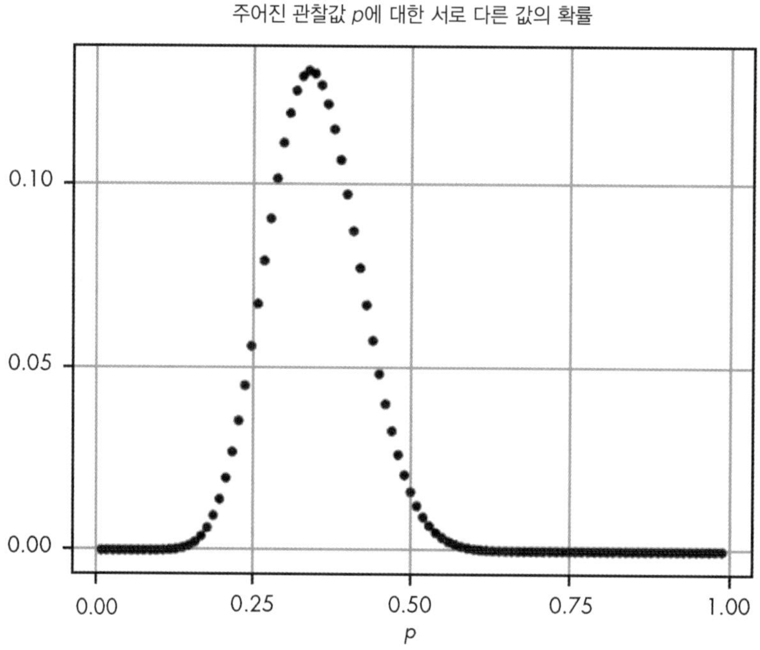

주어진 관찰값 p에 대한 서로 다른 값의 확률

그림 5-2 명확한 패턴이 나타나는 것을 보기 위해 더 많은 가설 확인

가능한 모든 가설을 테스트할 수는 없지만 패턴이 나타나고 있는 것은 명확하다. 마법 상자의 동작을 나타내는 분포처럼 보인다.

이는 중요한 정보가 된다. 확률이 가장 높은 곳을 쉽게 볼 수 있다. 그러나 목표는 가능한 모든 가설(즉, 신념의 전체 확률분포)에서 신념을 모델링하는 것이다. 사용하는 접근법에는 두 가지 문제가 있다. 첫째, 가능한 가설의 수가 무한하기 때문에 아무리 작은 수만큼 증가한다고 해도 전체 가능성의 범위를 정확하게 나타내지 못한다. 항상 무한한 양의 가설을 놓치게 된다. 0.000001이나 0.0000011과 같이 아주 작은 값에 신경 쓰지 않으므로 실제로 이것은 큰 문제가 되진 않지만, 무한한 범위의 가능성을 조금 더 정확하게 나타낼 수 있다면 데이터는 더 유용할 것이다.

둘째, 그래프를 자세히 살펴보면 더 큰 문제를 발견할 수 있다. 현재 확률이 0.1 이상인 점이 최소 10개 이상 존재하며 무한히 많은 점이 추가될 수 있다. 이것은 확률이 1로 합산되지 않음을 의미한다. 확률 규칙에서 모든 가설의 확률의 합은 1이어야 함을 알고 있다. 그렇지 않으면 일부 가설은 적용되지 않는다는 것을 의미한다. 합이 1보다 크면 확률이 0과 1 사이여야 한다는 규칙을 위반하는 것이다. 무한히 많은 가능성이 있더라도 모두 더하면 1이 돼야 한다. 따라서 베타분포가 필요하다.

베타분포

앞에서 설명한 두 가지 문제를 해결하기 위해 베타분포Beta Distribution를 사용한다. 이항분포와 달리 베타분포는 연속적인 값 범위를 이산값으로 분해해 무한히 가능한 가설들을 나타낸다.

확률 밀도함수PDF, Provability Density Function로 베타함수를 정의한다. 확률 밀도함수는 이항분포에서 사용하는 확률 질량함수와 매우 유사하지만 연속적인 값에 대해 정의한다. 베타분포의 PDF 공식은 다음과 같다.

$$\text{Beta}(p; \alpha, \beta) = \frac{p^{\alpha-1} \times (1-p)^{\beta-1}}{\text{beta}(\alpha, \beta)}$$

위 공식은 이항분포의 공식보다 훨씬 더 복잡해 보인다. 그러나 실제로 그렇게 다르지 않다. 확률 질량함수 공식처럼 공식 전체를 다루지 않고 여기서 발생하는 일부를 분석해보자.

확률 밀도함수 분해

먼저 p, α(그리스 소문자 알파) 및 β(그리스 소문자 베타)와 같은 매개변수를 살펴보자.

p는 사건의 확률을 나타내며, 마법 상자로부터 가능한 확률에 대한 다양한 가설에 해당한다.

α는 마법 상자에서 두 개의 동전을 얻는 것과 같이 관심 있는 사건을 몇 번이나 관찰하는지를 나타낸다.

β는 관심 있는 사건이 발생하지 않는 횟수를 나타낸다. 예를 들어 마법 상자에서 동전을 가져가는 횟수이다.

총 시행 횟수는 $\alpha + \beta$이다. 관심 있는 k개의 관찰값과 n개의 총 시행 횟수를 갖는 이항분포와는 다르다.

PDF의 윗부분은 다음과 같은 이항분포의 PMF와 거의 비슷하기 때문에 익숙해 보일 것이다.

$$B\left(k; n, p\right) = \binom{n}{k} \times p^k \times \left(1 - p\right)^{n-k}$$

PDF에서는 $p^k \times (1 - p)^{n-k}$ 대신 지수 부분에 1을 뺀 $p^{\alpha-1} \times (1 - p)^{\beta-1}$을 사용한다. 방정식의 분모에 또 다른 함수 베타분포라고 부르는 베타함수(소문자로 표시)를 사용한다. 지수 부분에 1을 빼고 베타함수를 사용해 값을 정규화^{normalize}한다. 이것은 분포의 합이 1이 되도록 보장하는 부분이다. 베타함수는 $p^{\alpha-1} \times (1 - p)^{\beta-1}$에 대한 0부터 1까지의 적분이다. 다음 절에서 적분에 관해 더 자세히 설명하겠지만 0과 1 사이의 모든 p에 대해 가능한 모든 $p^{\alpha-1} \times (1 - p)^{\beta-1}$ 값의 합으로 생각할 수 있다. 지수 부분에 1을 빼고 베타함수로 나누어 값을 정규화하는 방법에 대한 논의는 5장의 범위를 벗어난다. 지금은 값의 합계를 1로 만들어 실행 가능한 확률을 제공한다는 것만 알아두자.

결국 마지막으로 얻는 것은 하나의 결과 α와 다른 결과 β의 관찰을 감안할 때 마법 상자로부터 두 개의 동전을 얻을 확률에 대한 진정한 신념에 대해 각각의 가능한 가설의 확률을 나타내는 함수이다. 각각의 확률 p를 갖는 서로 다른 이항분포가 데이터를 얼마나 잘 묘사하는지 비교하면서 베타함수까지 왔음을 기억하자. 즉, 베타분포는 가능한 모든 이항분포가 관찰한 데이터를 얼마나 잘 묘사하는지 나타낸다.

문제에 확률 밀도함수 적용

마법 상자의 데이터에 대한 값을 넣고 베타분포를 시각화하면 그림 5-2의 플롯을 매끄럽게 한 것처럼 보이는 그림 5-3이 나타난다. 그림 5-3은 Beta(14, 27)의 PDF를 보여준다.

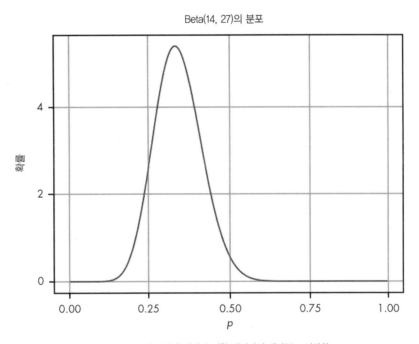

그림 5-3 마법 상자에 대해 수집한 데이터의 베타분포 시각화

주어진 자료에 따르면 동전의 절반 미만이 마법 상자에서 두 개의 동전을 반환한 것으로 플롯 대부분의 밀도는 0.5 미만이다.

또한 그림 5-3은 적어도 반이 마법 상자에서 동전이 반환되지 않을 것이라는 것을 보여준다. 계속해서 동전을 넣어도 같은 현상일 것이다. 추가로 동전을 넣지 않고도 마법 상자를 통해 동전을 얻는 것보다 잃을 가능성이 더 높다는 것을 알 수 있다. 플롯으로 신념의 분포를 볼 수는 있지만, "마법 상자가 두 개의 동전을 반환한다는 신념에 대한 확률이 0.5 미만"이라는 것을 얼마나 강하게 믿는지 정확하게 정량화하고자 한다. 이를 위해 약간의 미적분(및 약간의 R)이 필요하다.

적분을 이용한 연속 분포 정량화

베타분포는 이항분포와 근본적으로 다르다. 이항분포는 관심 있는 결과의 수 k의 분포를 나타내며 항상 셀 수 있다. 그러나 베타분포는 가능한 값이 무한한 p의 분포를 나타낸다. 이전에 미적분을 공부했다면 친숙할 수도 있는 흥미로운 문제로 이어진다(미적분을 공부하지 않은 경우에도 괜찮다). $\alpha = 14$, $\beta = 27$의 예에서 두 개의 동전을 얻을 확률이 1/2일 확률은 얼마일까?

결과의 수가 유한하면 이항분포로 정확한 값의 확률을 쉽게 알 수 있지만 연속적인 분포의 값은 정말 까다롭다. 확률의 기본 규칙으로 모든 값의 합이 1이어야 하지만, 각각의 개별 값은 무한히 작다. 이는 어떤 특정 값의 확률은 실제로 0일 수 있다는 것을 의미한다.

미적분의 연속 함수에 익숙하지 않다면 이상하게 느낄 수 있다. 간단히 설명하면 이것은 무한히 작은 조각으로 구성된 것을 갖는 논리적 결과일 뿐이다. (매우 큰) 1파운드짜리 초콜릿 바를 두 조각으로 나눈다고 생각해보자. 각 조각의 무게는 1/2파운드다. 10조각으로 나누면 각 조각의 무게는 1/10파운드다. 초콜릿을 나누는 조각의 수가 늘어나면 각 조각은 너무 작아져서 볼 수도 없게 된다. 조각의 수가 무한대로 가는 경우 결국 조각들은 사라진다.

개별 조각은 사라지더라도 여전히 범위에 대해 이야기할 수 있다. 예를 들어 1파운드짜리 초콜릿 바를 무한히 많은 조각으로 나누는 경우에도 여전히 초콜릿 바의 절반에 해당하는 조각의 무게는 더할 수 있다. 마찬가지로 연속 분포의 확률에 대해 이야기할 때 값의 범위를 합산할 수 있다. 하지만 모든 특정 값이 0이면 합계도 0이 아닐까?

미적분이 여기에 사용된다. 미적분에서는 적분^{integral}이라고 부르는 무한히 작은 값들을 합산하는 특별한 방법이 있다. 마법 상자가 동전을 반환하는 확률이 0.5 미만(즉, 값이 0에서 0.5 사이)인지 알기 위해서는 다음과 같이 할 수 있다.

$$\int_0^{0.5} \frac{p^{14-1} \times (1-p)^{27-1}}{\text{beta}(14,27)}$$

여기서 ∫는 이산함수에서의 Σ와 동등한 역할을 하는 연속함수다. 함수의 모든 작은 부분을 더하고 싶다는 것을 표현하는 방법이다(미적분의 기본 원리에 관한 간략한 개요는 부록 B를 참조해라).

여기서 나오는 수학이 어려워 보이는 경우에도 너무 걱정하지 않아도 된다. 이를 계산하기 위해 R을 사용할 것이다. R은 베타분포를 위한 PDF인 dbeta() 함수를 포함한다. dbeta() 함수는 p, α 및 β에 해당하는 세 개의 인수를 갖는다. dbeta() 함수를 함수 integrate() 함수와 같이 사용해 적분을 자동으로 완성한다. 이제 주어진 데이터를 감안할 때 마법 상자로부터 두 개의 동전이 나올 확률이 0.5일 가능성을 계산한다.

```
> integrate(function(p) dbeta(p,14,27), 0, 0.5)
```

결과는 다음과 같다.

```
0.9807613 with absolute error < 5.9e-06
```

"absolute error" 메시지는 컴퓨터가 적분을 완벽하게 계산할 수 없기 때문에 항상 약간의 오류가 나타나지만 일반적으로 너무 작기 때문에 걱정하지 않아도 된다. R의 결과는 증거를 고려할 때 마법 상자에서 두 개의 동전을 얻을 실제 확률이 0.5 미만일 확률이 0.98이라는 것을 말해준다. 이는 더 이상 마법 상자에 동전을 넣는 것이 좋지 않다는 것을 의미한다.

가챠 게임 리버스 엔지니어링

실제 상황에서는 사건의 실제 확률을 거의 알지 못한다. 이것이 바로 데이터를 이해하는 강력한 도구 중 하나가 베타분포인 이유다. 4장의 가챠 게임에서는 뽑기를 원하는 각 카드의 확률을 알고 있었다. 실제로 게임 개발자가 여러 가지 이유(예를 들어 플레이어가 자신이 원하는 카드를 얻을 가능성이 얼마나 낮은지를 아는 것을 원하지 않는 것 등)로 플레이어에게 이러한 정보를 제공할 가능성은 매우 낮다. 이제 〈프리퀀티스트 파이터스Frequentist Fighters〉라는 새로운 가챠 게임을 한다고 가정해보자. 이 게임 역시 유명한 통계학자들을 특징으로 한다. 이번에는 브래들리 에프론Bradley Efron 카드를 뽑으려고 한다.

어떤 친구가 브래들리 에프론 카드를 뽑을 확률은 잘 모르지만 정말로 그 카드 뽑기를 원하고 있고 가능하다면 하나 이상 뽑기를 원한다. 엄청나게 많은 돈을 쓰고 1,200장의 카드를 뽑아서 5장의 브래들리 에프론 카드만을 얻었다는 것을 안다. 그 친구는 게임을 위해 돈을 쓸 생각을 하고 있지만, 브래들리 에프론을 뽑을 가능성이 0.005보다 클 확률이 0.7보다 클 때만 게임을 하기를 원한다.

친구는 당신에게 그 카드를 뽑기 위해 돈을 써야 할지 알아보라고 했다. 데이터에 따르면 1,200개의 카드를 뽑을 때 5장의 카드만 브래들리 에프론이었다는 것을 보여주므로 그림 5-4와 같이 Beta(5, 1195)로 시각화할 수 있다(뽑은 총 카드는 □ + □임을 기억해라).

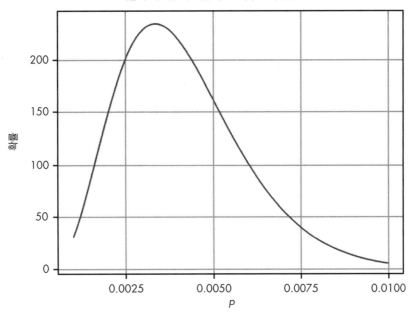

브래들리 에프론 카드 뽑기, Beta(5, 1195)의 분포

그림 5-4 주어진 데이터에 따른 브래들리 에프론 카드를 얻기 위한 베타분포

시각화를 통해 거의 모든 확률 밀도가 0.01 미만임을 알 수 있다. 친구가 원하는 값인 0.005 이상을 정확히 알아야 한다. 앞에서 언급한 것과 같이 R의 베타분포를 적분해서 해결할 수 있다.

```
> integrate(function(x) dbeta(x, 5, 1195), 0.005, 1)
0.29
```

관찰한 증거를 고려할 때 브래들리 에프론 카드를 뽑을 가능성이 0.005 이상일 확률이 0.29에 불과하다는 것을 알려준다. 친구는 확률이 0.7 이상인 경우에만 카드 뽑기를 원하기 때문에 데이터로부터 나온 증거에 따르면 모험을 하지 말아야 한다.

마무리

5장에서는 이항분포와 밀접하게 관련이 있지만 상당히 다르게 작용하는 베타분포에 대해 배웠다. 점점 더 많이 증가하는 이항분포에 대해 데이터를 얼마나 잘 설명하는지 관찰함으로써 베타분포를 구축했다. 가능한 가설의 수가 무한하기 때문에 모든 경우를 설명할 수 있는 연속 확률분포가 필요했다. 베타분포는 관찰한 데이터에 대해 모든 가능한 확률을 얼마나 강하게 믿는지 나타낸다. 이것은 사건에 할당할 확률과 각각의 확률을 얼마나 강하게 믿는지 결정함으로써 관찰한 데이터에 대한 통계적 추론을 수행할 수 있게 한다. 이것을 확률의 확률이라 한다.

베타분포와 이항분포의 주요 차이점은 베타분포가 연속 확률분포라는 것이다. 분포에 무한한 수의 값이 있기 때문에 이산 확률분포와 같은 방식으로 결과를 합산할 수 없다. 대신 미적분을 사용해 값의 범위를 합산해야 한다. 다행히 까다로운 적분을 손으로 풀지 않고 R을 사용할 수 있다.

연습 문제

다음 물음에 답해 베타분포를 사용해 확률을 추정하는 방법을 이해했는지 확인하자. 답은 부록 C에서 찾아볼 수 있다.

1. 베타분포를 사용해 가지고 있는 동전이 앞면과 뒷면을 동등하게 제공하는 공정한 동전인지 여부를 결정하려고 한다. 동전을 10번 던지는 경우, 4개의 앞면과 6개의 뒷면을 얻는다. 베타분포를 사용해 동전의 앞면이 60%보다 많을 확률을 구해라.

2. 동전을 10번 더 던지면 9개의 앞면과 11개의 뒷면을 얻는다. 공정하다는 정의를 이용해 동전이 5% 이내에서 공정할 확률을 구해라.

3. 데이터는 자신의 주장에 자신감을 갖게 하는 가장 좋은 방법이다. 동전을 200번 더 던졌을 때 109개의 앞면과 111개의 뒷면을 얻는다. 이제 동전이 5% 이내에서 공정할 확률은 얼마일까?

2부

베이지안 확률과 사전확률

6

조건부확률

지금까지는 독립적인 확률만 다뤘다. 한 사건의 결과가 다른 사건의 결과에 영향을 미치지 않는 경우의 확률을 독립적이라 한다. 예를 들어 한 개의 동전을 던져 앞면이 나오는 것은 주사위에서 6이 나올지의 여부에 영향을 미치지 않는다. 독립적인 확률을 계산하는 것이 독립적이지 않은 확률을 계산하는 것보다 훨씬 쉽지만 독립적인 확률은 종종 실생활을 반영하지 못한다. 예를 들어 알람이 울리지 않을 확률과 직장에 늦을 확률은 독립적이지 않다. 알람이 울리지 않으면 알람이 울리는 경우보다 지각할 가능성이 훨씬 더 높다.

6장에서는 확률이 독립적이지 않고 특정한 사건의 결과에 종속적인 조건부확률 conditional probability에 대해 추론하는 방법을 소개한다. 또한 조건부확률의 가장 중요한 적용 분야 중의 하나인 베이즈 정리 Bayes' theorem를 소개한다.

조건부확률 소개

조건부확률의 첫 번째 예제로 독감 백신과 백신 접종 시 발생할 수 있는 합병증을 살펴볼 것이다. 일반적으로 독감 백신을 접종하면 독감 백신과 관련된 여러 가지 부작용을 알려주는 종이 한 장을 받는다. 이를테면 신체의 면역 체계가 신경계를 공격해 생명을 위협할 수 있는 합병증을 유발하는 매우 드문 질환인 길렝 바레 증후군GBS, Guillain Barré Syndrome의 발병률 증가와 같은 것이다. 질병통제예방센터CDC, Centers for Disease Control and Prevention에 따르면 당해 연도에 길렝 바레 증후군에 걸릴 확률은 10만 명 중 2명이다. 확률을 다음과 같이 나타낼 수 있다.

$$P(\text{GBS}) = \frac{2}{100{,}000}$$

일반적으로 독감 백신은 길렝 바레 증후군 즉, GBS에 걸릴 확률을 아주 사소한 양만큼만 증가시킨다. 그러나 2010년에 신종 플루가 발생했고 그해에 독감 백신을 접종한 후 GBS에 걸린 확률이 3/100,000으로 증가했다. 이 경우 GBS에 걸릴 확률은 직접적으로 독감 백신 접종 여부에 따라 결정되므로 조건부확률의 예가 된다. 조건부확률은 $P(A \mid B)$ 또는 "주어진 B에 대한 A의 확률"로 표현된다. 수학적으로 GBS에 걸릴 확률은 다음과 같이 나타낼 수 있다.

$$P(\text{GBS} \mid \text{독감 백신}) = \frac{3}{100{,}000}$$

이 표현은 "독감 백신을 접종했을 때 GBS에 걸릴 확률은 100,000명 중 3명이다"와 같이 말한다.

조건부확률이 중요한 이유

조건부확률은 정보가 신념을 어떻게 변화시키는지 보여주기 때문에 통계에서 필수적이다. 독감 백신의 예에서 만약 누군가가 백신을 접종했는지 아닌지 모른다면 GBS에 걸릴 확률은 당해 연도에 전체 인구 중에서 특정인이 GBS에 걸릴 확률인 2/100,000이라고 말할 수 있다. 만약 연도가 2010년이고 독감 예방 주사를 맞았다고 말하면 실제 확률은 3/100,000이 된다는 것을 알 수 있다. 이를 두 가지 확률의 비율로 살펴볼 수 있다.

$$\frac{P(\text{GBS} \mid \text{독감 백신})}{P(\text{GBS})} = 1.5$$

따라서 2010년에 독감 예방 주사를 맞은 경우 그렇지 않은 사람보다 GBS에 걸릴 확률이 50% 더 높다고 믿을 만한 충분한 정보를 갖게 된다. 다행히 개인 차원에서 GBS에 걸릴 확률은 여전히 매우 낮다. 그러나 인구 전체를 살펴보면 일반 인구보다 독감 백신을 접종한 인구 집단에서 50% 더 많은 사람들이 GBS에 걸릴 것으로 예상할 수 있다.

GBS에 걸릴 확률을 높일 수 있는 또 다른 요인도 있다. 이를테면 남성과 노인은 GBS에 걸릴 가능성이 더 높다. 모든 정보를 추가하고 조건부확률을 사용하면 개인이 GBS에 걸릴 확률을 더 잘 추정할 수 있다.

확률의 종속성과 수정된 규칙

조건부확률의 두 번째 예제로 특정 색을 구별하기 어려운 시력 결여인 색맹을 살펴본다. 일반 인구의 약 4.25%가 색맹이다. 색맹의 대부분은 유전적인 경우이다. 색맹은 X 염색체의 유전자 결함으로 인해 발생한다. 남성은 단 하나의 X 염색체를 갖고 여성은 두 개를 갖기 때문에, 남성이 결함 있는 X 염색체의 부작용을 겪을 가능성이 16배 정도 높아 색맹이 되기 쉽다. 따라서 전체 인구의 색맹율은 4.25%인 반면 여성의 색맹율은 0.5%에 불과하고 남성의 색맹율은 8%이다. 계산을 단순하게 하기 위해, 인구의 남성/여성 비율을 정확히 50/50이라고 가정할 것이다. 이러한 사실을 조건부확률로 표현해보자.

$$P(색맹) = 0.0425$$
$$P(색맹 \mid 여성) = 0.005$$
$$P(색맹 \mid 남성) = 0.08$$

주어진 정보를 바탕으로 인구 중에서 무작위로 한 사람을 선택하는 경우, 그 사람이 남성이면서 색맹일 확률은 얼마일까?

3장에서 곱의 규칙을 사용해 확률을 AND로 결합하는 방법을 배웠다. 곱의 규칙에 따르면 질문의 결과는 다음과 같이 생각할 것이다.

$$P(남성, 색맹) = P(남성) \times P(색맹) = 0.5 \times 0.0425 = 0.02125$$

그러나 조건부확률과 함께 곱의 규칙을 사용하면 문제가 발생한다. 어떤 사람이 여성이면서 색맹일 확률을 찾으면 문제가 더 명확해진다.

$$P(여성, 색맹) = P(여성) \times P(색맹) = 0.5 \times 0.0425 = 0.02125$$

두 개의 확률이 같기 때문에 이 방법은 옳다고 할 수 없다. 남성 또는 여성을 선택할 확률은 동일하지만 여성을 선택했을 때 색맹일 확률은 남성인 경우보다 훨씬 낮아야 한다는 것을 알고 있다. 곱의 규칙 공식에 사람을 무작위로 선택하는 경우 색맹일 확률이 남성인지 여성인지에 달려 있다는 사실을 고려해야 한다. 3장에서 제시한 곱의 규칙은 확률이 독립적일 때만 적용된다. 남성(또는 여성)이면서 색맹인 것은 종속적인 확률이다.

따라서 색맹인 남성을 찾을 수 있는 실제 확률은 남성일 확률과 남성이면서 색맹일 확률을 곱한 것이다. 수학적으로 다음과 같이 표현할 수 있다.

$$P(남성, 색맹) = P(남성) \times P(색맹 \mid 남성) = 0.5 \times 0.08 = 0.04$$

위의 솔루션을 일반화해 곱의 규칙을 다음과 같이 다시 작성할 수 있다.

$$P(A, B) = P(A) \times P(B \mid A)$$

독립적인 확률인 경우에 $P(B) = P(B \mid A)$이므로 독립적인 확률에서도 적용된다. 앞면을 뒤집고 주사위의 6이 나올 확률을 구하는 경우도 직관적으로 생각할 수 있다. $P(6)$은 동전 던지기와 무관하게 1/6이므로 $P(6 \mid 앞면)$ 또한 1/6이다.

합의 규칙에도 이 사실을 적용할 수 있다.

$$P(A \text{ or } B) = P(A) + P(B) - P(A) \times P(B \mid A)$$

1부의 확률론적 논리 규칙을 사용해 조건부확률을 쉽게 다룰 수 있다.

조건부확률과 종속성에 대해 유의해야 할 중요한 사실은 실제로 두 개의 사건이 얼마나 관련돼 있는지를 아는 것이 쉽지 않은 경우가 종종 있다는 것이다. 예를 들어 픽업 트럭을 소유한 어떤 사람이 1시간 이상 출퇴근할 가능성에 대해 물을 수 있다. 픽업 트럭 운전자들은 시골에 더 많이 살고 있고 출퇴근하는 사람도 적다는 것과 같은 종속적인 이유가 많이 있을 수 있지만 이를 뒷받침할 만한 데이터가 없을 수도 있다. 두 사건이 독립적이라고 가정하는 것은 (실제는 아니더라도) 통계에서 매우 일반적인 관행이다. 그러나 색맹인 남성을 선택하는 예제와 같이 이러한 가정은 때때로 매우 잘못된 결과를 초래할 수 있다. 종종 독립이 실질적인 필수 요소라고 가정하지만, 종속이 얼마나 많은 영향을 미칠 수 있는지 절대 잊지 말자.

역방향 조건부확률과 베이즈 정리

조건부확률로 할 수 있는 가장 놀라운 것 중 하나는 조건을 역으로 해 주어진 조건의 확률을 계산하는 것이다. 즉 $P(A \mid B)$를 사용해 $P(B \mid A)$를 구하는 것이다. 색맹 교정 안경을 판매하는 회사의 고객 서비스 담당자에게 이메일을 보내고 있다고 가정하자. 안경이 약간 비싸면서도 안경이 효과가 없을까 걱정된다고 담당자에게 말한다. 담당자는 "나도 색맹이고 안경을 갖고 있는데 정말 효과가 있습니다"라고 대답한다.

이 담당자가 남성일 확률을 파악하려고 한다. 그러나 담당자는 ID 번호 이외에는 어떤 정보도 제공하지 않는다. 그렇다면 담당자가 남성일 확률을 어떻게 알아낼 수 있을까?

$P($색맹 $\mid$ 남성$) = 0.08$이고 $P($색맹 $\mid$ 여성$) = 0.005$라는 것을 알고 있지만 $P($남성 $\mid$ 색맹$)$은 어떻게 결정할 수 있을까? 직관적으로 고객 서비스 담당자가 실제로 남성일 가능성이 훨씬 더 높다는 것을 알고 있지만 확실히 하기 위해서는 정량화할 필요가 있다.

다행히도 이 문제를 해결하는 데 필요한 모든 정보를 알고 있으며, 어떤 사람이 색맹일 때 그 사람이 남성일 확률을 해결하고자 한다는 것을 안다.

$$P(\text{남성} \mid \text{색맹}) = ?$$

베이지안 통계의 핵심은 데이터이며, (기존 확률을 제외하고) 현재 단 하나의 데이터를 가지고 있다. 고객 지원 담당자가 색맹이라는 것을 안다. 다음 단계는 전체 인구의 일부인 색맹 비율을 살펴보는 것이다. 그러고 나면 부분집합 중 어느 부분이 남성인지 알 수 있다.

추론을 돕기 위해 전체 인구수를 나타내는 새로운 변수 N을 추가하자. 앞에서 언급했듯이 전체 인구의 부분집합인 색맹을 계산해야 한다. $P($색맹$)$을 알고 있으므로 방정식의 일부를 다음과 같이 쓸 수 있다.

$$P(\text{남성} \mid \text{색맹}) = \frac{?}{P(\text{색맹}) \times N}$$

다음으로 남성이면서 색맹인 사람의 수를 계산해야 한다. 이것은 $P(\text{남성})$과 $P(\text{색맹} \mid \text{남성})$을 알고 있으므로 수정된 곱의 규칙을 사용해서 쉽게 구할 수 있다. 따라서 간단하게 총 인구에 이 확률을 곱할 수 있다.

$$P(\text{남성}) \times P(\text{색맹} \mid \text{남성}) \times N$$

따라서 고객 서비스 담당자가 색맹인 경우 남성일 확률은 다음과 같다.

$$P(\text{남성} \mid \text{색맹}) = \frac{P(\text{남성}) \times P(\text{색맹} \mid \text{남성}) \times N}{P(\text{색맹}) \times N}$$

총 인구수를 나타내는 변수 N은 분수의 분모와 분자에 모두 있으므로 양쪽 모두 지운다.

$$P(\text{남성} \mid \text{색맹}) = \frac{P(\text{남성}) \times P(\text{색맹} \mid \text{남성})}{P(\text{색맹})}$$

이제 모든 정보를 알고 있으므로 문제를 해결할 수 있다.

$$P(\text{남성} \mid \text{색맹}) = \frac{P(\text{남성}) \times P(\text{색맹} \mid \text{남성})}{P(\text{색맹})} = \frac{0.5 \times 0.08}{0.0425} = 0.941$$

계산 결과, 고객 서비스 담당자가 실제로 남성일 가능성은 94.1%라는 것을 알 수 있다.

베이즈 정리 소개

앞의 공식에서 색맹의 경우를 주어진 A와 B 확률로 일반화할 수 있다. 공식을 일반화하면 이 책에서 가장 기본적인 공식인 베이즈 정리를 얻을 수 있다.

$$P(A \mid B) = \frac{P(A)P(B \mid A)}{P(B)}$$

베이즈 정리가 왜 그렇게 중요한지 이해하기 위해 이 문제의 일반적인 형태부터 살펴보자. 자신의 신념은 자신이 알고 있는 세상을 묘사하므로 무엇인가를 관찰할 경우 조건부확률은 자신이 믿는 것을 바탕으로 자신이 본 것의 가능성을 나타내며 다음과 같이 표시한다.

$$P(관찰 \mid 신념)$$

당신이 기후 변화를 믿고 있다고 가정하자. 즉, 당신이 살고 있는 지역이 지난 10년보다 앞으로 가뭄이 더 많을 것으로 예상한다. 당신의 신념은 기후 변화가 일어나고 있다는 것이고, 관찰은 당신이 거주하는 지역의 가뭄 횟수이다. 지난 10년 동안 5번의 가뭄이 있었다고 가정하자. 지난 10년 동안 기후 변화가 있었다면 그 기간 동안 정확하게 5번 가뭄이 나타날 확률을 결정하는 것은 어려울 수 있다. 이를 해결하기 위한 한 가지 방법은 기후 과학 전문가에게 당신의 모델이 기후 변화를 가정한다는 점을 감안할 때 가뭄의 확률을 묻는 것이다.

이 시점에서 당신이 할 일은 "기후 변화가 사실이라고 믿는 경우 관찰한 것의 확률은 무엇일까?"라고 묻는 것뿐이다. 하지만 여기서 원하는 것은 관찰한 것을 고려할 때 기후 변화가 실제로 일어나고 있다고 얼마나 강하게 믿는지를 정량화하는 방법이다. 베이즈 정리는 기후 과학자에게 요구한 $P(관찰 \mid 신념)$을 역으로 해, 관찰한 것을 고려할 때 신념의 가능성을 해결하도록 한다.

$$P(신념 \mid 관찰)$$

이 예에서 베이즈 정리를 사용하면 10년 동안 5번의 가뭄에 대한 관찰은 이러한 가뭄을 관찰한 후 기후 변화를 얼마나 강력하게 믿는지에 대한 문장으로 바꿀 수 있다. 유일하게 필요한 정보는 10년 동안 5번의 가뭄이 있을 일반적인 확률(역사적인 기록 데이터로 추정할 수 있음)과 기후 변화에 대한 신념의 초기 확실성(확률)뿐이다. 대부분의 사람들은 기후 변화에 대해 서로 다른 초기 확률을 갖지만 베이즈 정리를 사용하면 데이터가 신념을 얼마나 변화시키는지 정확히 정량화할 수 있다.

기후 변화가 일어나고 있다고 가정할 때 10년 동안 5번의 가뭄이 발생할 가능성이 높다고 전문가가 말하면 기후 변화에 회의적인 사람이든 아니면 앨 고어$^{Al\ Gore}$이든 간에 대부분의 사람들은 기후 변화에 조금 더 호의적인 쪽으로 신념을 바꿀 것이다.

그러나 기후 변화가 일어나고 있다고 가정할 때 실제로 10년 동안 5번의 가뭄이 발생할 가능성은 매우 낮다고 전문가가 말했다고 가정하자. 이 경우 기후 변화에 대한 신념은 증거를 고려한 상태에서 약간 약해질 것이다. 여기서 중요한 것은 베이즈 정리가 궁극적으로 신념의 강도를 변화시키는 증거를 허용한다는 것이다.

베이즈 정리는 세상에 대한 자신의 신념을 가져와서 데이터와 결합한 다음 이 조합을 관찰한 증거를 바탕으로 신념의 강도에 대한 추정치로 변환할 수 있게 한다. 종종 신념은 아이디어에 대한 자신의 초기 확신일 뿐이다. 이것이 베이즈 정리의 $P(A)$이다. 종종 총기 규제가 폭력을 줄이는지, 시험을 늘리면 학생의 성적을 향상시키는지, 공중 보건 관리가 전반적인 건강 관리 비용을 줄이는지에 대한 토론을 하게 된다. 그러나 증거가 어떻게 자신의 마음 또는 토론하고 있는 사람들의 마음을 바꾸는지에 대해서는 거의 생각하지 않는다. 베이즈 정리를 통해 신념에 대한 증거를 관찰하고 증거가 신념을 얼마나 변화시키는지를 정확하게 정량화할 수 있다.

책의 후반부에서 신념을 비교할 수 있는 방법과 놀랍게도 데이터가 신념을 바꾸지 못하는 경우를 살펴볼 것이다(저녁 식사 때 친척들과 논쟁을 벌인 사람은 누구나 알 수 있다).

7장에서는 베이즈 정리를 조금 더 자세히 다룰 것이다. 다시 한 번 베이즈 정리를 설명하겠지만 7장에서는 LEGO를 사용해 작동 방식을 명확하게 시각화할 것이다. 또한 기존의 신념을 보다 구체적으로 모델링하고 데이터가 신념을 어떻게 변화시키는가의 관점에서 베이즈 정리를 이해하는 방법을 알아볼 것이다.

마무리

6장에서는 다른 사건에 종속적인 사건의 확률인 조건부확률에 대해 배웠다. 조건부확률은 독립적 확률보다 훨씬 더 복잡하다. 종속성을 설명하기 위해 곱의 규칙을 수정해야 하지만 베이즈 정리를 이끌어낸다. 베이즈 정리는 세상에 대한 자신의 신념을 수정하기 위해 데이터를 어떻게 사용하는지 이해하는 데 기본이 된다.

연습 문제

다음 물음에 답해 조건부확률과 베이즈 정리를 잘 이해하는지 확인하자. 답은 부록 C에서 찾아볼 수 있다.

1. 베이즈 정리를 사용해 2010년에 GBS에 걸렸던 누군가가 그해에 독감 백신을 접종했을 확률을 결정하기 위해 필요한 정보는 무엇일까?

2. 전체 인구에서 임의로 뽑은 사람이 여성이면서 색맹이 아닐 확률은 얼마일까?

3. 2010년에 독감 백신을 접종한 남성이 색맹이거나 GBS에 걸릴 확률은 얼마일까?

7

레고를 사용한 베이즈 정리

6장에서 조건부확률을 다뤘고 확률에서 매우 중요한 아이디어인 베이즈 정리를 살펴봤다. 베이즈 정리는 다음과 같이 표현할 수 있다.

$$P(A \mid B) = \frac{P(B \mid A)P(A)}{P(B)}$$

$P(A)P(B \mid A)$ 대신 $P(B \mid A)P(A)$를 사용해 6장으로부터 아주 작은 변화를 줬다는 점에 주목하자. 의미는 동일하지만 때때로 용어를 변경하면 문제에 대해 다른 접근법을 명확히 하는 데 도움이 될 수 있다.

베이즈 정리를 사용해 조건부확률을 역으로 할 수 있으므로 조건부확률 $P(B \mid A)$를 알면 $P(A \mid B)$를 알아낼 수 있다. 베이즈 정리는 통계학의 기본이 된다. 그 이유는 주어진 신념을 기반으로 관찰의 확률을 갖는 것부터 주어진 관찰을 기반으로 신념의 강도를 결정하는 것까지 가능하게 하기 때문이다. 예를 들어 감기에 걸렸다는 것을 전제로 재채기할 확률을 알고 있으면 재채기하는 것을 전제로 감기에 걸릴 확률을 결정하기 위해 역으로 작업할 수 있다. 이런 방법으로 세상에 대한 신념을 수정하기 위해 증거를 사용한다.

7장에서는 레고^{LEGO}를 사용해 베이즈 정리를 시각화하고 수학의 개념을 확실하게 할 것이다. 이를 위해 레고 블록을 사용해 구체적인 질문을 몇 가지 해보자. 그림 7-1은 6 × 10의 레고 블록을 보여준다. 즉, 60 스터드^{stud} 면적이다(스터드는 레고 블록을 서로 연결하는 원통형 범프를 말한다).

그림 7-1 가능한 사건의 공간을 시각화하는 6 × 10 스터드 레고 면적

이를 60개의 가능한 상호 배타적인 사건의 공간으로 상상할 수 있다. 일례로 파란색 스터드는 60명의 수업에서 시험에 합격한 40명의 학생을 나타내고 빨간색 스터드는 시험에 불합격한 20명의 학생을 나타낼 수 있다. 60 스터드 면적에는 40개의 파란색 스터드가 있으므로 임의로 손가락을 가져다 놓았을 때 파란색 블록을 만질 가능성은 다음과 같다.

$$P(\text{파란색}) = \frac{40}{60} = \frac{2}{3}$$

또한 빨간색 블록을 만질 가능성은 다음과 같다.

$$P(\text{빨간색}) = \frac{20}{60} = \frac{1}{3}$$

예상대로 파란색 또는 빨간색 블록을 만질 확률은 1이다.

$$P(\text{파란색}) + P(\text{빨간색}) = 1$$

이는 가능한 모든 사건을 빨간색 블록과 파란색 블록만으로 설명할 수 있다는 것을 의미한다.

이제 두 종류의 블록 위에 노란색 블록을 얹어 다른 가능성을 나타내보자. 그림 7-2와 같이 밤새 공부를 하면서 잠을 자지 않은 학생들을 나타낸다.

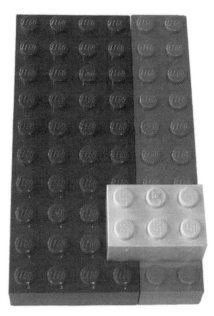

그림 7-2 6 × 10 스터드 레고 면적 위에 2 × 3 레고 블록 배치

무작위로 스터드를 선택할 때 노란색을 만질 확률은 다음과 같다.

$$P(\text{노란색}) = \frac{6}{60} = \frac{1}{10}$$

그러나 P(노란색)을 P(빨간색) + P(파란색)에 더하면 1보다 큰 결과가 나오므로 확률 규칙에 위배된다.

물론 여기서 불가능한 결과가 나오는 것은 노란색 스터드가 모두 빨간색 스터드와 파란색 스터드 위에 놓여 있기 때문에 노란색 블록을 얻을 확률은 파란색 공간에 있는지 빨간색 공간에 있는지 여부에 달려 있기 때문이다. 6장에서 설명했듯이 조건부확률 P(노란색 | 빨간색) 또는 빨간색이 주어질 때 노란색의 확률로 표현할 수 있다. 앞의 예제로 살펴본다면 학생이 시험에 불합격했을 때 밤새 공부를 했을 확률이 될 것이다.

조건부확률 시각화 작업

레고 블록으로 돌아가서 P(노란색 | 빨간색)을 생각해보자. 그림 7-3은 주어진 문제에 대해 시각적인 통찰력을 제공한다.

그림 7-3 P(노란색 | 빨간색) 시각화

물리적 표현을 사용해 P(노란색 | 빨간색)을 결정하는 과정에 대해 살펴보자.

1. 빨간색 부분을 파란색으로부터 분리한다.
2. 빨간색 공간 전체 면적을 구한다. 2 × 10 스터드 면적이므로 20 스터드이다.
3. 빨간색 공간에 있는 4개의 스터드로 된 노란색 블록의 면적을 구한다.
4. 노란색 블록의 면적을 빨간색 블록의 면적으로 나눈다.

결과적으로 P(노란색 | 빨간색) = 4/20 = 1/5이 된다.

빨간색이 주어졌을 때 노란색일 조건부확률을 구했다. 이제부터는 조건부확률을 역으로 해 P(빨간색 | 노란색)을 구해보자. 즉, 노란색 공간에 있다는 것을 알 때 그 아래가 빨간색일 확률은 무엇인지를 구하는 것이다. 또는 테스트 예제로 살펴본다면 밤샘을 한 학생이 시험에 불합격할 확률을 구하는 것과 같다.

그림 7-3을 보면 다음과 같은 추론을 통해 P(빨간색 | 노란색)을 직관적으로 알아낼 수 있다. 노란색 스터드는 6개인데 그중에서 4개가 빨간색 위에 있으므로 빨간색 블록 위에 있는 노란색을 선택할 확률은 4/6이다. 이렇게 생각했다면 축하한다! 지금 베이즈 정리를 독자적으로 발견한 것이다. 하지만 수학적으로 정량화해서 추론이 맞는지 확인해 보자.

수학적으로 작업

직관적인 것으로부터 베이즈 정리로 가려면 약간의 노력이 필요하다. 6개의 노란색 스터드가 있는 것에 대해 계산하는 방법을 생각하면서 직관을 공식화하자. 직관적으로는 공간 추론을 통해 결론에 도달하지만, 수학적 접근법을 사용할 필요가 있다. 이를 해결하기 위해 노란색 스터드일 확률에 전체 스터드 수를 곱한다.

$$\text{노란색스터드수} = P(\text{노란색}) \times \text{총스터드수} = \frac{1}{10} \times 60 = 6$$

직관적인 추론의 다음 부분은 빨간색 위에 4개의 스터드가 있다는 것이며, 이를 수학적으로 증명하기 위해서는 약간의 작업이 필요하다. 먼저 얼마나 많은 빨간색 스터드가 있는지 알아야 한다. 노란색 스터드를 계산한 것과 같은 과정으로 구하면 된다.

$$\text{빨간색스터드수} = P(\text{빨간색}) \times \text{총스터드수} = \frac{1}{3} \times 60 = 20$$

노란색으로 덮인 빨간색 스터드의 비율은 $P(\text{노란색 | 빨간색})$으로 이미 안다. 확률이 아니라 스터드 수를 계산하기 위해 방금 구한 빨간색 스터드 수를 곱한다.

$$\text{노란색밑빨간색스터드수} = P(\text{노란색 | 빨간색}) \times \text{빨간색스터드수} = \frac{1}{5} \times 20 = 4$$

마지막으로 노란색으로 덮인 빨간색 스터드와 노란 스터드의 총 개수의 비율을 구한다.

$$P(\text{빨간색 | 노란색}) = \frac{\text{노란색밑빨간색스터드수}}{\text{노란색스터드수}} = \frac{4}{6} = \frac{2}{3}$$

이는 직관적 분석과 일치한다. 그러나 다음과 같은 구조를 갖는 베이즈 정리 방정식처럼 보이지는 않는다.

$$P(A \mid B) = \frac{P(B \mid A)P(A)}{P(B)}$$

같은 구조를 갖게 하기 위해서는 방정식을 다음과 같이 확장해야 한다.

$$P(\text{빨간색 | 노란색}) = \frac{P(\text{노란색 | 빨간색}) \times \text{빨간색스터드수}}{P(\text{노란색}) \times \text{총스터드수}}$$

이것은 다음과 같이 계산할 수 있다.

$$P(\text{빨간색 | 노란색}) = \frac{P(\text{노란색 | 빨간색})P(\text{빨간색}) \times \text{총스터드수}}{P(\text{노란색}) \times \text{총스터드수}}$$

마지막으로 방정식에서 총 스터드 수를 제거하면 다음과 같이 된다.

$$P(\text{빨간색} \mid \text{노란색}) = \frac{P(\text{노란색} \mid \text{빨간색})P(\text{빨간색})}{P(\text{노란색})}$$

직관적으로 시작해서 베이즈 정리에 도달했다.

마무리

개념적으로 베이즈 정리는 직관적으로 가능하지만 이것이 베이즈 정리의 공식화가 명백함을 의미하는 바는 아니다. 수학적 작업의 장점은 직관적인 것으로부터 이성적인 추론을 한다는 것이다. 독창적이고 직관적인 신념이 일관성이 있음을 확인했으며 이제 레고 블록보다 더 복잡한 확률 문제를 처리할 수 있는 강력한 새로운 도구를 갖게 됐다.

8장에서는 데이터를 이용해 신념을 추론하고 수정하는 데 어떻게 베이즈 정리를 적용할 것인지 살펴볼 것이다.

연습 문제

다음 물음에 답해 베이즈 정리를 사용해 조건부확률을 추론하는 방법을 확실히 이해하는지 확인하자. 답은 부록 C에서 찾아볼 수 있다.

1. 캔자스시티^{Kansas City}는 그 이름에도 불구하고 미주리^{Missouri}와 캔자스 두 개의 주 경계에 위치한다. 캔자스시티 수도권 지역은 15개의 카운티^{county}로 구성돼 있으며 9개는 미주리주에 있고 6개는 캔자스주에 있다. 캔자스주 전체에는 105개의 카운티가 있고 미주리주 전체에는 114개의 카운티가 있다. 베이즈 정리를 사용해 캔자스시티 수도권 지역에 있는 한 개의 카운티로 이사한 친척이 캔자스에 있는 카운티에 거주할 확률을 계산해라. 친척은 캔자스주 또는 미주리주에 산다고 가정하고 $P(\text{캔자스})$, $P(\text{캔자스시티수도권지역})$ 그리고 $P(\text{캔자스시티수도권지역} \mid \text{캔자스})$를 반드시 나타내라.

2. 한 벌의 카드에는 동등하게 빨간색 또는 검정색의 정장이 있는 52개의 카드가 있

다. 카드 한 벌에는 4개의 에이스가 포함돼 있으며 2개는 빨간색이고 2개는 검정색이다. 1개의 빨간색 에이스를 제거하고 카드를 섞는다. 당신의 친구가 검정색 카드를 뽑았을 때 그 카드가 에이스일 확률은 무엇일까?

8

베이즈 정리의 사전, 우도 및 사후

 공간 추론을 사용해 베이즈 정리를 도출하는 방법을 다뤘으므로, 논리적으로 불확실성을 추론하는 확률 도구로 베이즈 정리를 어떻게 사용하는지 살펴볼 것이다. 8장에서는 주어진 데이터를 감안할 때 신념이 얼마나 가능성이 높은지 계산하고 정량화하는 데 베이즈 정리를 사용한다. 이를 위해 베이지안 통계와 확률에 자주 나오는 베이즈 정리의 세 부분인 사후확률(posterior probability), 우도(likelihood), 사전확률(prior probability)을 사용할 것이다.

세 부분

베이즈 정리를 통해 관찰 데이터가 신념을 얼마나 변화시키는지 정확하게 정량화할 수 있다. 이 경우 알고 싶은 것은 P(신념 | 데이터)이다. 쉽게 말하면 관찰한 데이터를 바탕으로 신념을 얼마나 강하게 유지하는지 정량화하는 것이다. 공식에서 이 부분에 대한 기술적 용어는 사후확률이며, 베이즈 정리를 사용해 해결할 것이다.

사후확률을 해결하려면 데이터에 대한 신념을 바탕으로 한 데이터의 확률 즉, P(데이터 | 신념)이 필요하다. 이것은 데이터가 우리에게 얼마나 많은 신념을 부여할 수 있는지를 나타내기 때문에 우도 또는 가능도로 알려져 있다.

마지막으로 초기 신념이 처음에 얼마나 가능성이 있는지 P(신념)을 정량화하고자 한다. 베이즈 정리에서 이 부분은 데이터가 주어지기 이전의 신념의 강도를 나타내기 때문에 사전확률 또는 간단히 사전prior이라고 한다. 우도와 사전이 결합해 사후확률을 만든다. 일반적으로 사후확률을 정규화해서 0부터 1까지의 확률로 정확하게 반영해야 하므로 데이터의 확률인 P(데이터)의 사용을 필요로 한다. 그러나 실제로 항상 P(데이터)가 필요한 것은 아니므로 이 값에 특별한 이름은 없다.

지금까지 알고 있는 것처럼, 신념을 가설 H로 하고 데이터를 변수 D로 나타낸다. 그림 8-1은 베이즈 정리의 각 부분을 보여준다.

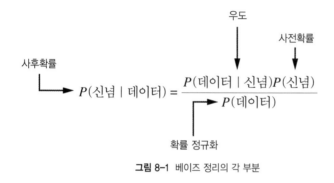

그림 8-1 베이즈 정리의 각 부분

8장에서는 상황을 추론하기 위해 이러한 세 부분을 결합해 문제를 해결할 것이다.

범죄 현장 조사

어느 날 직장에서 집으로 돌아와 보니 창문이 깨지고 현관문이 열려 있으며 노트북이 없어진 것을 발견한다고 가정해보자. 첫 번째 생각은 아마도 "도둑맞았어!"일 것이다. 그러나 어떻게 이런 결론을 내렸으며, 더 중요한 것은 '어떻게 이런 신념을 정량화할 수 있는가?'이다.

즉각적인 가설은 도둑을 맞았다는 것이다. 따라서 "H = 도둑맞음"이다. 여기서는 도둑맞았을 가능성이 얼마나 되는지를 나타내는 확률을 필요로 한다. 따라서 주어진 데이터를 바탕으로 해결하고자 하는 사후확률은 다음과 같다.

$$P(도둑맞음\ |\ 창문\ 깨짐,\ 현관문\ 열림,\ 노트북\ 없어짐)$$

이 문제를 해결하기 위해 베이즈 정리에서 빠진 부분들을 채워 넣을 것이다.

우도 해결

먼저 우도에 대해 해결해야 한다. 여기서는 실제로 도둑을 맞는 경우 동일한 증거가 관찰 될 가능성이다. 즉, 증거가 가설과 얼마나 밀접하게 일치하는지를 나타낸다.

$$P(창문\ 깨짐,\ 현관문\ 열림,\ 노트북\ 없어짐\ |\ 도둑맞음)$$

여기서 묻고 있는 것은 "도둑맞는 경우 문제에서 주어진 증거를 볼 가능성은 얼마나 될까?"이다. 도둑맞는 사건에서 이러한 증거가 모두 존재하지 않는 다양한 시나리오를 상상할 수 있다. 영리한 도둑이라면 자물쇠를 열고 노트북을 훔친 후 문을 다시 잠가 창 문을 깨뜨릴 필요가 없을 수도 있다. 아니면 그냥 창문을 깨뜨리고 노트북을 훔친 다음 곧장 창문 밖으로 나갈 수도 있다. 문제에서 주어진 증거는 직관적으로 도둑맞는 사건 현 장에서 흔히 볼 수 있는 것처럼 보이기 때문에 도둑맞는 경우 집에 돌아와 이러한 증거를 찾을 확률은 3/10이라고 할 수 있다.

이 예제에서는 추측하고 있지만, 더 나은 추정치를 얻기 위해 몇 가지 조사를 필요로 할 수 있다는 점에 유의해야 한다. 그 지역 경찰서에 가서 강도 사건과 관련된 범죄 현장 의 증거에 대한 통계를 요청하거나 최근 강도 사건에 관한 뉴스 보고서를 읽을 수도 있 다. 이는 도둑맞는 경우 이러한 증거를 발견할 우도에 대해 더욱 정확한 추정치를 제공할 것이다.

베이즈 정리에 대해 놀라운 점은 일상적인 신념을 정립하는 것과 매우 정확한 확률을 가진 대규모 데이터를 다루는 데 모두 사용할 수 있다는 것이다. 3/10이 좋은 추정치라고 생각하지 않는 경우, 언제든지 다시 계산함으로써 다른 가정을 할 때 값이 어떻게 변화하 는지 확인할 수 있다. 예를 들어 도둑맞을 때 주어진 증거를 발견할 확률이 3/1000에 불과하다고 생각하면 쉽게 식으로 돌아가서 값을 적용할 수 있다. 베이지안 통계는 사람들이 측정 가능한 방법을 사용해 신념에 대해 동의하지 않게 한다. 신념을 정량화해 다루기 때문에 8장에서 하는 모든 것을 다시 계산해 다른 확률이 최종 결과에 상당한 영향을 미치는지 확인할 수 있다.

사전확률 계산

다음에는 도둑맞을 확률을 결정해야 한다. 이것은 사전확률이 된다. 사전확률은 배경 정보를 사용해 우도를 조정할 수 있게 하기 때문에 매우 중요하다. 앞에서 설명한 장면이 혼자서 거주하는 무인도에서 일어났다고 해보자. 이 경우 (적어도 사람에 의해) 도둑맞는 것은 거의 불가능할 것이다. 또 다른 예로 범죄율이 높은 동네에 집을 갖고 있다면 강도는 빈번한 사건일 수 있다. 간단히 하기 위해 도둑맞는 것에 대한 사전확률을 다음과 같이 설정하자.

$$P(도둑맞음) = \frac{1}{1,000}$$

나중에 다른 증거나 추가 증거가 주어지면 언제든지 이 수치를 조정할 수 있음을 기억하자.

사후확률을 계산하는 데 필요한 모든 것을 구했다. 이제 데이터를 정규화하면 된다. 계속 진행하기 전에 비정규화된 사후확률을 살펴보자.

$$P(도둑맞음) \times P(창문 깨짐, 현관문 열림, 노트북 없어짐 \mid 도둑맞음) = \frac{3}{10,000}$$

직관적으로 관찰한 증거를 바탕으로 할 때 집이 도둑맞았을 확률은 매우 높아 보이는 것에 비해 결괏값은 믿을 수 없을 정도로 작다. 그러나 아직 증거를 관찰할 확률은 살펴보지 않았다.

데이터 정규화

방정식에서 누락된 것은 도둑을 맞았는지 아닌지 여부를 관찰한 데이터의 확률이다. 이 것은 앞의 예제에서 살펴보면 원인에 상관없이 창문이 깨지고 현관문이 열려 있고 노트 북이 없어진 것을 한 번에 모두 관찰할 확률이다. 현재 방정식은 다음과 같다.

$$P(\text{도둑맞음} \mid \text{창문 깨짐, 현관문 열림, 노트북 없어짐}) = \frac{\frac{1}{1,000} \times \frac{3}{10}}{P(D)}$$

분자의 확률이 매우 낮은 이유는 이 이상한 증거를 찾을 확률로 정규화하지 않았기 때문이다.

표 8-1에서 $P(D)$를 변경할 때 사후확률이 어떻게 변화하는지 확인할 수 있다.

표 8-1 $P(D)$에 따른 사후확률의 변화

P(D)	사후확률
0.050	0.006
0.010	0.030
0.005	0.060
0.001	0.300

데이터의 확률이 감소하면 사후확률은 증가한다. 이는 관찰하는 데이터의 가능성이 점점 낮아질수록 일반적으로 가능성이 희박한 설명이 사건을 설명하는 데 더 큰 역할을 하기 때문이다(그림 8-2 참조).

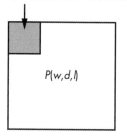

P(도둑맞음 | 창문 깨짐, 현관문 열림, 노트북 없어짐)

P(w,d,l)

P(도둑맞음 | 창문 깨짐, 현관문 열림, 노트북 없어짐)

P(w,d,l)

그림 8-2 데이터의 확률이 감소할수록 사후확률 증가

극단적인 예를 살펴보자. 친구가 백만장자가 될 수 있는 유일한 방법은 복권에 당첨되거나 알지도 못하는 가족 구성원으로부터 돈을 상속받는 것이다. 따라서 친구가 백만장자가 되는 것은 놀랄 정도로 가능성이 없다. 그러나 친구가 백만장자가 됐다는 사실을 알게 된다. 친구가 복권에 당첨됐을 확률은 친구가 백만장자가 될 수 있는 유일한 두 가지 방법 중의 하나이기 때문에 훨씬 더 높아진다.

물론 도둑맞는다는 것은 관찰한 것에 대해 가능한 여러 가지 중 한 가지 설명일 뿐이며 많은 다른 설명이 있을 수 있다. 그러나 증거의 확률을 모른다면 다른 모든 가능성을 어떻게 정규화할지 알 수가 없다. 그렇다면 $P(D)$는 무엇일까? 까다로운 부분이다.

$P(D)$의 일반적인 문제점은 수많은 실제 사례에서 정확하게 계산하기가 매우 어렵다는 것이다. 앞서 이야기한 예제에서는 값을 추측했지만, 공식의 모든 다른 부분을 통해 실제 데이터를 수집해 좀 더 구체적인 확률을 제공할 수 있다. 사전확률 P(도둑맞음)의 경우 단순히 과거의 범죄 데이터를 보고 자신이 가는 길에 있는 어떤 집이 어느 날 도둑맞을 확률을 찾아낼 수 있을 것이다. 마찬가지로, 이론적으로는 과거의 도둑맞은 사례를 조사하고 도둑맞은 것에 대한 증거를 관찰할 수 있는 더 정확한 가능성을 생각해낼 수 있

다. 그러나 어떻게 P(창문 깨짐, 현관문 열림, 노트북 없어짐)을 추측할 수 있을까?

관찰한 데이터의 확률을 연구하는 대신 관찰을 설명할 수 있는 다른 모든 가능한 사건의 확률을 계산할 수 있다. 모든 사건의 합은 1이 돼야 하기 때문에 역으로 작업해서 $P(D)$를 구할 수 있다. 그러나 이러한 특별한 증거에 대한 가능성은 무한히 많다.

$P(D)$ 없이는 약간 힘들다. 6장과 7장에서 고객 서비스 담당자가 남성일 확률과 다른 색상의 레고 스터드를 선택할 확률을 각각 계산했으며, 이것은 관찰한 것을 감안해 가설에 대한 신념의 정확한 확률을 생각해낼 수 있게 했다. $P(D)$ 없이는 P(도둑맞음 | 창문 깨짐, 현관문 열림, 노트북 없어짐) 값을 구할 수 없다. 그러나 길이 완전히 없는 것은 아니다.

다행인 것은 종종 사용하는 가설의 비교를 적용하면 $P(D)$를 명시적으로 알 필요가 없다는 것이다. 이 예제에서는 도둑맞을 가능성이 얼마나 되는지를 또 다른 가능한 설명과 비교해볼 것이다. 이를 위해 정규화되지 않은 사후분포의 비율을 살펴본다. $P(D)$는 상수가 될 것이므로 분석을 변경하지 않고 안전하게 제거할 수 있다.

따라서 8장의 나머지 부분에서는 $P(D)$를 계산하는 대신 대립 가설alternative hypotheses을 만들고 대립 가설의 사후확률을 계산한 다음 원래 가설의 사후확률과 비교할 것이다. 이는 이미 관찰한 증거에 대한 유일한 설명만으로는 도둑맞을 확률을 정확히 구할 수 없다는 것을 의미하지만, 여전히 다른 가능성을 조사하기 위해 베이즈 정리를 사용할 것이다.

대립 가설 고려

원래의 가설과 비교하기 위한 또 다른 가설을 생각해보자. 새로운 가설은 세 가지 사건으로 구성된다.

1. 동네 아이가 앞 유리창을 야구공으로 쳤다.
2. 문을 잠그지 않은 채로 됐다.
3. 직장으로 노트북 가져간 것을 잊었고 노트북은 직장에 있다.

이러한 각각의 설명을 간단히 목록에서 번호로 참조하고 그것들의 집합을 H_2로 해

$P(H_2) = P(1, 2, 3)$이 되도록 한다. 이제 새로운 데이터의 사전확률과 우도를 해결해야 한다.

대립 가설에 대한 우도

우도는 가설을 전제로 관찰한 것의 확률 또는 $P(D \mid H_2)$를 계산해야 한다는 것을 기억하자. 논리적으로 볼 수 있듯이 흥미롭게도 이러한 설명에 대한 우도는 1로 나타난다. 즉, $P(D \mid H_2) = 1$이다.

가설에 있는 모든 사건이 일어난다면 창문이 깨지고 문이 잠겨 있지 않고 노트북이 없다는 모든 관찰은 확실할 것이다.

대립 가설에 대한 사전확률

사전확률은 세 가지 사건이 모두 일어날 확률을 나타낸다. 즉, 각 사건의 확률을 먼저 계산한 다음 곱의 규칙을 사용해 사전확률을 결정해야 한다. 주어진 예제에서 각각의 가능한 결과는 조건부 독립이라고 가정할 것이다.

가설의 첫 번째 부분은 동네 아이가 앞 유리창을 야구공으로 쳤다는 것이다. 이는 영화에서 흔히 볼 수 있는 일이지만 개인적으로는 그런 일이 일어난다는 이야기를 들어본 적이 없다. 하지만 도둑맞은 사람은 훨씬 더 많다는 것을 알고 있다. 그러므로 유리창을 야구공으로 칠 확률은 앞에서 사용했던 도둑맞을 확률의 절반에 해당한다고 가정하자.

$$P(1) = \frac{1}{2,000}$$

가설의 두 번째 부분은 문을 잠그지 않은 채로 뒀다는 것이다. 이것은 매우 일반적인 일이다. 한 달에 한 번 정도 발생한다고 가정하자.

$$P(2) = \frac{1}{30}$$

마지막으로 직장에 노트북을 두고 온 것을 살펴보자. 노트북을 가져가서 일하고 두는 것은 흔한 일이지만 노트북 가져간 것을 완전히 잊어버리는 것은 덜 흔한 일이다. 아마도 이것은 1년에 한 번 정도 일어날 수 있을 것이다.

$$P(3) = \frac{1}{365}$$

H_2 각 부분에 확률을 부여했으므로 이제 곱의 규칙을 이용해서 사전확률을 계산할 수 있다.

$$P(H_2) = \frac{1}{2{,}000} \times \frac{1}{30} \times \frac{1}{365} = \frac{1}{21{,}900{,}000}$$

살펴봤듯이, 세 가지 사건이 모두 발생할 확률은 극히 낮다. 이제 각각의 가설을 비교하기 위해 사후확률이 필요하다.

대립 가설에 대한 사후확률

우도인 $P(D \mid H_2)$는 1과 같다는 것을 알고 있기 때문에 두 번째 가설이 사실이라면 주어진 증거를 확실히 볼 수 있을 것이다. 두 번째 가설에 대한 사전확률을 감안하지 않으면 새로운 가설에 대한 사후확률이 도둑맞았다는 원래 가설에 대한 것보다 훨씬 더 강력해 보일 것이다(도둑을 맞았더라도 주어진 데이터를 볼 가능성이 별로 없기 때문이다). 사전확률이 정규화하지 않은 사후확률을 근본적으로 어떻게 변화시키는지 알 수 있다.

$$P(D \mid H_2) \times P(H_2) = 1 \times \frac{1}{21{,}900{,}000} = \frac{1}{21{,}900{,}000}$$

이제는 사후 신념과 가설의 강도를 비율로 비교하고자 한다. 이를 위해 $P(D)$가 필요하지 않음을 알게 될 것이다.

정규화하지 않은 사후확률 비교

먼저 두 가지 사후확률을 비율로 비교하고자 한다. 비율은 하나의 가설이 다른 가설보다 몇 배나 더 가능성이 높은지를 알려준다. 원래 가설을 H_1으로 정의하면 비율은 다음과 같다.

$$\frac{P(H_1 \mid D)}{P(H_2 \mid D)}$$

각각에 대해 베이즈 정리를 사용해 확장하자. 베이즈 정리를 $P(H) \times P(D \mid H) \times 1/P(D)$로 해 수식을 더 쉽게 읽을 수 있게 한다.

$$\frac{P(H_1) \times P(D \mid H_1) \times \dfrac{1}{P(D)}}{P(H_2) \times P(D \mid H_2) \times \dfrac{1}{P(D)}}$$

분자와 분모 모두 $1/P(D)$를 포함하고 있다는 점을 주목하자. 즉, 이를 제거해도 비율을 유지할 수 있다. 이것이 가설을 비교할 때 $P(D)$가 중요하지 않은 이유이다. 그리고 나면 정규화되지 않은 사후확률의 비율을 갖게 된다. 사후확률은 신념이 얼마나 강한지를 알려주기 때문에, 사후확률의 비율은 $P(D)$를 알지 못한 상태에서 H_1이 H_2보다 데이터를 몇 배나 더 잘 설명하는지를 알려준다. $P(D)$를 제거하고 파악한 숫자를 대입하자.

$$\frac{P(H_1) \times P(D \mid H_1)}{P(H_2) \times P(D \mid H_2)} = \frac{\dfrac{3}{10,000}}{\dfrac{1}{21,900,000}} = 6,570$$

결과의 의미는 H_1이 H_2보다 관찰한 것을 6,570배나 더 잘 설명한다는 것이다. 다시 말해서 분석에 따르면 원래 가설 H_1이 대립 가설 H_2보다 데이터를 훨씬 더 잘 설명한다는 것이다. 이것은 직관적인 것과도 잘 맞는다. 관찰한 장면으로 볼 때 도둑맞은 것이 확실히 더 그럴듯한 평가처럼 보인다.

비교에 사용할 수 있도록 정규화되지 않은 사후확률의 속성을 수학적으로 표현하자. 이를 위해 다음과 같은 버전의 베이즈 정리를 사용한다. 여기서 $\propto$ 기호는 "비례"를 의미한다.

$$P(H \mid D) \propto P(H) \times P(D \mid H)$$

즉, "주어진 데이터에 대한 가설의 확률인 사후확률은 H의 사전확률과 주어진 H에 대한 데이터의 확률을 곱한 값에 비례한다"와 같이 말할 수 있다.

이러한 형태의 베이즈 정리는 $P(D)$를 쉽게 구할 수 없는 두 가지 아이디어의 확률을 비교할 때 상당히 유용하다. 독립된 상태에서 각 가설의 확률에 대해 의미 있는 값을 제시할 수는 없지만, 여전히 가설을 비교할 때 이러한 버전의 베이즈 정리를 사용한다. 가설을 비교한다는 것은 관찰한 것에 대한 하나의 설명이 다른 것보다 얼마나 더 잘 설명하는지를 항상 정확하게 알 수 있음을 의미한다.

마무리

8장에서는 베이즈 정리가 관찰된 데이터를 바탕으로 세상에 대한 신념을 모델링하는 틀을 어떻게 제공하는지 살펴봤다. 베이지안 분석의 경우, 베이즈 정리는 사후확률 $P(H \mid D)$, 사전확률 $P(H)$ 및 우도 $P(D \mid H)$ 등 세 가지 주요 부분으로 구성된다.

특히 데이터 자체 또는 $P(D)$는 식에 나타나지 않는데, 그 이유는 신념을 비교하는 것에 대해서만 관심이 있는 경우에는 분석을 위해 $P(D)$가 필요하지 않기 때문이다.

연습 문제

다음 물음에 답해 베이즈 정리의 여러 부분에 대해 완전히 파악했는지 확인하자. 답은 부록 C에서 찾아볼 수 있다.

1. 언급했듯이, 우도에 할당된 기존의 확률에 동의하지 않을 수 있다.

$$P(\text{창문 깨짐, 현관문 열림, 노트북 없어짐} \mid \text{도둑맞음}) = \frac{3}{100}$$

이것은 H_2보다 H_1을 믿는 데 있어 신념을 얼마나 강하게 변화시킬까?

2. H_1과 H_2의 비율이 균등해지게 하려면 H_1의 사전확률인 도둑맞았다는 신념의 가능성이 얼마나 낮아질까?

9

베이지안 사전확률 및 확률분포

사전확률은 주관적일 수 있기 때문에 베이즈 정리에서 가장 논란이 많은 부분이다. 그러나 실제로는 종종 불확실한 상황을 충분히 추론하기 위해 중요한 배경 정보를 어떻게 적용하는지 보여준다.

9장에서는 사전확률을 사용해 문제를 해결하는 방법과 확률분포를 사용해 신념을 단일 값이 아닌 가능한 값의 범위로 수치화해 설명하는 방법을 살펴본다. 단일 값 대신 확률분포를 사용하면 두 가지 측면에서 유용하다.

첫째, 실제로 생각하고 고려할 수 있는 가능한 신념이 종종 광범위하게 존재한다. 둘째, 확률의 범위를 나타냄으로써 일련의 가설에 대한 신뢰를 나타낼 수 있다. 5장의 '신비한 마법 상자' 예제에서 두 가지 경우를 모두 살펴봤다.

C-3PO의 소행성 지대 의심

하나의 예로, 영화 〈스타워즈Star Wars〉의 한 장면으로부터 통계 분석에 나오는 가장 기억에 남는 오류 중 하나를 사용할 것이다. 바로 〈스타워즈: 제국의 역습The Empire Strikes Back〉이다. 한 솔로Han Solo가 적군을 피하기 위해 밀레니엄 팔콘 우주선을 이용해 소행성 지대로 가려 할 때, 지식이 많은 C-3PO가 한 솔로에게 성공할 가능성이 별로 없다고 알려준다. C-3PO는 "성공적으로 소행성 지대로 갈 가능성은 대략 3,720:1입니다"라고 말한다.

한 솔로는 "가능성에 대해 말하지 마!" 하고 대답한다.

표면적으로 이것은 "지루한" 데이터 분석을 무시하는 재미있는 영화일 뿐이지만 실제로는 여기에 흥미로운 딜레마가 존재한다. 시청자들은 한 솔로가 해낼 수 있다는 것을 알고 있지만 아마도 C-3PO 분석에 동의하지 않는 것은 아닐 것이다. 심지어 한 솔로조차도 위험하다고 믿고 있고, "우리를 따라 하기 위해서는 미쳐야 할 것"이라고 말한다. 게다가 추격하는 TIE 전투기 중 어느 하나도 성공하지 못하는데, 이것은 C-3PO의 숫자가 완전히 빗나간 것은 아니라는 꽤 강력한 증거를 제공한다.

C-3PO의 계산에서 누락된 것은 한 솔로가 공격적인 캐릭터라는 것이다. C-3PO는 틀린 것이 아니라 단지 중요한 정보를 추가하는 것을 잊었을 뿐이다. 문제는 확률을 완전히 무시하지 않고 한 솔로가 제안한 것처럼 C-3PO의 오류를 피할 수 있는 방법을 찾을 수 있는가 하는 것이다. 이 질문에 답하려면 C-3PO의 생각과 한 솔로에 대한 신념을 모두 모델링한 다음 베이즈 정리를 사용해 해당 모델을 혼합해야 한다.

다음 절에서 C-3PO의 추론부터 시작해 한 솔로의 공격성을 살펴볼 것이다.

C-3PO의 신념 결정

C-3PO는 단순하게 숫자를 제공한 것이 아니다. C-3PO는 6백만 개가 넘는 언어를 사용할 수 있고, 이를 지원하는 데 많은 양의 데이터가 필요하므로 "약 3,720:1"이라는 C-3PO의 주장을 뒷받침할 수 있는 실제 데이터가 있다고 가정할 수 있다. C-3PO는 성공적으로 소행성 지대로 갈 수 있는 대략적인 오즈를 제공하므로 C-3PO가 보유한 데이터는 가능한 성공률 범위를 제안하기에 충분한 정보만 제공한다. 범위를 나타내려면 확률을 나타내는 단일 값이 아닌 성공 확률에 관한 신념의 분포를 살펴봐야 한다.

C-3PO에게 가능한 유일한 결과는 성공적으로 소행성 지대로 갈 수 있는지 여부이다. 5장에서 배운 베타분포를 사용해 주어진 C-3PO 데이터를 고려할 때, 여러 가지 가능한 성공 확률을 결정할 것이다. 베타분포를 사용하는 이유는 성공률과 실패율에 대한 정보

를 바탕으로 사건에 대해 가능한 확률의 범위를 정확하게 모델링할 수 있기 때문이다.

베타분포는 α(관찰된 성공 횟수)와 β(관찰된 실패 횟수)로 매개변수화돼 있다는 점을 상기하자.

$$P(\text{성공률} \mid \text{성공 및 실패}) = \text{Beta}(\alpha, \beta)$$

베타분포는 우리가 가지고 있는 데이터를 고려할 때 가장 가능성이 높은 성공률을 알려준다.

C-3PO의 신념을 파악하기 위해 데이터에 대해 몇 가지 가정을 할 것이다. C-3PO는 소행성 지대에서 살아남은 두 사람과 엄청난 폭발로 생애를 마감한 7,440명의 기록을 가지고 있다. 그림 9-1은 실제 성공률에 대한 C-3PO의 신념을 나타내는 확률 밀도함수의 그림을 보여준다.

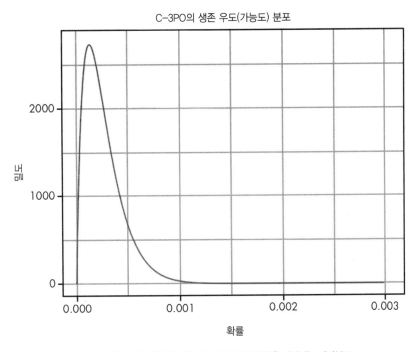

그림 9-1 한 솔로가 생존할 것이라는 C-3PO의 신념을 나타내는 베타분포

소행성 지대에 진입하는 일반 조종사에게는 매우 나쁘게 보인다. 베이지안 용어로, 관찰된 데이터 3,720:1에 대한 C-3PO의 실제 성공률 추정은 8장에서 논의한 우도이다. 다음으로 사전확률을 결정해야 한다.

한 솔로의 공격성에 대한 설명

C-3PO 분석의 문제점은 데이터가 모든 조종사에 대한 것을 포함하지만 한 솔로가 일반 조종사와는 차이가 있다는 것이다. 그가 소행성 지대를 통과하기 때문이 아니라 통과할 것이라고 믿기 때문에, 한 솔로의 공격성을 숫자로 표현할 수 없다면 우리의 분석은 제대로 이뤄지지 못한다. 통계는 세상에 대한 추론과 신념을 돕고 구성하는 도구이다. 만약 통계 분석이 추론과 신념에 위배될 뿐만 아니라 그것들을 바꾸지 못한다면 분석에 문제가 있는 것이다.

지금까지 한 솔로는 어려운 모든 상황에서 살아남았기 때문에, 우리는 그가 소행성 지대를 통과할 것이라는 사전 신념prior belief을 가지고 있다. 한 솔로를 전설적으로 만드는 것은 아무리 생존 가능성이 희박해 보여도 항상 성공한다는 것이다.

사전확률은 베이지안 분석 이외의 데이터 분석가에게 종종 논란이 된다. 많은 사람들은 사전확률이 객관적이지 않다고 생각한다. 그러나 9장에서 위의 시나리오를 통해 왜 사전 신념을 무시하는 것이 더 터무니없는 것인지를 설명한다. 〈스타워즈: 제국의 역습〉을 처음 보는 한 친구가 진심으로 당신에게 이렇게 말한다고 가정해보자. "글쎄, 한 솔로는 이제 죽었어." 그것이 사실이라고 생각할 가능성은 전혀 없다. 생존 가능성이 얼마나 낮은지에 대한 C-3PO의 주장이 전적으로 틀린 것이 아니라는 것을 기억하자. 만약 친구가 "글쎄, TIE 전투기들은 이제 죽었어"라고 말했다면 동의했을 것이다.

한 솔로가 살아남을 것이라고 믿는 많은 이유가 있지만 그러한 신념을 뒷받침할 수치는 없다. 함께 만들어보자.

한 솔로의 공격성에 대해 일종의 상한선부터 시작하자. 그가 절대 죽을 수 없다고 믿는다면 영화는 예측 가능하고 지루해질 것이다. 한편 한 솔로가 성공할 것이라는 신념은 그가 성공하지 않을 것이라는 C-3PO의 신념보다 강하므로 한 솔로가 성공할 것이라는 신념을 20,000:1이라고 하자.

그림 9-2는 한 솔로의 성공에 대한 사전확률분포를 보여준다.

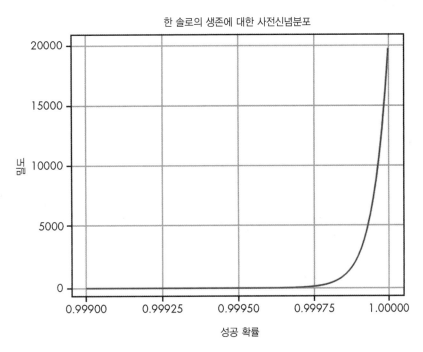

그림 9-2 한 솔로의 생존에 대한 사전신념의 범위를 나타내는 베타분포

위와 같이 또 다른 베타분포를 사용하는 이유는 두 가지이다. 첫째, 신념은 매우 근사치이므로 가변적인 생존율을 인정할 필요가 있다. 둘째, 베타분포는 향후 계산을 훨씬 쉽게 할 것이다.

이제 다음 절에서 우도와 사전확률을 이용해 사후확률을 계산할 수 있다.

사후확률로 긴장감 조성

C-3PO가 믿는 것(우도)을 확립했고 한 솔로에 대한 신념(사전확률)을 모델화했지만, 이제 이것들을 결합할 방법이 필요하다. 두 가지 신념을 결합해 사후분포posterior distribution를

만든다. 이 경우 사후는 C-3PO로부터 우도를 학습해 서스펜스^{suspense} 감각을 모델링한다. C-3PO 분석의 목적은 부분적으로 분석적 사고에 재미를 느끼게 하는 것뿐만 아니라 실제 위험의 감각을 만들기 위한 것이다. 우리의 사전확률에서는 한 솔로에 대해 전혀 염려하지 않았지만 C-3PO의 데이터를 기반으로 조정할 때 실제 위험을 설명하는 새로운 신념을 갖게 된다.

사후확률의 공식은 실제로 매우 간단하고 직관적이다. 오로지 우도와 사전확률만 안다고 가정하는 경우, 8장에서 논의했던 비례 형태의 베이즈 정리를 사용할 수 있다.

$$\text{사후확률} \propto \text{우도} \times \text{사전확률}$$

비례 형태의 베이즈 정리를 사용한다는 것은 사후분포의 합이 반드시 1이 되는 것은 아니라는 것을 의미한다. 그러나 다행히도 가지고 있는 모든 것이 우도와 사전확률뿐일 때 정규화된 사후확률을 제공할 베타분포를 결합하는 쉬운 방법이 있다. C-3PO의 데이터를 나타내는 것(우도)과 생존할 수 있는 한 솔로의 능력에 대한 사전신념(사전확률)을 나타내는 두 개의 베타분포를 다음과 같이 쉽게 결합할 수 있다.

$$\text{Beta}(\alpha_{\text{사후}}, \beta_{\text{사후}}) = \text{Beta}(\alpha_{\text{우도}} + \alpha_{\text{사전}}, \beta_{\text{우도}} + \beta_{\text{사전}})$$

사전과 우도에 대한 알파(α) 및 사전과 우도에 대한 베타(β)를 더하기만 하면 표준화된 사후확률을 구할 수 있다. 베타분포를 사용하는 것은 매우 간단하기 때문에 베이지안 통계에 편리함을 제공한다. 한 솔로가 소행성 지대를 통과할 것에 대한 사후확률을 결정하기 위해 다음과 같이 간단한 계산을 수행할 수 있다.

$$\text{Beta}(20002, 7441) = \text{Beta}(2 + 20000, 7440 + 1)$$

이제 우리의 데이터에 대한 새로운 분포를 시각화할 수 있다. 그림 9-3은 마지막 사후신념을 보여준다.

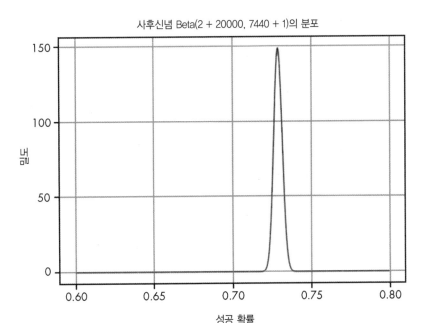

그림 9-3 우도와 사전을 결합하면 더 흥미로운 사후를 제공

　　C-3PO의 신념과 한 솔로의 공격성에 대한 신념을 결합함으로써 훨씬 더 합리적인 입장을 갖게 됐다. 사후신념은 약 73%의 생존 확률 즉, 여전히 한 솔로가 생존할 수 있다고 생각한다. 그러나 긴장감은 남아 있다.

　　실제로 유용한 것은 단순히 한 솔로가 성공할 가능성에 대한 기본적인 확률이 아니라 가능한 신념의 전체 분포를 갖는다는 것이다. 이 책의 많은 예에서 확률에 단순하게 단일 값 사용을 고수하지만 실제로는 전체 분포를 사용하면 신념의 강도에 유연하게 대처할 수 있다.

마무리

9장에서는 주어진 데이터를 분석하는 데 배경 정보가 얼마나 중요한지 알게 됐다. C-3PO의 데이터는 한 솔로의 능력에 대해 사전 이해와 일치하지 않는 우도함수를 제공했다. 단순히 C-3PO를 무시하기보다는 C-3PO의 우도를 우리의 사전 신념과 결합해 한 솔로의 성공 가능성에 대해 조정된 신념을 도출한다. 〈스타워즈: 제국의 역습〉에서 이러한 불확실성은 시나리오가 만들어내는 긴장감을 위해 필수적이다. C-3PO의 데이터 또는 우리의 사전신념을 완전히 신뢰한다면 한 솔로가 죽을 것이라고 거의 확신하거나 또는 한 솔로가 문제없이 살아남을 것이라고 거의 확신할 것이다.

또한 단일 확률이 아닌 확률분포를 사용해 가능한 신념의 범위를 표현할 수 있음을 알았다. 이 책의 뒷부분에서 확률분포에 대해 좀 더 자세히 살펴보고 신념의 불확실성을 더욱 세밀한 방법으로 살펴볼 것이다.

연습 문제

다음 물음에 답해 사전확률과 우도분포를 결합함으로써 정확한 사후분포를 도출하는 방법을 이해하는지 확인하자. 답은 부록 C에서 찾아볼 수 있다.

1. 친구가 땅에서 동전을 발견하고 뒤집을 때 앞면을 6개 연속으로 얻은 후 1개의 뒷면을 얻는다. 이를 설명하는 베타분포를 제공해라. 동전이 합리적으로 공정하다는 것을 반영하고 적분을 사용해 실제 앞면을 뒤집을 비율이 0.4와 0.6 사이일 확률을 결정해라.

2. 동전이 공정하다는 사전확률을 고려하자. 베타분포를 사용해 실제 앞면을 뒤집을 비율이 0.4에서 0.6 사이에 있을 가능성이 95% 이상이 되도록 해라.

3. 이제 동전이 공정하지 않을 가능성이 있다는 것을 충분히 납득시키기 위해 (더 이상 뒷면이 나오지 않는) 얼마나 많은 앞면이 더 필요한지 살펴보자. 이 경우 동전의 비율이 0.4에서 0.6 사이라는 신념이 0.5 이하로 떨어진다는 것을 의미한다고 가정하자.

3부

모수 추정

10

평균화 및 모수 추정 소개

10장에서는 데이터를 사용해 알 수 없는 변수의 값을 추측하는 통계적 추론의 필수 부분인 모수 추정을 소개한다. 이를테면 웹 페이지를 통해 방문자가 구매할 확률 추정, 카니발에서 항아리에 든 젤리 콩의 수 추정 또는 입자의 위치와 운동량 추정 등이다. 이 모든 경우 추정하고자 하는 값은 알지 못하며 관찰한 정보를 사용해 추측할 수 있다. 여기서 알지 못하는 값을 모수(parameter)라 하며, 모수에 대해 최선의 추측을 하는 과정을 모수 추정(parameter estimation)이라고 한다.

모수 추정의 가장 기본적인 형태인 평균화averaging에 초점을 맞출 것이다. 거의 대부분의 사람들이 관찰 데이터를 평균적으로 취하는 것이 실제 값을 추정하는 가장 좋은 방법이라고 알고 있지만, 이것이 효과가 있는지 묻는 사람은 실제로 거의 없다. 이후의 장에서 더 복잡한 형태의 모수 추정을 구축하기 때문에 평균화를 신뢰할 수 있다는 것을 증명할 필요가 있다.

적설량 추정

전날 밤 폭설이 내렸고 당신의 마당에 정확히 눈이 몇 인치 내렸는지 알고 싶다고 가정해 보자. 안타깝게도 정확하게 측정할 수 있는 눈 측정기가 없다. 밖을 보니 밤새 바람이 불어 약간의 눈이 날렸고 눈이 한결같이 매끄럽지 않은 것을 알 수 있다. 마당에 있는 임의의 위치 대략 7곳에서 자를 사용해 깊이를 측정하기로 결정한다. 다음과 같은 측정 값(인치)을 얻었다.

6.2, 4.5, 5.7, 7.6, 5.3, 8.0, 6.9

눈이 꽤 많이 이동했고 마당도 완전히 평평하지 않아서 측정 값이 모두 상당히 다르다. 그렇다면 이러한 측정 값을 사용해 실제 적설량을 어떻게 잘 추측할 수 있을까?

이러한 간단한 문제는 모수 추정의 좋은 예다. 추정하는 모수는 전날 밤 내린 폭설의 실제 깊이이다. 바람이 눈을 날렸고 눈 측정기도 없기 때문에 내린 눈의 양을 정확히 알 수 없다는 점에 유의하자. 대신 확률을 사용해 결합할 수 있는 데이터 집합을 가지고 있으며, 추정에 대한 각 관찰값의 기여도를 결정해 가능한 최상의 추측을 할 수 있다.

측정 값을 평균화한 오차 최소화

아마도 본능적으로 먼저 측정 값들의 평균을 구할 것이다. 초등학교에서 모든 요소를 더하고 합계를 요소의 총 수로 나누어 평균을 구하는 법을 배운다. 따라서 i가 i번째 측정을 의미하고 제각기 m_i로 레이블이 지정된 n개의 측정 값이 있는 경우 평균은 다음과 같이 나타낸다.

$$평균 = \frac{m_1 + m_2 + m_3 \dots m_n}{n}$$

데이터를 대입하면 다음과 같은 결과를 얻는다.

$$\frac{(6.2 + 4.5 + 5.7 + 7.6 + 5.3 + 8.0 + 6.9)}{7} = 6.31$$

따라서 7개의 관찰값을 감안할 때 최상의 추측은 약 6.31인치의 폭설이 내렸다는 것이다.

평균화는 어린 시절부터 마음속에 내재된 기술이기 때문에 이 문제에 적용하는 것이 당연한 것처럼 보이지만 실제로는 평균화가 왜 효과가 있으며 확률과 무슨 관계가 있는지 이치를 따지기 어렵다. 측정 값은 제각기 다르며, 측정 값 모두 내린 눈의 실제 값과 다를 수 있다. 수세기 동안 위대한 수학자조차도 데이터를 평균화하면 이러한 모든 잘못된 측정 값이 합쳐져서 매우 부정확한 추정치가 만들어지는 것을 우려했다.

모수를 추정할 때 결정을 내리는 이유를 이해하는 것이 중요하다. 그렇지 않으면 의도하지 않게 편향되거나 체계적으로 잘못될 수 있는 추정치를 사용할 위험이 있다. 통계에서 흔히 발생하는 한 가지 오류는 절차를 이해하지 않고 맹목적으로 적용하는 것인데, 이는 종종 주어진 문제에 잘못된 해결책을 적용하는 것으로 이어진다. 확률은 불확실성에 대해 추론하는 도구이며, 모수 추정은 불확실성을 다루는 가장 일반적인 과정일 것이다. 올바른 길이라는 확신을 가질 수 있는지 알아보기 위해 평균화를 좀 더 깊이 살펴보자.

단순화된 버전의 문제 해결

폭설 문제를 조금 단순화해보자. 가능한 모든 깊이의 눈을 상상하지 말고 눈이 멋지고 균일한 블록으로 떨어져서 마당이 단순한 2차원 그리드grid를 형성한다고 상상해보자. 그림 10-1은 (조감도가 아니라) 측면에서 시각화된 완벽하게 균일한 6인치 깊이의 적설량을 보여준다.

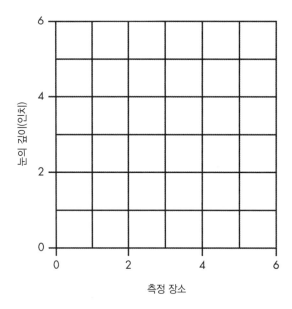

균일한 적설량의 단순화된 광경

그림 10-1 완벽하게 균일하고 이산적인 적설량의 시각화

완벽한 시나리오다. 우리는 가능한 측정의 수를 무제한적으로 갖고 있지 않다. 대신 6개의 가능한 위치를 샘플링하고, 각 위치에는 6인치라는 한 개의 가능한 측정 값만 있다. 이 경우 데이터에서 어떻게 샘플을 추출하든 상관없이 답은 항상 6이기 때문에 명백하게 평균 산출은 효과가 있다.

집 왼쪽에 바람에 날리는 눈을 포함했을 때의 데이터를 설명하는 그림 10-2를 살펴보자.

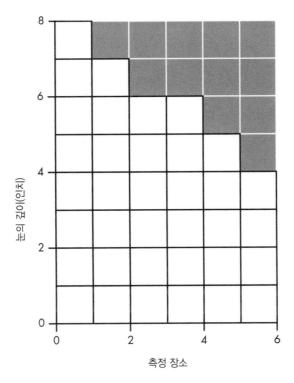

불균일한 강설

그림 10-2 바람에 의해 이동된 눈을 표시

표면이 멋지고 부드러운 것으로부터 문제에 약간의 불확실성을 추가했다. 물론 각각의 눈 블록은 쉽게 셀 수 있고 얼마나 눈이 내렸는지 정확히 알 수 있기 때문에 눈속임이긴 하지만 이 예를 사용해 불확실한 상황에 대해 추론하는 방법을 탐구할 수 있다. 마당에 있는 각 블록을 측정해 문제를 연구해보자.

$$8, 7, 6, 6, 5, 4$$

다음에는 각각의 값을 몇 가지 확률과 연관시켜보자. 눈속임을 하고 있고 적설량의 실제 값이 6인치임을 알기 때문에 오차^{error} 값으로 알려진 관찰값과 실제 값의 차이도 기록할 수 있다(표 10-1 참조).

표 10-1 관찰값에 대한 실제 값과의 차이 그리고 빈도 수

관찰값	실제 값과의 차이	확률
8	2	1/6
7	1	1/6
6	0	2/6
5	−1	1/6
4	−2	1/6

가능한 각각의 관찰값에 대한 실제 값과의 차이를 보면 특정 값으로 과대평가된 확률이 저평가된 측정의 확률과 균형을 이룬다는 것을 알 수 있다. 예를 들어 실제 값보다 2인치 높은 측정 값을 선택할 확률은 1/6이지만 실제 값보다 2인치 작은 측정 값을 선택할 가능성 역시 동일하다. 이것은 평균화가 효과가 있다는 것에 대한 첫 번째 주요 정보이다. 측정에 있어서의 오차는 서로를 상쇄하는 경향이 있다.

좀 더 극단적인 사례 해결

오차가 원만하게 분포돼 있는 이전 시나리오보다 복잡한 상황에서도 서로 오차를 상쇄하는지 확신하지 못할 수 있다. 다른 경우에도 이러한 효과가 여전히 유지되는지 설명하기 위해 훨씬 더 극단적인 예를 살펴보자. 그림 10-3과 같이 바람이 21인치의 눈을 6개의 사각형 중 하나로 날려 보내고 나머지 사각형 각각에는 3인치만 남았다고 가정하자.

적설량의 분포가 매우 다르다. 우선 앞의 예제와 달리 샘플링하는 어떤 값도 실제 적설량의 값을 갖지 않는다. 또한 어떤 오차도 더 이상 잘 분포돼 있지 않다. 예상치보다 낮은 측정 값이 많이 있고 극도로 높은 측정 값이 하나 있다. 표 10-2는 가능한 관찰값 및 실제 값과의 차이 그리고 각 측정 값의 확률을 보여준다.

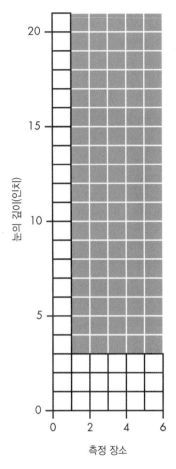

극단적으로 균일하지 않은 적설량

눈의 깊이(인치)

측정 장소

그림 10-3 바람이 눈을 이동시킨 더욱 극단적인 사례

표 10-2 극단적인 예의 관찰값에 대한 실제 값과의 차이 그리고 확률

관찰값	실제 값과의 차이	확률
21	15	1/6
3	−3	5/6

분명히 한 개 관찰값의 오차를 다른 관찰값의 오차와 일치시켜 상쇄할 수 없다. 그러나 극단적인 분포에서도 여전히 각 오차가 서로 상쇄됨을 보여주기 위해 확률을 사용할 수 있다. 각각의 측정 값에 대한 오차를 데이터에 의해 선택되는 값으로 생각하면 된다. 관찰된 측정 값에 대한 오차의 확률은 해당 오차를 얼마나 강하게 믿는가 하는 것이다. 관찰값을 결합하고자 할 때, 관찰값의 확률을 최종 추정치에 대한 선택의 강도를 나타내는 값으로 고려할 수 있다. 이 경우 -3인치의 오차가 15인치의 오차보다 5배 더 가능성이 높기 때문에 -3은 가중치가 더 크다. 따라서 선택을 할 경우 -3이 5번의 선택을 얻는 반면, 15는 1번의 선택만 얻을 것이다. 각각의 값에 확률을 곱해 모두 합산함으로써 가중합계 weighted sum를 부여해 모든 선택을 결합한다. 모든 값들이 동일한 극단적인 경우에는 관찰된 값에 1을 곱하므로 결과는 주어진 값이 된다. 앞의 예에서는 다음과 같다.

$$\frac{5}{6} \times -3 + \frac{1}{6} \times 15 = 0$$

각 관찰값의 오차는 0으로 상쇄된다. 따라서 가능한 값 중 어느 것도 실제 값이 아니거나 오차의 분포가 균일하지 않은 경우에도 문제가 되지 않는다는 것을 다시 한 번 확인할 수 있다. 관찰값에 관찰에 대한 믿음으로 가중치를 부여할 때 오차는 서로 상쇄되는 경향이 있다.

가중 확률로 실제 값 추정

이제 실제 측정의 오차가 상쇄된다는 것을 꽤 확신한다. 그러나 여전히 문제가 남아 있다. 실제 관찰값의 오차를 가지고 작업했지만 이것을 사용하려면 실제 값을 알아야 한다. 실제 값을 모르는 경우 가질 수 있는 것은 모두 관찰값뿐이므로 원래 관찰값의 가중 합계를 얻었을 때 여전히 오차가 상쇄되는지 확인해야 한다.

이 방법이 효과적인 것을 증명하기 위해 몇 개의 "알 수 없는" 실제 값이 필요하다. 우선 다음과 같은 오차로 시작하자.

2, 1, -1, -2

실제 측정 값을 알 수 없으므로 변수 t로 표시하고 오차를 더할 것이다. 이제 각각의 관찰값을 확률에 따라 가중치를 부여할 수 있다.

$$\frac{1}{4}(2 + t) + \frac{1}{4}(1 + t) + \frac{1}{4}(-1 + t) + \frac{1}{4}(-2 + t)$$

여기서 한 것은 실제 측정 값을 나타내는 상수 t에 오차를 더한 다음 확률에 따라 각 결과에 가중치를 부여한 것이다. 이렇게 하면 오차를 여전히 상쇄할 수 있고 실제 값 t만 남는지 확인할 수 있다. 만약 그렇다면 원래 관찰값을 평균화할 때조차도 오차가 상쇄될 것으로 기대할 수 있다.

다음 단계는 확률 가중치를 각각에 항에 적용해 합계를 계산하는 것이다.

$$\frac{2}{4} + \frac{1}{4}t + \frac{1}{4} + \frac{1}{4}t + \frac{-1}{4} + \frac{1}{4}t + \frac{-2}{4} + \frac{1}{4}t = 0 + t$$

이제 오차가 모두 함께하도록 항의 순서를 바꾸면 오차가 여전히 상쇄되고 가중된 t값이 알 수 없는 실제 값인 t로 합산됨을 알 수 있다.

$$\left(\frac{2}{4} + \frac{1}{4} + \frac{-1}{4} + \frac{-2}{4}\right) + \left(\frac{1}{4}t + \frac{1}{4}t + \frac{1}{4}t + \frac{1}{4}t\right) = 0 + t$$

이것은 측정 값을 알지 못하는 값 t로 정의하고 약간의 오차를 추가해도 여전히 오차가 상쇄됨을 보여준다. 결국 t만 남는다. 실제 측정 값이나 실제 오차가 무엇인지 모를 때조차도 값을 평균하면 오차가 상쇄되는 경향이 있다.

실제로, 일반적으로 가능한 측정의 전체 공간을 샘플링할 수 없지만 샘플이 많을수록 오차가 더 많이 상쇄될 것이며 추정치는 실제 값에 더 가까워질 것이다.

기댓값, 평균 및 평균화 정의

지금까지 진행한 것을 공식적으로 데이터의 기댓값expectation 또는 평균mean이라 한다. 간단히 말해 확률에 의해 가중된 각 값의 합이다. 각 측정치를 x_i로 표시하고 각 측정치의 확률을 p_i로 표시하면 일반적으로 μ(그리스 소문자 뮤)로 표현되는 평균을 다음과 같이 수학적으로 정의한다.

$$\mu = \sum_1^n p_i x_i$$

이것은 분명히 확률을 더욱 명확하게 사용하기 위한 표기법으로, 초등학교에서 배운 평균화 계산과 정확히 같은 것이다. 예를 들어 학교에서 4개 숫자의 평균을 구하기 위해 다음과 같이 썼다.

$$\frac{x_1 + x_2 + x_3 + x_4}{4}$$

이것은 다음과 동일하다.

$$\frac{1}{4}x_1 + \frac{1}{4}x_2 + \frac{1}{4}x_3 + \frac{1}{4}x_4$$

또는 $p_i = 1/4$로 하면 다음과 같이 쓸 수 있다.

$$\mu = \sum_1^4 p_i x_i$$

따라서 평균이 실제로 거의 모든 사람에게 친숙하지만 확률의 원칙을 바탕으로 평균을 이해하면 왜 데이터를 평균화는 것이 효과가 있는지 알 수 있다. 오차가 어떻게 분포돼 있든지 상관없이 하나의 극단적인 부분의 오차 확률은 다른 극단적인 부분의 확률에 의해 상쇄된다. 더 많은 샘플을 가질수록 평균이 상쇄될 가능성이 높아지며 찾고 있는 실제 측정 값에 접근하기 시작한다.

측정을 위한 평균 대 요약을 위한 평균

평균을 사용해 약간의 오차가 더해진 관찰값 분포에서 실제 측정치를 추정했다. 그러나 종종 평균은 일련의 데이터를 요약하는 방법으로도 사용된다. 예를 들어 다음과 같다.

- 사람의 평균 키
- 주택의 평균 가격
- 학생의 평균 나이

이 모든 경우에서 단일 실제 측정에 대한 모수 추정치로 평균을 사용하지 않는다. 대신 인구의 속성을 요약하고 있다. 정확하게 말하면 실제가 아닐 수도 있는 인구의 추상적인 속성의 모수를 추정하고 있다. 평균이 매우 간단하고 잘 알려진 모수 추정 방법이긴 하지만 쉽게 남용돼 이상한 결과를 초래할 수 있다.

데이터를 평균화할 때 항상 스스로에게 물어봐야 할 근본적인 질문은 "측정하려고 하는 것이 정확히 무엇이며 실제로 이 값이 무엇을 의미하는가?"이다. 적설량 예제의 경우 답은 쉽다. 지난 밤 바람이 불기 전에 실제로 눈이 얼마나 내렸는지 추정하고자 하는 것이다. 그러나 "평균 키"를 측정할 때는 답이 덜 명확하다. 평균적인 사람은 존재하지 않으며, 관찰하는 키의 차이는 오차가 아니다. 실제로 키가 다른 것이다. 키의 평균이 5′5″이라고 해서 6′3″인 사람의 키가 5′5″가 되는 것은 아니다.

만약 놀이 공원을 설계하면서 모든 방문객의 절반 이상이 롤러코스터를 이용할 수 있도록 하기 위해 높이 제한을 어떻게 둬야 하는지 알기를 원한다면 측정하려는 실제 값을 가질 것이다. 그러나 이 경우 평균은 도움이 되지 않는다. x가 롤러코스터를 타기 위한 최소 키일 때, 공원으로 들어가는 사람이 x보다 키가 클 확률을 구하는 것이 추정을 위해 더 좋은 측정법이다.

10장에서 제기한 모든 주장은 특정 값을 측정하고 평균을 사용해 오차를 상쇄하고 있다고 가정한다. 즉, 평균화를 모수 추정의 한 형태로 사용하며 여기서 모수는 결코 알 수 없는 실제 값이다. 또한 평균화는 많은 양의 데이터 집합을 요약하는 데 유용할 수 있지만, 데이터의 편차variation가 측정에 있어서의 오차가 아니라 실제적이고 의미 있는 편차이기 때문에 더 이상 "오차 상쇄"의 직관을 사용할 수 없다.

마무리

10장에서는 알 수 없는 값을 가장 잘 추정하기 위해 평균화하는 것에 대한 직관을 믿을 수 있다는 것을 배웠다. 오차가 상쇄되는 경향이 있기 때문에 이는 사실이다. 평균화 개념을 기댓값 또는 평균으로 공식화할 수 있다. 평균을 계산할 때 모든 관찰값을 관찰값의 확률에 의해 가중치를 부여한다. 마지막으로 평균화가 이해하기 쉬운 도구이긴 하지만 항상 평균화를 통해 무엇을 결정하려고 하는지 파악하고 이해해야 한다. 그렇지 않으면 결과가 유효하지 않을 수 있다.

연습 문제

다음 물음에 답해 알 수 없는 측정 값을 추정하기 위한 평균화를 완전히 파악했는지 확인하자. 답은 부록 C에서 찾아볼 수 있다.

1. 원하는 방식으로 완전히 상쇄되지 않는 오차가 발생할 수도 있다. 화씨 체온계로 98.6도는 정상 체온이고 100.4도는 발열의 전형적인 임곗값이다. 몸이 뜨끈하고 아픈 것 같은 어린이를 돌보고 있는데, 체온계를 반복해서 체크하면 모두 99.5도와 100도 사이에 있다. 뜨끈하지만 대단한 열은 아니다. 체온계를 당신 자신에게 직접 사용해 97.5도와 98도 사이의 수치를 몇 개 얻는 경우, 체온계에 어떤 문제가 있을 수 있을까?

2. 당신 스스로 건강하다고 느끼고 있고, 1번 문제에서와 같이 매우 일관되게 정상 온도가 측정되는 것을 감안할 때, 어린이가 열이 있는지 추정하기 위해 측정한 값 100, 99.5, 99.6, 100.2는 어떻게 변경할 수 있을까?

11

데이터의 산포도 측정

11장에서는 관찰값에 대한 산포(spread)의 정도 또는 서로 다른 극한 값을 정량화하기 위한 세 가지 방법인 평균절대편차(mean absolute deviation), 분산(variance), 표준편차(standard deviation) 등을 학습한다.

10장에서 알 수 없는 관찰값을 추측하는 가장 좋은 방법이 평균이라는 것을 배웠고 관찰값이 더 많이 분산될수록 평균 추정치에 대해 더 불확실하다는 것을 익혔다. 예를 들어 자동차를 견인한 후 남은 잔해의 산포 정도만을 가지고 두 자동차의 충돌 위치를 파악하려고 한다면, 잔해가 더 많이 퍼져 있을수록 두 자동차가 정확히 어디서 충돌했는지 확신할 수 없을 것이다.

관찰값의 산포는 측정의 불확실성과 관련이 있기 때문에 추정치에 대한 확률론적 근거를 제시할 수 있도록 정량화할 수 있어야 한다(12장에서 어떻게 하는지 배울 것이다).

우물에 동전 떨어뜨리기

당신과 당신 친구가 숲속을 돌아다니다가 이상하게 보이는 오래된 우물을 우연히 발견했다고 가정하자. 안을 들여다보면 바닥이 없는 것처럼 보인다. 그것을 시험하기 위해 주머니에서 동전을 꺼내 떨어뜨렸을 때 몇 초 후에 동전이 튀는 소리를 확실히 듣고 우물은 깊지만 바닥이 없는 것은 아니라는 결론을 내린다.

이제 당신과 당신 친구는 우물이 실제로 얼마나 깊은지 호기심을 갖게 된다. 더 많은 데이터를 수집하기 위해 주머니에서 다섯 개의 동전을 더 꺼내서 떨어뜨리고 다음과 같은 측정 값을 얻는다.

$$3.02, 2.95, 2.98, 3.08, 2.97$$

예상대로 결과에는 약간의 차이가 있다. 이는 주로 동일한 높이와 시간에서 동전을 떨어뜨리고 나서 측정해야 하는 어려움이 있기 때문이다.

다음에는 당신 친구가 측정을 하는데 몇 가지 다른 방법을 사용하려고 한다. 친구는 비슷한 크기의 동전 다섯 개를 고르지 않고 작은 자갈부터 작은 나뭇가지에 이르기까지 더 다양한 종류의 물건을 선택한다. 그것들을 우물에 떨어뜨리고 다음과 같은 측정 값을 얻는다.

$$3.31, 2.16, 3.02, 3.71, 2.80$$

두 가지 샘플(표본)의 평균(μ)은 약 3초이지만 당신의 측정과 친구의 측정은 퍼져 있는 정도가 다르다. 11장에서의 목표는 당신의 측정 범위와 당신 친구의 범위에 대한 차이를 정량화하는 것이다. 12장에서 이 결과를 사용해 추정치에 대한 특정 범위의 값의 확률을 결정할 것이다.

11장의 나머지 부분에서는 변수 a를 사용하는 첫 번째 그룹(당신의 관찰값)과 변수 b를 사용하는 두 번째 그룹(친구의 관찰값)에 대해 설명할 것이다. 각 그룹에 대해 각각의 관찰치는 아래첨자로 표시된다. 예를 들어 a_2는 그룹 a의 두 번째 관찰값을 의미한다.

평균절대편차 찾기

먼저 평균(μ)으로부터 각 관찰값의 산포 정도를 측정한다. 그룹 a와 그룹 b 모두 평균은 3이다. μ는 실제 값에 대한 가장 좋은 추정치이므로 평균과 각 값 사이의 차이를 측정해 두 그룹에 대해 산포의 차이를 정량화하고자 한다.

표 11-1은 각각의 관찰값과 평균으로부터의 차이를 나타낸다.

표 11-1 당신과 당신 친구의 관찰값에 대한 평균으로부터의 차이

관찰값	평균과의 차이
그룹 a	
3.02	0.02
2.95	−0.05
2.98	−0.02
3.08	0.08
2.97	−0.03
그룹 b	
3.31	0.31
2.16	−0.84
3.02	0.02
3.71	0.71
2.80	−0.2

NOTE 평균과의 차이는 알 수 없는 실제 값과의 차이인 오차 값과는 다르다.

두 그룹에 대해 산포의 차이를 정량화하는 방법에 대한 첫 번째 추측은 평균으로부터의 차이를 합산하는 것이다. 그러나 이 방법을 시도해보면 두 관찰값 차이의 합이 정확히 동일하다는 것을 알 수 있다.

$$\sum_{i=1}^{5} a_i - \mu_a = 0 \qquad \sum_{i=1}^{5} b_i - \mu_b = 0$$

단순하게 평균과의 차이를 합산할 수 없는 이유는 표에 있는 값들이 처음부터 평균과 관련해서 구한 값이기 때문이다. 10장에서 살펴봤듯이 오차는 서로 상쇄하는 경향이 있다. 여기서 필요한 것은 측정의 유효성에 영향을 주지 않으면서 서로 상쇄하지 않는 수학

적 방법이다.

차이가 상쇄되는 이유는 일부는 양수이고 일부는 음수이기 때문이다. 모든 차이를 양수로 변환하면 값을 무효화시키지 않고도 문제를 해결할 수 있다.

가장 확실한 방법은 차이의 절댓값을 취하는 것이다. 이것은 0과의 차이이므로 4의 절댓값은 4이고 -4의 절댓값도 4이다. 실제로 음수 값을 바꾸지 않고도 양수 형태를 제공한다. $|-6| = |6| = 6$과 같이 절댓값을 표현한다.

표 11-1에 있는 차이에 대해 절댓값을 취해서 계산에 사용하면 다음과 같은 결과를 얻는다.

$$\sum_1^5 |a_i - \mu_a| = 0.2 \qquad \sum_1^5 |b_i - \mu_b| = 2.08$$

이 문제를 직접 계산해보면 같은 결과를 얻을 수 있을 것이다. 이것은 특정 상황에 더 유용한 접근법이며, 두 표본 그룹의 크기가 동일한 경우에만 적용된다.

그룹 a에 대해 40개의 관찰값이 더 있다고 가정해보자. 20개의 관찰값은 2.9이고 다른 20개의 관찰값은 3.1이라고 가정한다. 이러한 추가 관찰에서도 그룹 a의 데이터는 그룹 b의 데이터보다 분산되지 않은 것으로 보인다. 그러나 그룹 a에 대한 절댓값의 합은 더 많은 관찰값을 가지고 있으므로 85.19가 된다.

이를 바로잡기 위해 총 관찰값의 개수로 나누어 값을 정규화할 수 있다. 여기서는 나누는 대신 전체 개수의 역수를 곱할 것이다.

$$\frac{1}{5} \times \sum_1^5 |a_i - \mu_a| = 0.04 \qquad \frac{1}{5} \times \sum_1^5 |b_i - \mu_b| = 0.416$$

이제 표본 크기에 따라 변하지 않는 산포도를 측정했다. 이러한 접근법의 일반화는 다음과 같다.

$$\mathrm{MAD}(x) = \frac{1}{n} \times \sum_1^n |x_i - \mu|$$

여기서는 관찰값과 평균 사이의 절대적 차이에 대해 평균을 계산했다. 이는 그룹 a의 평균 관찰값은 평균으로부터 0.04초, 그룹 b는 평균으로부터 0.416초임을 의미한다. 이 공식의 결과를 평균절대편차MAD, Mean Absolute Deviation라고 한다. 평균절대편차 즉, MAD는 관찰값이 얼마나 널리 퍼져 있는지를 보여주는 매우 유용하고 직관적인 척도다. 그룹 a의 MAD가 0.04이고 그룹 b의 MAD는 약 0.4이므로 그룹 b가 그룹 a보다 10배 정도 더 널리 퍼져 있다고 할 수 있다.

분산 찾기

데이터를 무효화하지 않고 수학적으로 모든 차이를 양수로 만드는 또 다른 방법은 $(x_i - \mu)^2$과 같이 제곱하는 것이다. 이 방법은 MAD를 사용하는 것에 비해 적어도 두 가지 이점을 갖고 있다.

첫 번째 이점은 약간 학문적이다. 값을 제곱하는 것이 절댓값을 취하는 것보다 수학적으로 다루기가 훨씬 쉽다. 이 책에서는 이러한 이점을 직접 활용하진 않지만 수학자들에게는 절댓값 함수가 실제로 좀 귀찮을 수 있다.

두 번째로 좀 더 실용적인 이유는 결과를 제곱함으로써 평균에서 멀리 떨어진 측정값이 지수로 인해 훨씬 더 많이 불이익을 갖게 된다는 것이다. 즉, 작은 차이는 우리가 직관적으로 느끼는 것만큼 큰 차이에서보다 중요하지 않다. 예를 들어 누군가가 실수로 약속 장소를 다른 곳으로 예약한 경우 예약한 방 바로 옆 방으로 옮겨 간다면 덜 당황하겠지만, 건물 반대편에 있는 곳으로 옮겨 가야 한다면 몹시 당황할 것이다.

절댓값을 차이의 제곱으로 대체하면 다음과 같은 결과를 얻는다.

$$\text{Var}(x) = \frac{1}{n} \times \sum_{1}^{n} (x_i - \mu)^2$$

확률 연구에서 매우 특별한 위치를 차지하고 있는 이 공식을 분산variance이라고 한다. 분산에 대한 방정식은 절댓값이 제곱으로 대체되는 것을 제외하면 MAD와 정확히 동일하다는 점에 유의하자. 확률 연구에 있어서 분산은 수학적으로 더 우수하기 때문에 MAD보다 훨씬 더 자주 사용된다. 분산을 계산해보면 결과가 어떻게 다른지 확인할 수 있다.

$$\mathrm{Var}(\text{그룹 } a) = 0.002, \ \mathrm{Var}(\text{그룹 } b) = 0.269$$

그러나 분산은 제곱을 수행하기 때문에 분산 결과가 무엇을 의미하는지 직관적으로 이해하지 못한다. MAD는 평균으로부터의 차이에 대한 평균이라는 직관적인 정의를 제공한다. 반면 분산은 차이의 제곱에 대한 평균이다. MAD를 사용했을 때 그룹 b는 그룹 a보다 약 10배 더 넓게 퍼져 있었지만, 분산의 경우 그룹 b가 약 100배 더 넓게 퍼져 있다.

표준편차 찾기

분산은 이론적으로 유용한 많은 특성을 가지고 있지만 실제로 결과를 해석하기가 어려울 수 있다. 0.002초라는 차이 제곱의 평균이 무엇을 의미하는지 이해하기는 어렵다. 앞에서 언급했듯이 MAD의 가장 큰 장점은 결과가 직관과 많이 일치한다는 것이다. 그룹 b의 MAD가 0.4이면 주어진 관찰값과 평균 사이의 차이에 대한 평균이 문자 그대로 0.4초임을 의미한다. 그러나 차이의 제곱을 평균하는 것은 결과에 대해 멋지게 해석할 수가 없다.

이 문제를 해결하기 위해 분산의 제곱근을 취해 직관과 조금 더 잘 작동하는 숫자로 조정할 수 있다. 분산의 제곱근을 표준편차^{standard deviation}라고 하며 그리스 소문자 시그마 (σ)로 나타내고 다음과 같이 정의한다.

$$\sigma = \sqrt{\frac{1}{n} \times \sum_{1}^{n} (x_i - \mu)^2}$$

표준편차에 대한 공식은 보이는 것처럼 힘들지 않다. 데이터가 얼마나 넓게 퍼져 있는지를 수치적으로 표현하는 것이 여기서의 목표임을 고려할 때 다음의 내용을 알 수 있다.

1. 데이터와 평균 사이의 차이 $x_i - \mu$를 구한다.
2. 음수를 양수로 변환해야 하므로 제곱인 $(x_i - \mu)^2$을 취한다.

3. 모든 차이를 합산한다.

$$\sum_{i}^{n}\left(x_{i}-\mu\right)^{2}$$

4. 합계가 관찰값의 개수에 영향을 받지 않게 하기 위해 $1/n$로 정규화한다.

5. 마지막으로 직관적인 절댓값을 사용했을 때의 수치에 더욱 가깝게 하기 위해 제곱근을 취한다.

두 그룹의 표준편차를 보면 MAD와 매우 유사함을 알 수 있다.

$$\sigma(\text{그룹 } a) = 0.046, \sigma(\text{그룹 } b) = 0.519$$

표준편차는 MAD의 직관성과 분산의 수학적인 용이성 사이에서 좋은 매개체 역할을 한다. MAD와 마찬가지로 b와 a 사이의 퍼져 있는 정도의 차이는 약 10배라는 점을 유의하자. 표준편차는 매우 유용하고 어디에서나 사용되며, 확률과 통계에 관한 대부분의 문헌에서 분산을 간단히 σ^2 또는 시그마 제곱으로 정의한다.

지금까지 데이터의 산포도를 측정하는 세 가지 방법을 살펴봤다. 표 11-2에서 결과를 볼 수 있다.

표 11-2 방법별 산포도 측정

산포도 측정 방법	그룹 *a*	그룹 *b*
평균절대편차	0.040	0.416
분산	0.002	0.269
표준편차	0.046	0.519

산포도를 측정하는 이러한 방법 중 어느 것도 다른 방법보다 정확하다고 할 수 없다. 가장 일반적으로 사용되는 값은 표준편차다. 그 이유는 표준편차를 평균과 함께 사용해 정규분포를 정의할 수 있으며, 이를 통해 측정의 가능한 실제 값에 대해 명백한 확률을 정의할 수 있기 때문이다. 12장에서 정규분포를 살펴보고 측정에 대한 신뢰 수준을 이해하는 데 어떻게 도움이 되는지 알아볼 것이다.

마무리

11장에서는 관찰 그룹의 산포를 정량화하는 세 가지 방법을 배웠다. 산포를 나타내는 값에 대한 가장 직관적인 측정은 평균으로부터 각 관찰값의 차이를 평균한 평균절대편차 MAD이다. 직관적이긴 하지만 MAD는 다른 방법만큼 수학적으로 유용하지는 않다.

수학적으로 선호하는 방법은 관찰값의 차이를 제곱하는 분산이다. 분산을 계산하는 경우에는 계산이 무엇을 의미하는지에 대한 직관적인 느낌을 잃게 된다.

세 번째 방법은 분산의 제곱근인 표준편차를 사용하는 것이다. 표준편차는 수학적으로 유용하며 또한 합리적으로 직관적인 결과를 제공한다.

연습 문제

다음 물음에 답해 데이터 산포도 측정 방법을 잘 이해하고 있는지 확인하자. 답은 부록 C에서 찾아볼 수 있다.

1. 분산의 이점 중 하나는 차이를 제곱하면 차이가 기하급수적으로 증가한다는 것이다. 이것이 유용한 특성이 될 수 있는 몇 가지 예를 제공해라.
2. 주어진 관찰값에 대한 평균, 분산, 표준편차를 계산해라.

1, 2, 3, 4, 5, 6, 7, 8, 9, 10

12

정규분포

10장과 11장에서 매우 중요한 두 가지 개념을 배웠다. 평균(μ)은 다양한 관찰값으로부터 측정 값을 추정할 수 있게 하고, 표준편차(σ)는 관찰값의 산포도를 측정할 수 있게 한다.

각각의 개념은 자체적으로도 유용하지만, 함께 사용하면 더욱 더 강력하다. 두 개의 개념 모두 가장 유명한 확률분포인 정규분포normal distribution의 매개변수로 사용될 수 있다.

12장에서는 정규분포를 사용해 하나의 추정치가 다른 추정치에 비해 가능성이 높음을 입증하기 위해 확실성의 정도에 대한 정확한 확률을 결정하는 방법을 배운다. 모수 추정의 진정한 목표는 단순히 값을 추정하는 것이 아니라 가능한 값의 범위에 대한 확률을 제공하는 것이다. 이를 통해 불확실한 값에 대해 좀 더 정교한 추론을 수행할 수 있다.

11장에서 평균은 기존 데이터를 기반으로 미지의 값을 추정하는 확실한 방법이며, 표준편차를 사용하면 해당 데이터의 산포도를 측정할 수 있음을 확인했다. 관찰값의 산포도를 측정함으로써 평균을 얼마나 확신하는지 결정할 수 있다. 관찰값이 더 많이 퍼질수록 평균에 대한 확신이 줄어든다. 정규분포를 사용하면 관찰값들을 바탕으로 다양한 신념에 대한 확신을 정확하게 정량화할 수 있다.

특정한 행동을 위해 퓨즈 측정하기

만화에서 콧수염을 기른 악당이 은행 금고에 구멍을 내기 위해 폭탄을 터뜨리고 싶어 한다고 가정해보자. 폭탄은 한 개뿐이고 크기가 꽤 크다. 폭탄으로부터 200피트 떨어져 있으면 안전하게 탈출할 수 있음을 악당은 알고 있다. 안전한 곳까지 가기 위해서는 18초 걸린다. 폭탄에 가까이 있을수록 사망할 가능성이 높다.

악당은 폭탄을 1개 갖고 있지만 같은 크기의 퓨즈를 6개 가지고 있으므로 6개의 퓨즈 중 5개는 테스트하는 데 사용하기로 하고 마지막 1개는 폭탄을 터뜨리기 위해 남기기로 결정한다. 퓨즈는 모두 같은 크기이며 연소되는 데 동일한 시간이 걸린다. 악당은 탈출하기 위해 필요한 18초가 가능한지를 살펴보기 위해 각 퓨즈의 연소 시간을 측정한다. 각 퓨즈가 연소될 때마다 기록한 시간(초)은 다음과 같다.

$$19, 22, 20, 19, 23$$

지금까지는 괜찮은 것 같다. 어떤 퓨즈도 연소되는 데 18초보다 적게 걸리지 않는다. 평균을 계산하면 $\mu = 20.6$이고, 표준편차를 계산하면 $\sigma = 1.62$이다.

그러나 이제 관찰한 데이터를 기반으로 퓨즈가 18초 이내에 폭발할 가능성이 어느 정도인지 구체적인 확률을 결정하고자 한다. 악당은 돈보다 목숨을 더 소중히 여기기 때문에 자신이 폭발로부터 99% 살아남을 것을 확신하지 않으면 모험을 시도하지 않을 것이다.

10장에서 일련의 측정치가 주어질 때 평균이 실제 값에 대한 좋은 추정치라는 것을 배웠지만, 아직 이 값이 참인 것을 얼마나 강하게 믿는지 표현할 방법을 찾지 못했다.

11장에서는 표준편차를 계산함으로써 관찰값이 얼마나 넓게 퍼져 있는지 정량화할 수 있다는 것을 배웠다. 이것은 평균에 대한 대안이 얼마나 가능성이 있는지 알아내는 데 도움이 될 것으로 보인다. 예를 들어 바닥에 유리컵을 떨어뜨려 산산이 부서진다고 가정하자. 청소할 때 유리 조각이 얼마나 분산돼 있는지에 따라 인접한 방을 살펴볼 수 있다. 그림 12-1과 같이 조각들이 매우 가까이 붙어 있으면 인접한 방은 유리 조각을 확인할 필요가 없다고 확신할 것이다.

그림 12-1 깨진 조각이 가까이 붙어 있으면 청소할 위치에 더 확신을 갖게 된다.

그러나 그림 12-2와 같이 유리 조각이 넓게 분산돼 있다면 깨진 유리 조각이 즉시 보이지 않더라도 인접한 방 입구를 청소하고 싶을 것이다. 마찬가지로 악당의 퓨즈 테스트 시간이 넓게 퍼져 있다면 18초 미만의 관찰값이 없다 하더라도 실제 퓨즈는 18초 이내에 연소될 수도 있다.

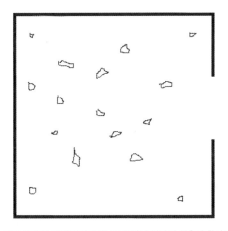

그림 12-2 깨진 조각이 넓게 퍼져 있을 때 조각이 어디에 있을지 확신하지 못한다.

관찰값이 시각적으로 흩어져 있을 때는 직관적으로 볼 수 있는 것의 한계를 뛰어넘는 관찰값이 있을 수 있다고 느낀다. 또한 중심 위치가 정확히 어디인지에 대한 확신이 부족하다. 유리컵 예제에서 유리컵이 떨어지는 것을 목격하지 않고 유리 파편이 넓게 흩어져 있는 것만 본다면 유리컵이 어디에 떨어졌는지 확신하기 어렵다.

가장 많이 연구하고 잘 알려진 확률분포인 정규분포로 이러한 직관을 정량화할 수 있다.

정규분포

정규분포는 알려진 평균과 표준편차를 바탕으로 불확실한 측정 값에 대해 가능한 신념의 강도를 가장 잘 묘사하는 (5장의 베타분포와 같이) 연속 확률분포이다. 단 두 개의 매개변수 μ(평균) 및 σ(표준편차)가 사용된다. μ = 0이고 σ = 1인 정규분포는 그림 12-3과 같이 종 모양을 갖는다.

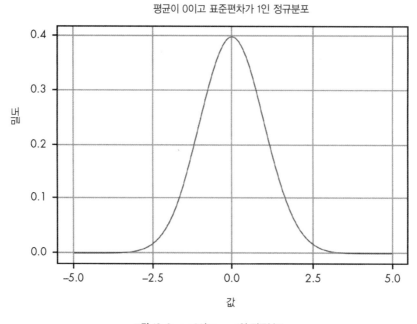

그림 12-3 μ = 0이고 σ = 1인 정규분포

그림에서 볼 수 있듯이, 정규분포의 중심은 평균이다. 정규분포의 너비는 표준편차에 의해 결정된다. 그림 12-4와 그림 12-5는 각각 $\mu = 0$이고 $\sigma = 0.5$ 및 $\mu = 0$이고 $\sigma = 2$인 정규분포를 나타낸다.

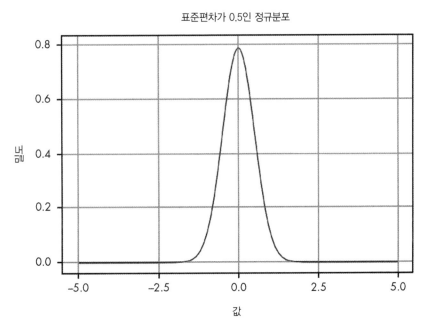

그림 12-4 $\mu = 0$이고 $\sigma = 0.5$인 정규분포

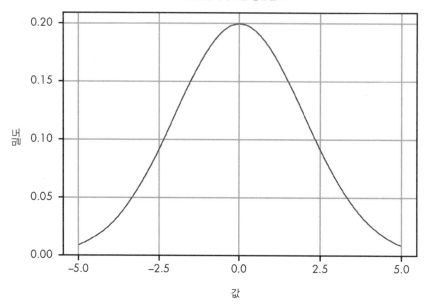

그림 12-5 μ = 0이고 σ = 2인 정규분포

표준편차가 작아지면 정규분포의 너비도 줄어든다.

위에서 살펴봤듯이 정규분포는 평균을 얼마나 강하게 믿고 있는지 나타낸다. 따라서 관찰값이 흩어질수록 가능한 값의 범위는 더 넓어지고 평균에 대한 신뢰도는 떨어진다. 반대로 모든 관찰값이 거의 같거나 비슷하면(σ가 작음을 의미) 추정치가 매우 정확하다고 믿는다.

주어진 문제에 대해 유일하게 관찰한 데이터의 평균과 표준편차만 알고 있는 경우, 정규분포는 우리의 신념 상태를 가장 정확하게 표현한다.

퓨즈 문제 해결

퓨즈 문제로 돌아가면 μ = 20.6 및 σ = 1.62인 정규분포를 갖는다. 기록된 연소 시간 밖에는 퓨즈의 특성에 대해 아는 것이 없으므로 관찰된 평균 및 표준편차를 사용한 정규분포로 데이터를 모델링할 수 있다(그림 12-6 참조).

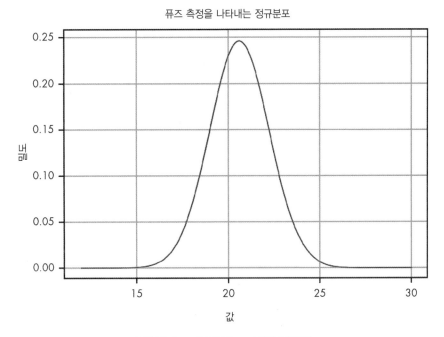

퓨즈 측정을 나타내는 정규분포

그림 12-6 μ = 20.6이고 σ = 1.62인 정규분포

여기서 알고자 하는 것은 "관찰된 데이터를 바탕으로 퓨즈가 18초 이하로 연소될 확률은 무엇인가?"이다. 문제를 해결하기 위해서는 5장에서 처음 배운 개념인 확률밀도함수PDF, Probability Density Function를 사용해야 한다. 정규분포의 PDF는 다음과 같다.

$$N(\mu, \sigma) = \frac{1}{\sqrt{2\pi\sigma^2}} \times e^{-\frac{(x-\mu)}{2\sigma^2}}$$

그리고 확률을 얻기 위해서는 주어진 함수를 18보다 작은 값에 대해 적분해야 한다.

$$\int_{-\infty}^{18} N(\mu = 20.6, \sigma = 1.62)$$

그림 12-7에 표시된 것처럼, 간단하게 관심 있는 영역에 대해 곡선 아래 영역을 취할 수 있다.

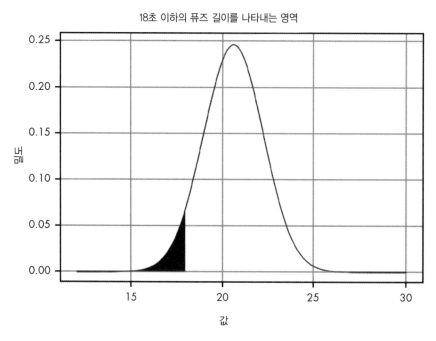

18초 이하의 퓨즈 길이를 나타내는 영역

그림 12-7 관심을 갖는 곡선 아래의 영역

검정색 영역은 주어진 관찰값을 전제로 퓨즈가 18초 이하로 지속될 확률을 나타낸다. 그림 12-6의 정규분포는 관찰값이 18보다 작은 값이 없다 하더라도 관찰값의 산포로 인해 18 이하의 값이 여전히 가능하다는 것을 보여준다. 18보다 작은 모든 값에 대해 적분하면 악당이 필요로 하는 만큼 퓨즈가 지속하지 못할 확률을 계산할 수 있다.

이 함수를 손으로 적분하는 것은 쉬운 일이 아니다. 다행히 R을 사용해 적분할 수 있다.

그러나 R을 수행하기 전에 어디부터 적분을 시작할지 결정해야 한다. 정규분포는 음의 무한대(-∞)부터 양의 무한대(∞)까지 가능한 모든 값의 범위에서 정의된다. 따라서 여기서 이론적으로 원하는 것은 다음과 같다.

$$P(\text{퓨즈 시간} < 18) = \int_{-\infty}^{18} N(\mu, \sigma)$$

하지만 컴퓨터에서는 함수를 음의 무한대부터 적분할 수는 없다. 다행히 그림 12-6과 그림 12-7에서 볼 수 있듯이 확률 밀도 함수는 매우 빠르고 현저하게 작은 값이 된다. 위 그림에서 PDF 곡선이 10에서 거의 평평하다는 것을 볼 수 있는데, 이는 이 지역에는 거의 확률이 없다는 것을 의미하므로 10부터 18까지만 적분하면 된다. 0과 같이 더 낮은 값을 선택할 수도 있지만 이 영역에는 사실상 확률이 거의 없기 때문에 결과를 바꾸지는 않을 것이다. 다음 절에서 하한값과 상한값을 더 쉽게 선택할 수 있는 방법을 설명한다.

R의 integrate() 함수와 dnorm() 함수(정규분포의 PDF에 대한 R의 함수)를 이용해 정규분포의 PDF를 다음과 같이 계산할 수 있다.

```
integrate(function(x) dnorm(x,mean=20.6,sd=1.62),10,18)
0.05425369 with absolute error < 3e-11
```

값을 반올림하면 $P(\text{퓨즈 시간} < 18) = 0.05$로, 퓨즈가 18초 이하로 지속될 확률이 5%임을 알 수 있다. 악당도 자신의 생명을 소중히 여기기 때문에 폭발로부터 99.9% 안전하게 피할 수 있다고 확신하는 경우에만 은행 강도를 시도할 것이다. 따라서 은행은 다행히 안전하다.

정규분포의 힘은 평균에 관한 다양한 대안에 대해 확률적으로 추론할 수 있다는 것이며, 평균이 얼마나 현실적인지를 알려준다. 평균과 표준편차만 알고 있는 데이터에 대한 추론을 하고자 할 때는 언제든지 정규분포를 사용할 수 있다.

그러나 이러한 것이 정규분포의 위험 부분이 되기도 한다. 문제에 대해 평균과 표준편차 외에 다른 정보를 가지고 있다면 일반적으로 이 정보를 이용하는 것이 좋다. 다음 절에서 이에 관한 사례를 살펴볼 것이다.

약간의 트릭과 직감

R을 사용하면 손으로 해결하는 것보다 훨씬 쉽게 정규분포를 적분할 수 있지만, 정규분포를 사용해 작업할 때 훨씬 더 단순화할 수 있는 매우 유용한 트릭이 있다. 평균 및 표준편차를 알고 있는 정규분포의 경우 σ를 기준으로 μ 주위에 있는 곡선 아래 영역을 추정할 수 있다.

예를 들어 $\mu - \sigma$(평균보다 하나의 표준편차만큼 작음)에서 $\mu + \sigma$(평균보다 하나의 표준편차만큼 큼) 범위의 곡선 아래 영역은 분포의 68%를 차지한다.

이는 그림 12-8과 같이 가능한 값의 68%가 $\mu \pm \sigma$ 이내에 있음을 의미한다.

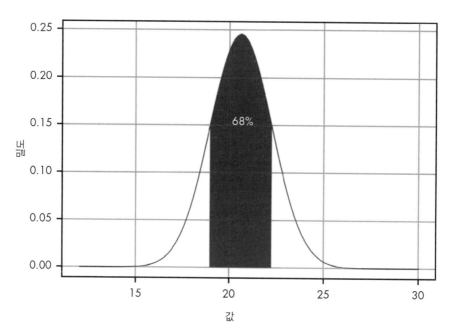

그림 12-8 확률밀도의 68%(곡선 아래 영역)가 평균으로부터 양쪽 방향으로 하나의 표준편차 사이에 있다.

표 12-1에서와 같이 평균으로부터의 거리를 σ의 배수로 늘릴 수 있다.

표 12-1 평균에 대한 다양한 곡선 아래의 영역

평균으로부터의 거리	확률
σ	68%
2σ	95%
3σ	99.7%

이러한 약간의 트릭은 작은 표본(샘플)에서도 주어진 값의 우도를 빠르게 평가하는 데 매우 유용하다. μ와 σ를 쉽게 알아낼 수 있는 계산기만 있으면 매우 정확한 측정을 할 수 있음을 의미한다.

예를 들어 10장에서 적설량을 측정할 때 6.2, 4.5, 5.7, 7.6, 5.3, 8.0, 6.9의 측정 값을 얻었다. 이러한 측정의 경우 평균은 6.31이고 표준편차는 1.1.7이다. 이것은 적설량의 실제 값이 3.97인치(6.31 − 2 × 1.17)와 8.65인치(6.31 + 2 × 1.17) 사이에 있다는 것을 95% 확신할 수 있음을 의미한다. 수동으로 적분을 계산하거나 R을 사용하기 위해서 컴퓨터를 사용할 필요가 없다!

R을 사용해 적분하는 경우에도 이 트릭은 적분의 최솟값 또는 최댓값을 결정하는 데 유용할 수 있다. 예를 들어 악당의 폭탄을 터뜨리기 위한 퓨즈가 21초 이상 지속될 확률을 알고 싶은 경우에도 21초부터 무한대까지 적분할 필요가 없다. 상한값으로 무엇을 사용할 수 있을까? 평균으로부터 3배의 표준편차인 21에서 25.46(20.6 + 3 × 1.62)까지 적분할 수 있다. 평균으로부터 3배의 표준편차는 전체 확률의 99.7%를 차지할 것이다. 나머지 0.3%는 분포의 양쪽에 놓여 있기 때문에 그중 절반인 0.15%만이 25.46보다 큰 영역에 놓이게 된다. 따라서 21에서 25.46을 적분하면 결과적으로 아주 작은 확률만 놓치는 것이다. R을 사용해 21부터 안전한 30까지 적분할 수 있지만, 이러한 트릭은 "진짜 안전"이 무엇을 의미하는지 알아낼 수 있게 해준다.

"N 시그마" 이벤트

"주가 하락은 8-시그마 이벤트였다"와 같은 시그마 이벤트 측면에서 설명되는 사건을 들은 적이 있을 것이다. 이러한 표현은 관찰된 데이터가 평균으로부터 8배의 표준편차에 있다는 것을 의미한다. 표 12-1에서 평균으로부터 한 배의 표준편차, 두 배의 표준편차, 세 배의 표준편차에 대한 진행 단계를 살펴봄으로써 각각 68%, 95%, 99.7%인 것을 확인했다. 이 사실로부터 8-시그마 이벤트가 일어날 가능성은 극히 낮다는 것을 직관적으로 알 수 있다. 실제로 당신이 평균으로부터 다섯 배의 표준편차에서 데이터를 관찰한다면 정규분포가 기본 데이터를 정확하게 모델링하지 못하고 있다는 좋은 신호가 될 것이다.

n-시그마N-Sigma에서 n이 증가함에 따라 사건의 희귀성이 증가하는 것을 보여주기 위해 특정한 날에 당신이 관찰할 수 있는 사건들을 가정해보자. 일출에 눈을 뜨는 것과 같이 매우 일반적인 어떤 사건도 있지만 잠에서 깨어났을 때 생일인 것과 같이 덜 일반적인 사건도 있다. 표 12-2는 시그마가 증가할 때마다 사건이 발생할 것으로 예상하는 데 얼마나 걸리는지 보여준다.

표 12-2 n-시그마의 n이 증가함에 따른 사건의 희소성

(-/+) 평균으로부터의 거리	예상 값
σ	3일
2σ	3주
3σ	1년
4σ	40년
5σ	5000년
6σ	1400000년

따라서 3-시그마 이벤트는 잠에서 깨어났을 때 생일이라는 것을 깨닫는 것과 같지만, 6-시그마 이벤트는 잠에서 깨어났을 때 거대한 소행성이 지구를 향해 충돌하고 있다는 것을 깨닫는 것과 같다.

베타분포와 정규분포

5장에서 원하는 결과 α와 원하지 않는 결과 β를 관찰했을 때 베타분포를 통해 실제 확률을 추정할 수 있다는 것을 배웠다. 여기서 전체 결과의 수는 α + β이다. 이를 바탕으로 주어진 데이터 집합의 평균과 표준편차만 알고 있다는 점에서 정규분포가 실제로 모수 추정을 모델링하는 가장 좋은 방법이라는 개념에 대해 문제를 제기할 수 있다. 단순하게 3개의 1과 4개의 0을 관찰하는 것으로 α = 3과 β = 4인 상황을 설명할 수 있다. 이것은 μ = 0.43과 σ = 0.53의 결과를 갖는다. 그림 12-9에서와 같이 α = 3, β = 4인 베타분포와 μ = 0.43, σ = 0.53인 정규분포를 비교할 수 있다.

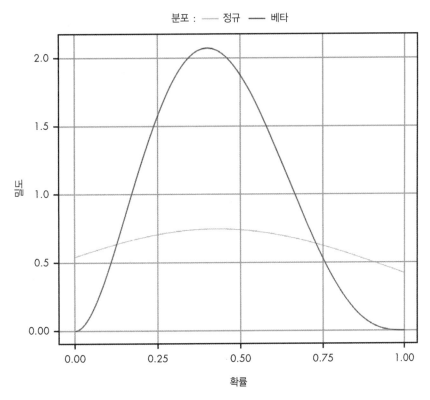

그림 12-9 베타분포와 정규분포 비교

두 개의 분포가 상당히 다르다는 것은 분명하다. 두 개의 분포 모두 중심은 대략적으로 같은 곳에 나타나지만 정규분포의 경계는 그래프의 한계를 넘어 확장되는 것을 볼 수 있다. 이는 평균과 분산 이외에 데이터에 대해서 아무것도 알지 못하는 경우에만 정규분포를 가정하는 것이 좋다는 중요한 사실을 보여준다.

베타분포의 경우 찾고자 하는 값의 범위는 0과 1 사이여야 한다. 정규분포는 −∞에서 ∞까지 정의되며, 종종 존재할 수 없는 값을 포함한다. 그러나 그 값은 대부분 확률론적 측면에서 측정이 본질적으로 불가능하기 때문에 실제로 중요하지 않다. 그러나 사건이 일어날 확률을 측정하는 예제에서는 누락된 정보가 문제를 모델링하는 데 중요하다.

따라서 정규분포는 매우 강력한 도구이지만 문제에 대해 더 많은 정보를 얻기 위한 대체 도구는 아니다.

마무리

정규분포는 관찰값으로부터 값을 추정하기 위해 평균을 확장해 사용한다. 정규분포는 평균과 표준편차를 결합해 관찰값이 평균으로부터 얼마나 퍼져 있는지 모델링한다. 이는 측정의 오차에 대해 확률적으로 추론할 수 있게 해주기 때문에 중요하다. 평균을 사용해 최선의 추측을 할 수 있을 뿐만 아니라 추정을 위한 가능한 값의 범위에 대해서 확률적으로 언급할 수 있다.

연습 문제

다음 물음에 답해 정규분포를 완전히 파악했는지 확인하자. 답은 부록 C에서 찾아볼 수 있다.

1. 평균보다 5 시그마 이상 큰 값을 관찰할 확률은 얼마인가?
2. 화씨 100.4보다 큰 온도를 열이 있다고 한다. 다음과 같은 측정 값에서 환자가 열이 있을 확률은 얼마인가?

100.0, 99.8, 101.0, 100.5, 99.7

3. 11장에서 동전을 떨어뜨려 시간을 측정함으로써 우물의 깊이를 추정하려고 시도 했고, 다음과 같은 값을 얻었다고 가정하자.

$$2.5, 3, 3.5, 4, 2$$

물체가 떨어지는 거리(미터)는 다음 공식으로 계산할 수 있다.

$$거리 = 1/2 \times G \times 시간^2$$

여기서 G는 9.8 m/s/s이다. 우물의 깊이가 500미터 이상일 확률은 얼마인가?

4. 우물이 없을 확률은 얼마인가?(즉, 우물의 깊이가 실제로 0미터) 우물이 있다는 전 제하에 주어진 관찰값에 비춰 볼 때, 당신이 예상하는 것보다 확률이 높다는 것을 알 수 있을 것이다. 예상보다 높은 확률에 대해 두 가지로 설명할 수 있다. 첫 번 째는 정규분포가 측정에 적합하지 않은 모델이라는 것이고, 두 번째는 예제에서 숫자를 구성할 때 실제 상황에서는 볼 수 없는 값을 선택했다는 것이다. 어느 것 이 더 가능성이 높을까?

13

모수 추정 도구: PDF, CDF, 분위수 함수

지금까지는 정규분포의 구성 요소와 모수 추정에 사용되는 구성 요소를 집중적으로 살펴봤다. 13장에서는 모수 추정에 관해 더 나은 주장을 하기 위해 사용할 수 있는 몇 가지 수학적 도구를 더 자세히 살펴볼 것이다. 실제 문제를 살펴보고 다양한 측정 기준, 함수 및 시각화를 사용해 여러 가지 방식으로 접근하는 방법을 알아본다.

13장에서는 확률밀도함수PDF에 대해 더 자세히 살펴보고, 값 범위의 확률을 더욱 쉽게 결정하는 데 도움이 되는 누적분포함수CDF, Cumulative Distribution Function를 소개한다. 또한 확률분포를 동일한 확률을 가진 부분으로 나누는 분위수quantiles를 소개한다. 예를 들어 퍼센타일percentile은 100분위수로, 확률분포를 100개의 동일한 조각으로 나눈다는 것을 의미한다.

이메일 등록에 대한 전환율 추정

당신이 블로그를 운영하고 있으며, 블로그 방문자가 구독 이메일 목록에 등록할 확률을 알고 싶다고 가정하자. 마케팅 용어로 사용자가 원하는 이벤트를 수행하게 하는 것을 전환 이벤트conversion event 또는 간단히 전환conversion이라고 한다. 그리고 사용자가 구독할 확률을 전환율conversion rate이라고 한다.

5장에서 논의한 바와 같이, 베타분포를 사용해 구독할 확률 p, 구독한 인원수 k를 알 때 총 방문자 수 n을 추정할 수 있다. 베타분포에 필요한 두 개의 매개변수는 등록한 전체 인원수(k)를 나타내는 α와 등록하지 않은 전체 인원수($n - k$)를 나타내는 β이다.

베타분포가 소개됐을 때, 베타분포가 어떻게 생겼고 어떻게 동작하는지에 대한 기본 사항만 배웠다. 이제 모수 추정parameter estimation의 기초로 베타분포 사용 방법을 살펴본다. 전환율에 대한 단일 추정뿐만 아니라 실제 전환율에 대해 확신할 수 있는 가능한 값의 범위를 제시하고자 한다.

확률밀도함수

첫 번째로 사용할 도구는 확률밀도함수PDF이다. 지금까지 이 책에서 PDF를 여러 번 살펴봤다. 5장에서 베타분포에 대해 언급할 때와 9장에서 베이지안 사전확률을 결합하기 위해 PDF를 사용했다. 또한 12장에서 정규분포에 대해 언급할 때도 살펴봤다. PDF는 한 개의 값을 취해서 해당 값에 대한 확률을 반환하는 함수이다.

이메일 목록에 대한 실제 전환율 추정을 위해, 처음 40,000명의 방문자에 대해 300명의 등록자가 있다고 가정해보자. 이 문제에 대한 PDF는 $\alpha = 300$이고 $\beta = 39,700$인 베타분포이다.

$$\text{Beta}(x; 300, 39700) = \frac{x^{300-1}(1-x)^{39700-1}}{\text{beta}(300, 39700)}$$

주어진 데이터의 불확실성을 감안할 때 측정의 좋은 추정 값으로 평균이 사용되는 것에 대해 여러 번 설명했다. 대부분의 PDF는 다음과 같이 베타분포에 대해 구체적으로 계산할 수 있는 평균을 갖고 있다.

$$\mu_{\text{Beta}} = \frac{\alpha}{\alpha + \beta}$$

이 공식은 비교적 직관적이다. 간단하게 관심이 있는 결과의 수(300)를 총 결과의 수(40,000)로 나누면 된다. 이는 단순히 각 이메일을 관찰값 1로 간주하고 다른 모든 것을 관찰값 0으로 간주한 다음 평균을 구한 경우와 동일한 의미이다.

평균은 실제 전환율에 대해 모수 추정을 하기 위한 첫 번째 시도다. 하지만 우리는 전환율에 대해 가능한 다른 값을 살펴보고자 한다. 무엇을 추가로 배울 수 있는지 알아보기 위해 PDF를 계속 탐구해보자.

PDF의 시각화 및 해석

PDF는 일반적으로 확률분포를 이해하기 위해 필요한 함수이다. 그림 13-1은 블로그 전환율의 베타분포에 대한 PDF를 보여준다.

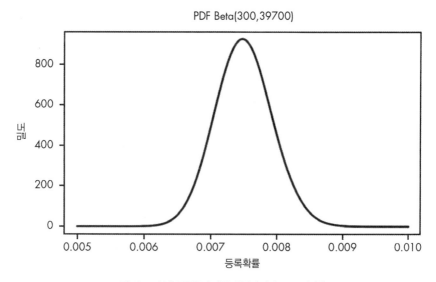

그림 13-1 실제 전환율에 대한 신념의 베타 PDF 시각화

위의 PDF는 무엇을 나타낼까? 데이터를 통해 블로그의 평균 전환율 또는 분포의 평균을 알 수 있다.

$$\frac{\text{등록자}}{\text{방문자}} = \frac{300}{40,000} = 0.0075$$

전환율이 0.00751이 아니라 정확히 0.0075가 될 가능성은 낮아 보인다. PDF는 모든 가능한 추정치의 확률을 나타내기 때문에 PDF 곡선 아래의 총 영역은 합해서 1이 돼야 한다는 것을 알고 있다. 관심을 갖는 값의 범위에 대해 곡선 아래의 영역을 살펴보면 실제 전환율에 대한 값의 범위를 추정할 수 있다. 미적분학에서 곡선 아래의 영역은 적분이되며, 관심 있는 PDF의 영역이 전체 확률의 어느 정도인지를 알려준다. 이는 12장에서 언급한 정규분포의 적분을 어떻게 사용하는지와 정확히 같다.

측정에 불확실성을 가지고 있고 평균을 안다는 점을 감안할 때, 실제 전환율이 관찰한 평균인 0.0075보다 0.001 더 높거나 낮을 가능성을 조사하는 것이 유용할 수 있다. 그렇게 하면 허용 가능한 오차의 범위(즉, 이 범위에 있는 어떤 값도 만족할 것이다)가 주어진다. 이를 위해 실제 전환율이 0.0065보다 작을 확률과 전환율이 0.0085보다 클 확률을 계산해서 비교하면 된다. 전환율이 관찰값보다 실제로 훨씬 낮을 확률은 다음과 같이 계산된다.

$$P(\text{훨씬 낮음}) = \int_0^{0.0065} \text{Beta}(300, 39700) = 0.008$$

함수의 적분을 구할 때 함수의 모든 작은 조각들을 합산한다는 것을 기억하자. 따라서 α가 300이고 β가 39,700인 베타분포에 대해 0부터 0.0065까지 적분하면 이 범위의 값에 대한 모든 확률을 합산해 실제 전환율이 0과 0.0065 사이의 어딘가에 있을 확률을 결정하는 것이다.

다른 극단적인 값에 대해서도 고려할 수 있다. 실제로 비정상적으로 잘못된 샘플을 얻었을 가능성과 실제 전환율이 0.0085(기대했던 것보다 더 좋은 전환율을 의미)보다 큰 값과 같이 훨씬 더 높을 가능성은 얼마나 될까?

$$P(\text{훨씬 높음}) = \int_{0.0085}^{1} \text{Beta}(300, 397000) = 0.012$$

0.0085부터 시작해서 가능한 가장 큰 값인 1까지 적분해 실제 값이 이 범위 어딘가에 있을 확률을 결정한다. 따라서 이 예제에서 관찰값보다 전환율이 0.001 더 크거나 더 좋을 확률은 실제로 관측 값보다 0.001 더 작거나 더 나쁠 확률보다 더 높다. 이것은 제한된 데이터로 결정을 해야 한다면 하나의 극단 값이 다른 극단 값보다 얼마나 더 좋은지 계산할 수 있다는 것을 의미한다.

$$\frac{P(\text{훨씬 높음})}{P(\text{훨씬 낮음})} = \frac{\int_{0.0085}^{1} \text{Beta}(300,397000)}{\int_{0}^{0.0065} \text{Beta}(300,39700)} = \frac{0.012}{0.008} = 1.5$$

따라서 실제 전환율이 0.0065보다 작을 가능성보다 0.0085보다 클 가능성이 50% 더 높다.

R에서 PDF 작업

이 책에서 이미 PDF 작업을 위해 두 개의 R 함수 dnorm()과 dbeta()를 사용했다. 대부분 잘 알려진 확률분포의 경우에 R은 PDF 계산을 위한 dfunction() 함수를 제공한다.

dbeta() 함수는 연속 PDF를 근사화하는 데도 유용하다. 이를테면 다음과 같은 값을 신속하게 플롯하기 위한 경우이다.

```
xs <- seq(0.005,0.01,by=0.00001)
plot(xs,dbeta(xs,300,40000-300),type='l',lwd=3,
    ylab="밀도",
    xlab="등록확률",
    main="PDF Beta(300, 39700)")
```

NOTE 플롯 코드는 부록 A를 참조해라.

이 예제 코드에서 실제로 연속적인 분포에 있는 것처럼 제각기 충분히 작지만 무한히 작지는 않은 0.00001씩 떨어져 있는 일련의 값들을 생성하고 있다. 그럼에도 이러한 값들을 플로팅하면 실제로 연속적인 분포에 충분히 근접해 보이는 것을 볼 수 있다(앞부분의 그림 13-1에서처럼).

누적분포함수 소개

PDF의 가장 일반적인 수학적 사용은 이전 절에서 한 것처럼 다양한 범위와 관련된 확률을 해결하기 위한 적분이다. 그러나 분포의 모든 부분을 합산해 많은 미적분 작업을 대체하는 누적분포함수[CDF]로 많은 노력을 아낄 수 있다.

CDF는 하나의 값을 취해 해당 값 이하를 얻을 확률을 반환한다. 예를 들어 $x = 0.0065$일 때 Beta(300, 39700)에 대한 CDF는 약 0.008이다. 이는 실제 전환율이 0.0065 이하일 확률이 0.008임을 의미한다.

CDF는 PDF의 곡선 아래 누적 영역을 취해 확률을 얻는다(미적분학에 익숙한 사람은 CDF가 PDF의 역도함수[anti-derivative]임을 안다). 이 과정을 두 단계로 요약할 수 있다. (1) PDF의 각 값에 대해 곡선 아래의 누적 영역을 파악하고, (2) 해당 값을 플로팅한다. 이것이 CDF이다. 주어진 곡선의 x축의 값은 x 이하의 값을 얻을 확률이다. 0.0065에서 곡선의 값은 앞에서 계산한 것처럼 0.008이 될 것이다.

이것이 어떻게 작동하는지 이해하기 위해 문제에 대한 PDF를 0.0005 크기로 나누고 확률밀도가 가장 높은 PDF 영역인 0.006에서 0.009 사이에 초점을 맞추자.

그림 13-2는 Beta(300, 39700)의 PDF에 대한 곡선 아래의 누적 영역을 보여준다. 보다시피 곡선 아래의 누적 영역은 왼쪽 부분의 모든 영역을 고려한다.

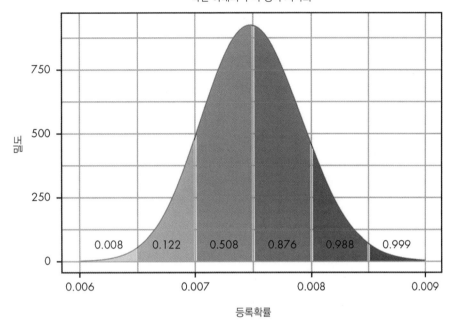

곡선 아래의 누적 영역 시각화

그림 13-2 곡선 아래의 누적 영역 시각화

수학적으로 표현하면, 그림 13-2는 다음과 같은 일련의 적분을 나타낸다.

$$\int_0^{0.0065} \mathrm{Beta}(300,397000)$$

$$\int_0^{0.0065} \mathrm{Beta}(300,397000) + \int_{0.0065}^{0.007} \mathrm{Beta}(300,397000)$$

$$\int_0^{0.0065} \mathrm{Beta}(300,397000) + \int_{0.0065}^{0.007} \mathrm{Beta}(300,397000) + \int_{0.007}^{0.0075} \mathrm{Beta}(300,397000)$$

$$\vdots$$

이러한 접근법을 사용하면 PDF를 따라 움직일 때 전체 영역이 1이 될 때까지 또는 완전히 확실해질 때까지 점점 더 높은 확률을 고려하게 된다. 이것을 CDF로 바꾸기 위해 곡선 아래 영역만을 나타내는 함수를 상상할 수 있다. 그림 13-3은 0.0005씩 떨어진 각각의 지점에 대해 곡선 아래의 영역을 플로팅하면 어떻게 되는지 보여준다.

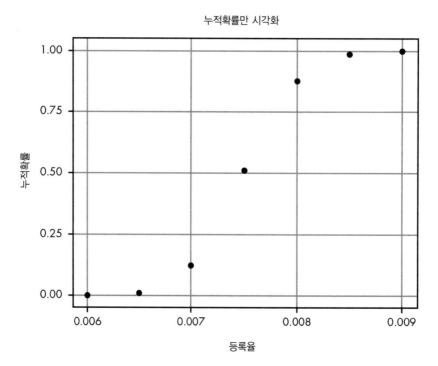

그림 13-3 그림 13-2에서 누적확률만 플로팅

이제 PDF의 값을 따라 이동할 때 곡선 아래의 누적 영역이 어떻게 변화하는지 시각화할 수 있다. 물론 문제는 이산적인 조각을 사용한다는 것이다. 실제로 CDF는 PDF의 무한히 작은 조각을 사용하므로 그림 13-4와 같이 멋진 매끄러운 선을 얻을 수 있다.

위의 예제에서 CDF를 시각적으로 직관적으로 도출했다. 수학적으로 CDF를 도출하는 것은 훨씬 어렵고 매우 복잡한 방정식이 되지만, 다행히 CDF를 작업하기 위해 코드를 사용할 수 있다. 이를 위해 몇 개 절을 더 살펴볼 것이다.

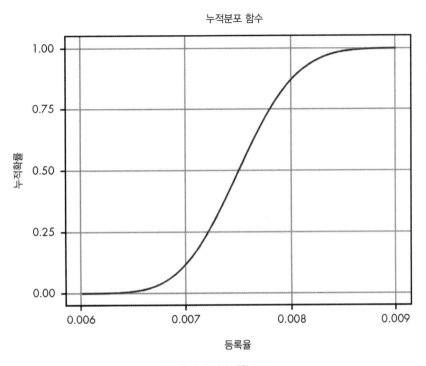

그림 13-4 문제에 대한 CDF

CDF의 시각화 및 해석

PDF는 분포의 절정이 어디에 있는지 쉽게 추정하고 분포의 폭(분산)과 모양을 개략적으로 파악하는 데 시각적으로 가장 유용하다. 그러나 PDF를 사용하면 다양한 범위의 확률을 시각적으로 추론하기가 매우 어렵다. 이를 위해 CDF는 훨씬 좋은 도구가 된다. 예를 들어 PDF만 사용하는 것보다 CDF를 사용하면 훨씬 더 광범위한 범위의 확률적 추정치를 시각적으로 파악할 수 있다. 이 놀라운 시각적 도구를 어떻게 사용할 수 있는지 몇 가지 예를 살펴보자.

중앙값 찾기

중앙값median은 데이터의 절반이 한쪽에 있고 다른 절반은 다른 한쪽에 있게 하는 지점이다. 즉, 데이터의 중간 값이다. 다시 말해 값이 중앙값보다 클 확률과 중앙값보다 작을 확률이 모두 0.5이다. 중앙값은 데이터에 극단적인 값이 포함된 경우 데이터를 요약할 때 특히 유용하다.

평균과 다르게 중앙값 계산은 실제로 꽤 까다로울 수 있다. 개수가 작고 이산적인 사례의 경우에는 관찰값을 순서대로 놓고 중간에 있는 값을 선택하면 되므로 간단하다. 그러나 베타분포와 같이 연속적인 분포에서는 조금 더 복잡하다.

다행히 CDF를 시각화하면 중앙값을 쉽게 찾을 수 있다. 간단하게 누적확률이 0.5인 지점을 찾아 선을 긋는다. 즉, 값의 50%가 이 지점 아래에 있고 50%가 이 지점 위에 있게 된다. 그림 13-5에서 볼 수 있듯이 이 선이 x축과 교차하는 지점이 중앙값을 제공한다.

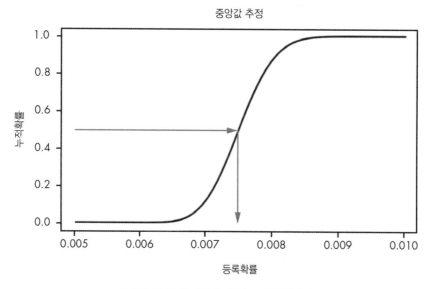

그림 13-5 CDF를 사용해 시각적으로 중앙값 추정

데이터의 중앙값은 0.007과 0.008 사이인 것을 알 수 있다. 이는 평균 0.0075에 매우 근접하기 때문에 데이터가 특별히 치우쳐 있지 않다는 것을 의미한다.

적분을 시각적으로 접근

확률의 범위를 다루는 경우, 종종 실제 값이 y값과 x값 사이의 어딘가에 있을 확률을 알고 싶어 할 것이다.

적분을 사용하면 이런 종류의 문제를 해결할 수 있고 이러한 적분의 해결을 R이 도와준다고 해도, 데이터를 이해하고 적분의 계산을 위해 지속적으로 R에 의존하는 것은 시간이 매우 많이 걸린다. 여기서 원하는 것은 방문자가 블로그에 등록할 확률이 특정 범위에 속하는 대략적인 추정치이기 때문에 적분을 사용할 필요가 없다. CDF를 사용하면 특정 범위의 값이 매우 높은 확률을 갖는지 또는 매우 낮은 확률을 갖는지 여부를 쉽게 알수 있다.

전환율이 0.0075와 0.0085 사이일 확률을 추정하기 위해 이러한 지점들의 x축의 선을 추적한 다음 y축과 만나는 지점을 확인할 수 있다. 두 지점 사이의 거리는 그림 13-6과 같이 적분 근사값이다.

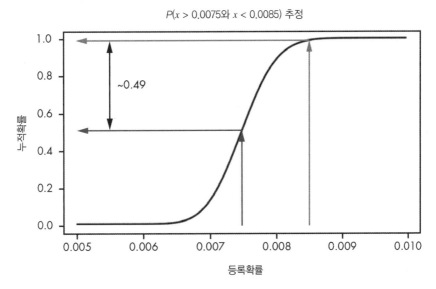

그림 13-6 CDF를 사용해 시각적으로 적분 수행

y축에서 이러한 값의 범위는 대략 0.5에서 0.99 사이인 것을 알 수 있다. 이는 실제 전환율이 주어진 두 개의 값 사이에 있을 확률이 약 49%라는 것을 의미한다. 가장 좋은 것은 적분할 필요가 없다는 것이다. 물론 이것은 CDF가 함수의 최소값부터 시작해서 가능한 모든 값에 대한 적분을 나타내기 때문이다.

따라서 모수 추정에 대한 확률론적 질문의 거의 대부분이 특정 범위의 신념과 관련된 확률을 구하는 것을 포함하기 때문에 CDF는 종종 PDF보다 훨씬 유용한 시각적 도구가 된다.

신뢰구간 추정

값의 범위에 대한 확률을 살펴보면 확률에서 매우 중요한 개념인 신뢰구간으로 이어진다. 신뢰구간confidence interval은 평균을 중심으로 하는 하한 및 상한값으로, 일반적으로 95, 99 또는 99.9%의 높은 확률 범위를 나타낸다. "95%의 신뢰구간은 12에서 20 사이이다"와 같이 말하면 실제 측정 값이 12와 20 사이 어딘가에 있을 확률이 95%라는 것을 의미한다. 신뢰구간은 불확실한 정보를 다룰 때 확률의 범위를 설명하는 좋은 방법을 제공한다.

NOTE 베이지안 통계에서 "신뢰구간"이라고 부르는 것은 "임계 영역(critical region)" 또는 "임계 구간(critical interval)"과 같은 몇 가지 다른 이름으로 통할 수 있다. 조금 더 전통적인 통계학파에서 "신뢰구간"은 약간 다른 의미를 가지며, 이는 이 책의 범위를 벗어난다.

CDF를 사용해 신뢰구간을 추정할 수 있다. 실제 전환율에 대해 가능한 값의 80%를 차지하는 범위를 알고 싶다고 가정해보자. 이전에 사용했던 접근법을 결합해 이 문제를 해결할 수 있다. 그림 13-7과 같이 y축의 0.1과 0.9에서 80%를 차지하는 선을 그린 다음 x축에서 CDF와 교차하는 위치를 확인한다.

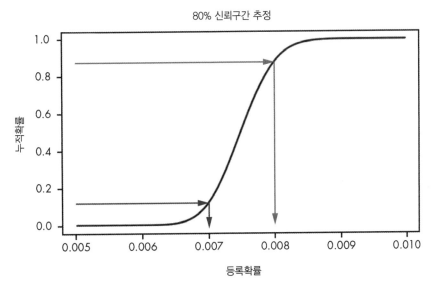

그림 13-7 CDF를 사용해 시각적으로 신뢰구간 추정

보았듯이 x축은 대략 0.007과 0.008 사이로 교차한다. 이는 실제 전환율이 두 값 사이에 있을 확률이 80%라는 것을 의미한다.

R에서 CDF 사용

거의 모든 주요 PDF에 dnorm()과 같이 d로 시작하는 함수가 있는 것처럼, CDF 함수는 pnorm()과 같이 p로 시작한다. R에서 Beta(300, 39700)가 0.0065보다 작을 확률을 계산하려면 다음과 같이 간단히 pbeta() 함수를 호출하면 된다.

```
pbeta(0.0065, 300, 39700)
> 0.007978686
```

그리고 전환율이 0.0085보다 클 실제 확률을 계산하려면 다음과 같이 할 수 있다.

```
pbeta(1,300,39700) - pbeta(0.0085,300,39700)
> 0.01248151
```

CDF의 가장 좋은 점은 분포가 이산적이든 연속적이든 상관없다는 것이다. 예를 들어 5개의 동전을 던졌을 때 3개 이하의 앞면이 나올 확률을 결정하기 위해서는 다음과 같이 이항분포에 대해 CDF를 사용할 것이다.

```
pbinom(3,5,0.5)
> 0.8125
```

분위수 함수

CDF를 이용해 시각적으로 얻은 중앙값과 신뢰구간을 수학적으로 작업하는 것은 쉽지 않음을 알았을 것이다. 시각화를 통해 단순히 y축에서 선을 그어 x축에서 지점을 찾았다.

수학적으로 CDF는 종종 x값으로 추정하려는 값을 나타내고 누적확률을 나타내는 y값을 제공한다는 점에서 다른 함수와 유사하다. 그러나 이것을 역으로 할 수 있는 확실한 방법은 없다. 즉 같은 함수에 y값을 제공하고 x를 구할 수는 없다. 값을 제곱하는 함수가 있다고 가정해보자. square(3) = 9라는 것을 알고 있지만, 9의 제곱근이 3임을 알기 위해서는 완전히 새로운 함수인 제곱근 함수가 필요하다.

그러나 함수의 역을 구하는 것은 이전 절에서 중앙값을 추정하기 위해 했던 것과 정확히 같다. y축에서 0.5를 살펴본 다음 x축을 추적했다. 시각적으로 진행했던 것은 CDF의 역을 계산하는 것이었다.

CDF의 역을 시각적으로 계산하는 것은 추정하기 쉽지만 정확한 값을 계산하기 위해서는 별도의 수학적 함수가 필요하다. CDF의 역은 매우 일반적이면서 유용한 도구인 분위수 함수Quantile Function이다. 중앙값과 신뢰구간의 정확한 값을 계산하려면 베타분포에 대해 분위수 함수를 사용해야 한다. CDF와 마찬가지로 분위수 함수는 수학적으로 도출하고 사용하기가 까다롭기 때문에 종종 소프트웨어에 의존해 작업한다.

분위수 함수의 시각화 및 이해

분위수 함수는 단순히 CDF의 역이기 때문에 그림 13-8과 같이 CDF가 90도 회전한 것처럼 보인다.

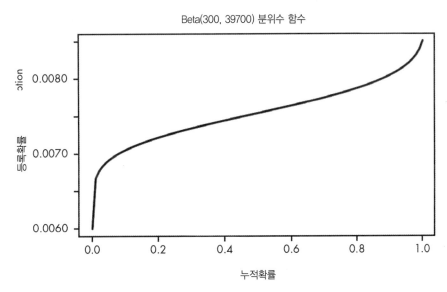

그림 13-8 시각적으로 분위수 함수는 CDF의 회전이다.

다음과 같은 구절을 들을 때마다,

"학생의 상위 10% ..."

"소득자의 최하위 20%는 ...보다 적게 벌고 있다."

"최상위 분위는 ...보다 두드러지게 더 좋은 성능을 가지고 있다."

분위수 함수를 사용해 발견된 값에 대해 이야기하고 있는 것이다. 분위를 시각적으로 보려면 x축에서 관심 있는 값을 찾아 y축과 만나는 위치를 확인해야 한다. y축의 값이 해당 분위에 해당하는 값이다. "상위 10%"에 대해 이야기한다면 실제로 0.9 분위에 해당하는 값을 찾아야 한다는 것을 명심해라.

R에서 분위 계산

R은 분위를 계산하기 위한 qnorm() 함수를 포함한다. 이 함수는 확률분포의 한계 값이 무엇인지에 대한 질문에 빠르게 대답하는 데 매우 유용하다. 이를테면 분포의 99.9%보다 작은 값을 알고 싶은 경우 qbeta()를 사용할 수 있다. qbeta() 함수는 계산하고자 하는 분위를 첫 번째 인수로, 베타분포의 α 및 β 매개변수를 두 번째와 세 번째 인수로 갖는다.

```
qbeta(0.999,300,39700)
> 0.008903462
```

결과는 0.0089로, 이메일의 실제 전환율이 0.0089보다 작다고 99.9% 확신할 수 있음을 의미한다. 그런 다음 분위수 함수를 사용해 추정치의 신뢰구간에 대한 정확한 값을 신속하게 계산할 수 있다. 95% 신뢰구간을 찾으려면 하위 분위 2.5%보다 큰 값과 상위 분위 97.5%보다 작은 값을 구하면 된다. 두 값 사이의 구간은 95% 신뢰구간(계산되지 않은 영역은 양쪽 끝에 위치하는 확률 밀도의 5%이다)이다. qbeta()를 사용해 다음의 데이터에 대해 쉽게 계산할 수 있다.

$$하한값 = qbeta(0.025, 300, 39700) = 0.0066781$$
$$상한값 = qbeta(0.975, 300, 39700) = 0.0083686$$

이제 블로그 방문자의 실제 전환율이 0.67%와 0.84% 사이인 것을 95% 확신한다고 자신 있게 말할 수 있다.

물론 어느 정도 확신하고 싶은지에 따라 이러한 임곗값을 늘리거나 줄일 수 있다. 이제 모수 추정을 위한 도구를 모두 알고 있으므로 전환율의 정확한 범위를 쉽게 찾을 수 있다. 다행인 것은 이를 사용해 미래의 사건에 대한 값의 범위를 예측할 수 있다는 것이다.

블로그의 기사가 입소문을 타고 널리 퍼져 10만 명의 방문객을 확보한다고 가정해보

자. 위의 계산에 따르면 670에서 840명의 새로운 이메일 등록자를 기대할 수 있음을 알 수 있다.

마무리

확률밀도함수^{PDF}, 누적분포함수^{CDF} 및 분위수 함수 사이의 흥미로운 관계에 대해 많은 내용을 다뤘다. 이러한 도구들은 모수 추정 방법과 해당 추정치에 대한 신뢰도를 어떻게 계산하는지에 대한 기초를 제공한다. 즉, 알 수 없는 값이 무엇인지 잘 추측할 수 있을 뿐만 아니라 모수에 대해 가능한 값을 매우 강하게 나타내는 신뢰구간을 결정할 수도 있다.

연습 문제

다음 물음에 답해 모수 추정의 도구를 완전히 파악했는지 확인하자. 답은 부록 C에서 찾아볼 수 있다.

1. 179페이지의 PDF 플로팅 코드 예제를 사용해 CDF 및 분위수 함수를 플로팅해라.

2. 10장에서의 적설량 측정 작업으로 돌아가, 다음과 같은 적설량 측정치(인치)가 있다고 가정하자.

   7.8, 9.4, 10.0, 7.9, 9.4, 7.0, 7.0, 7.1, 8.9, 7.4

   적설량의 실제 값에 대한 99.9% 신뢰구간을 구해라.

3. 어린이가 캔디 바를 판매하기 위해 집집마다 돌아다니고 있다. 지금까지 30채의 집을 방문했고 10개의 캔디 바를 팔았다. 오늘 40채 이상의 집을 더 방문할 것이다. 남은 하루 동안 얼마나 많은 캔디 바를 팔 것인지에 대한 95% 신뢰구간을 구해라.

14

사전확률을 고려한 모수 추정

13장에서는 이메일 목록에 등록하는 블로그 방문자의 전환율을 추정하기 위한 몇 가지 수학적 도구를 사용하는 방법을 살펴봤다. 그러나 모수 추정의 가장 중요한 부분의 하나인 문제에 대해 기존의 신념을 사용하는 방법은 아직 다루지 않았다.

14장에서는 기존 지식과 관찰한 데이터를 결합해 더 나은 추정치를 도출하기 위해 관찰된 데이터와 사전확률을 어떻게 함께 사용하는지 살펴본다.

이메일 전환율 예측

정보가 많아지면 베타분포가 어떻게 변화하는지 이해하기 위해 다른 전환율을 살펴보자. 이 예에서는 등록자가 이메일을 열어본 후 해당 링크를 클릭하는 비율을 알아본다. 이메일 목록 관리 서비스를 제공하는 대부분의 회사는 얼마나 많은 사람들이 이메일을 열고 링크를 클릭했는지 실시간으로 알려준다.

지금까지의 데이터는 이메일을 여는 처음 다섯 사람 중에서 두 사람이 링크를 클릭했음을 알려준다. 그림 14-1은 이러한 데이터에 대한 베타분포를 보여준다.

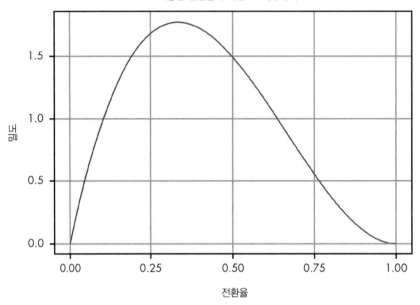

그림 14-1 지금까지 관찰한 데이터에 대한 베타분포

그림 14-1은 Beta(2, 3)을 보여준다. 두 사람이 클릭했고 세 사람이 클릭하지 않았기 때문에 이러한 숫자를 사용했다. 가능한 값의 폭이 상당히 좁은 13장과는 달리 여기서는 다룰 정보가 거의 없기 때문에 실제 전환율에 대해 가능한 값의 범위가 매우 넓다. 그림 14-2는 이러한 확률을 더욱 쉽게 추론할 수 있도록 주어진 데이터에 대한 CDF를 보여준다.

95% 신뢰구간(즉, 실제 전환율이 해당 범위 어딘가에 있을 가능성이 95%)이 좀 더 쉽게 볼 수 있게 표시된다. 이 시점에서 관찰된 데이터를 감안할 때 실제 전환율은 0.05와 0.8 사이일 수 있다는 것을 알려준다! 이는 지금까지 실제로 수집한 정보가 얼마나 적은지 반영하는 것이다. 두 번의 전환이 있었으므로 실제 전환율이 0일 수도 없고, 또한 3번의 비전환이 있었기 때문에 전환율이 1일 수도 없다는 것을 안다.

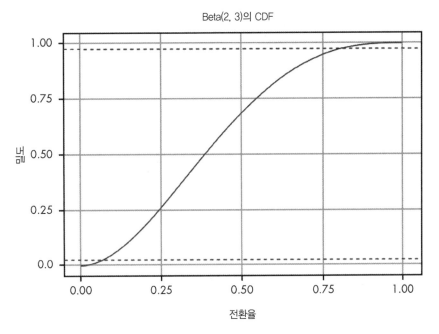

그림 14-2 관찰값에 대한 CDF

사전 신념으로 폭넓은 상황 정보 취하기

하지만 조금만 더 생각해보자. 당신이 이메일 목록을 처음 접하는 것일수도 있지만, 80%의 클릭율은 거의 불가능해 보인다. 저자는 많은 목록에 등록하지만 이메일을 열 때 80% 정도 내용을 클릭하지는 않는다. 80%의 비율을 액면 그대로 받아들이는 것은 저자의 경우를 고려하면 순진한 것처럼 보인다.

당신의 이메일 서비스 제공업체도 그것이 의심스럽다고 생각할 것이다. 좀 더 넓게 상황 정보를 살펴보자. 당신의 블로그와 동일한 카테고리에 나열된 블로그의 경우, 제공 업체의 데이터에 따르면 이메일을 여는 사람의 평균 2.4%만이 내용을 클릭한다고 주장한다.

9장에서 한 솔로가 소행성 지대를 성공적으로 통과할 수 있다는 신념을 수정하기 위해 과거 정보를 어떻게 사용하는지 배웠다. 우리의 관찰 데이터는 한 가지를 알려주지만 우리의 배경 정보는 또 다른 것을 알려준다. 알다시피 베이지안 용어로 관찰한 데이터를 우도라 하고, 외부 상황 정보(이 경우 개인 경험 및 이메일 서비스)를 사전확률이라 한다. 지금 당면 과제는 사전확률을 모델링하는 방법을 알아내는 것이다. 다행히 한 솔로의 경우와 다르게 실제로 도움이 되는 몇 가지 데이터를 가지고 있다.

출발점은 이메일 제공업체로부터의 2.4% 전환율이다. 평균이 대략 0.024인 베타분포를 원한다는 것을 안다(베타분포의 평균은 α / (α + ꞵ)이다). 그러나 여전히 Beta(1, 41), Beta(2, 80), Beta(5, 200), Beta(24, 976) 등 다양한 옵션이 존재한다. 그렇다면 어느 것을 사용해야 할까? 이것들의 일부를 플로팅해보고 어떻게 생겼는지 살펴보자(그림 14-3).

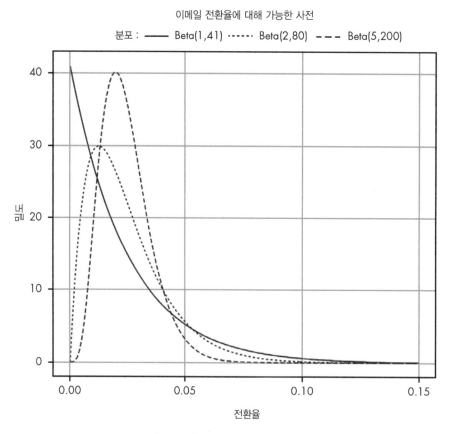

그림 14-3 여러 가지 가능한 사전확률 비교

보다시피 결합된 α + β가 작을수록 분포는 더 넓어진다. 지금 문제는 주어진 것 중에 가장 진보적인 옵션인 Beta(1, 41)조차도 매우 낮은 값의 확률 밀도를 나타내기 때문에 비관적인 것처럼 보인다는 것이다. 그럼에도 여기서는 이 분포를 고수할 것이다. 그 이유는 이메일 제공업체의 데이터가 2.4% 전환율을 기반으로 하고 있고, 우리의 사전 중에서 가장 약하기 때문이다. "약한" 사전이란 더 많은 데이터를 수집하는 경우 실제 데이터에 의해 쉽게 대체될 수 있음을 의미한다. Beta(5, 200)과 같이 더 강력한 사전은 변화를 위해 더 많은 증거를 취할 것이다(다음에 어떻게 이런 일이 일어나는지 살펴볼 것이다). 강한 사전을 사용할지의 여부를 결정하는 것은 사전 데이터가 현재 수행 중인 작업을 얼마나 잘 설명하는지에 따라 판단해야 한다. 앞으로 살펴보겠지만, 약한 사전의 경우에도 적은 양의 데이터로 작업할 때 추정치를 좀 더 현실적으로 유지하는 데 도움이 될 수 있다.

베타분포로 작업할 때 두 베타분포에 대한 매개변수를 단순히 더함으로써 사후분포(우도와 사전의 결합)를 계산할 수 있다는 것을 기억하자.

$$\text{Beta}(\alpha_{사후}, \beta_{사후}) = \text{Beta}(\alpha_{우도} + \alpha_{사전}, \beta_{우도} + \beta_{사전})$$

이 공식을 사용해 그림 14-4와 같이 사전의 유무에 따른 신념을 비교할 수 있다.

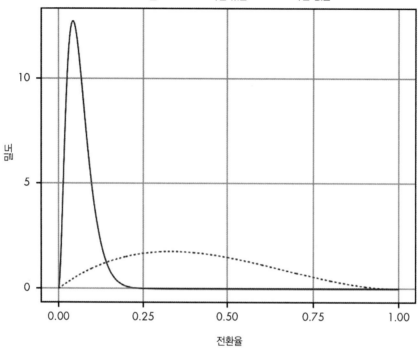

사전 유무에 따른 전환율 추정

분포 : ⎯⎯ 사전 있음 ⋯⋯ 사전 없음

그림 14-4 사후(사전 있음)와 우도(사전 없음) 비교

　와우! 정말 대단하다. 상대적으로 약한 사전으로 작업하고 있지만 실제 전환율이라고 믿는 것에 큰 영향을 미쳤음을 알 수 있다. 사전 없는 우도에 대해서는 전환율이 80%까지 높을 수 있다는 신념을 가지고 있었음을 주목하자. 언급했듯이 이는 매우 의심스럽다. 경험이 많은 이메일 마케터는 80%의 전환율은 전례가 없다고 말할 것이다. 우도에 사전을 추가하면 신념이 훨씬 합리적이 되도록 조정한다. 그러나 업데이트된 신념도 여전히 약간 비관적이라고 생각할 수 있다. 이메일의 실제 전환율이 40%가 아닐 수도 있지만 현재의 사후분포가 시사하는 것보다는 더 좋을 수 있다.

　우리의 블로그가 2.4%의 전환율을 가진 이메일 제공업체의 데이터 사이트보다 전환율이 더 좋다는 것을 어떻게 증명할 수 있을까? 합리적인 사람이면 누구나 할 수 있는 방법은 더 많은 데이터를 갖는 것이다. 더 많은 결과를 얻기 위해 몇 시간을 기다린다. 이제 이메일을 연 100명 중 25명이 링크를 클릭했다. 그림 14-5에서 볼 수 있듯이, 새로운 사후와 우도의 차이를 살펴보자.

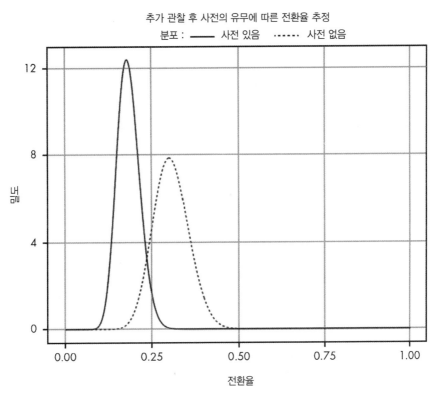

그림 14-5 더 많은 데이터로 신념 수정

데이터를 계속 수집함에 따라 사전을 사용한 사후분포가 사전 없는 사후분포를 향해 이동하기 시작한다. 우리의 사전은 여전히 자아를 견제하고 있어 전환율에 대해 더욱 보수적인 추정을 제공하고 있다. 그러나 우리의 우도에 증거를 추가하면서 사후 신념에 더 큰 영향을 미치기 시작한다. 다시 말해 추가 관찰 데이터는 자신의 할 일을 하고 있는 것이다. 즉, 제안한 것과 일치하도록 서서히 우리의 신념을 흔들어 놓는다. 그러니 밤새 기다렸다가 더 많은 데이터를 사용해보자.

아침에 300명의 가입자가 이메일을 열었고, 그중 86명이 클릭했다는 것을 알게 된다. 그림 14-6은 업데이트된 신념을 보여준다.

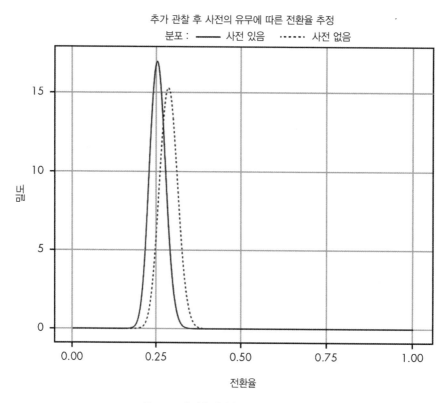

그림 14-6 더 많은 데이터를 추가한 사후 신념

여기서 살펴본 것은 베이지안 통계에서 가장 중요한 점이다. 더 많은 데이터를 수집할수록 사전 신념은 증거에 의해 감소하게 된다. 증거가 거의 없을 때, 우도는 직관적으로 또는 개인적인 경험으로부터 알고 있는 터무니없는 비율(예: 80% 클릭율)을 제안할 수 있다. 데이터가 거의 없기 때문에 사전 신념은 우리가 가지고 있는 모든 데이터를 무너뜨린다.

그러나 사전과는 다른 데이터를 계속 수집함에 따라, 사후 신념은 수집된 데이터가 말해주는 원래 사전과는 다른 쪽으로 이동한다.

또 다른 중요한 점은 매우 약한 사전으로 시작했다는 것이다. 그러나 비교적 적은 양의 정보를 수집한지 하루만에 훨씬 더 합리적으로 보이는 사후를 찾을 수 있었다.

이 경우 사전 확률분포는 데이터가 없는 상황에서 추정치를 훨씬 더 현실적으로 유지하는 데 크게 도움이 됐다. 사전 확률분포는 실제 데이터를 기반으로 했기 때문에 현실에 더 가깝게 추정하는 데 도움이 될 것이라고 상당히 확신할 수 있었다. 하지만 많은 경우에 사전을 백업할 어떤 데이터도 가지고 있지 않다. 그럼 어떻게 해야 할까?

경험을 수량화하는 수단으로서의 사전

이메일에 대한 80% 클릭율의 아이디어가 황당하다는 것을 알았기 때문에 이메일 제공업자의 데이터를 사용해 사전에 대해 더 나은 추정치를 도출했다. 그러나 사전을 확립하기 위한 데이터가 없다 하더라도, 여전히 마케팅 경험이 있는 누군가에게 좋은 추정을 할 수 있도록 도와 달라고 요청할 수 있다. 예를 들어 마케터는 개인 경험을 통해 전환율이 약 20%라는 것을 알고 있을 수 있다.

경험 많은 전문가가 제공한 이러한 정보를 바탕으로 당신은 Beta(2, 8)과 같이 상대적으로 약한 사전을 선택해 예상 전환율이 20% 정도여야 한다고 제안할 수 있다. 이 분포는 추측일 뿐이지만 중요한 것은 이 가정을 정량화할 수 있다는 것이다. 확률에 대해 구체적인 교육을 받지 않은 경우에도 거의 모든 비즈니스에서 전문가는 단순히 이전 경험과 관찰을 바탕으로 강력한 사전 정보를 제공할 수 있다.

이 경험을 정량화함으로써 더욱 정확한 추정치를 얻을 수 있으며, 전문가에 따라 그러한 추정치가 어떻게 변화하는지 볼 수 있다. 예를 들어 마케터가 실제 전환율이 20%여야 한다고 확신하면 이 신념을 Beta(200, 800)로 모델링할 수 있다. 데이터를 수집하면서 모델을 비교할 수 있고 전문가의 신념을 정량적으로 모델링하는 여러 신뢰구간을 만들 수 있다. 또한 점점 더 많은 정보를 얻을수록 사전 신념으로 인한 차이는 줄어들 것이다.

아무것도 모를 때 사용할 공정한 사전이 있나?

다른 사전 없이 모수를 추정할 때 항상 α와 β에 모두 1을 더해야 한다고 주장하는 특정 통계 학파가 있다. 이는 각각의 결과가 동등하게 발생할 가능성이 있는 매우 약한 사전인 Beta(1, 1)을 사용하는 것과 같다. 이것이 정보가 없는 상황에서 생각해낼 수 있는 "가장 공정한"(즉, 가장 약한) 사전이라는 주장이다. 공정한 사전의 기술적 용어는 비정보적 사전 noninformative prior이다. Beta(1, 1)은 그림 14-7에 설명돼 있다.

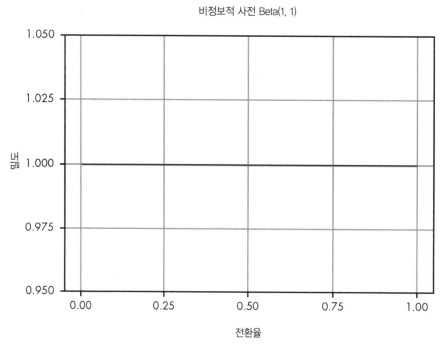

비정보적 사전 Beta(1, 1)

그림 14-7 비정보적 사전 Beta(1, 1)

보다시피 그림 14-7은 완벽하게 직선이므로 모든 결과가 동등한 가능성을 가지고 있으며 평균 우도는 0.5이다. 비정보적 사전 사용에 대한 아이디어는 추정을 원활하게 하기 위해 사전을 추가할 수도 있지만, 추가된 사전은 어떤 특정한 결과에도 편향되지 않는다는 것이다. 하지만 이것이 처음에는 문제에 접근하는 가장 공정한 방법처럼 보일 수도 있지만 이런 매우 약한 사전조차도 그것을 테스트할 때 이상한 결과를 초래할 수 있다.

내일 해가 뜰 확률을 생각해보자. 30세가 됐고 평생 약 11,000번 정도의 일출을 경험했다. 누군가가 내일 해가 뜰 확률을 물어본다고 가정하자. 공정하고 비정보적인 사전 Beta(1, 1)을 사용하길 원한다. 해가 내일 뜨지 않을 거라는 신념을 나타내는 분포는 경험에 근거한 Beta(1, 11001)이 될 것이다. 내일 해가 뜨지 않을 확률은 매우 낮지만, 그것은 또한 60세가 될 때까지 적어도 한 번은 해가 뜨지 않는 것을 볼 수 있을 것이라는 것을 암시한다. 소위 "비정보적" 사전은 세상이 어떻게 돌아가는지에 관해 꽤 강한 의견을 제공하고 있는 것이다.

천체역학을 이해하고 있고 이미 잊을 수 없는 강력한 사전 정보를 가지고 있기 때문에 이것이 문제라고 주장할 수 있다. 그러나 진짜 문제는 해가 뜨지 않는 경우를 한 번도 관찰한 적이 없다는 것이다. 비정보적 사전 없이 우도 함수로 돌아가면 Beta(0, 11000)을 얻는다.

그러나 $\alpha \leq 0$이거나 $\beta \leq 0$인 경우 베타분포가 정의되지 않는데, 이는 "내일 해가 뜨지 않을 확률은 얼마인가?"에 대한 정확한 답을 의미하는 것으로 반례를 보지 못했기 때문에 질문의 의미가 없다는 것이다.

다른 예를 살펴보자. 당신과 당신 친구는 새로운 세계로 들여보내는 포털을 발견했다. 외계 생명체가 당신 앞에 나타나 이상한 모양의 총을 발사한다. "총이 불발이 될 확률은 얼마나 되지?" 하고 친구가 묻는다. 완전히 외계 세계이며 총은 낯설고 유기적으로 보이므로 당신은 그 기계에 대해 전혀 아는 바가 없다.

이론적으로는 외계 세계에 대한 사전 정보가 전혀 없기 때문에 비정보적 사전을 사용할 수 있는 이상적인 시나리오다. 비정보적 사전을 추가하면 총이 불발이 될 사후확률 Beta(1, 2)를 얻게 된다(불발 α = 0, 성공적 발사 β = 1을 관찰했음). 이 분포는 불발의 평균 사후확률이 1/3임을 의미하며, 이것은 이상한 총이 불발이 될 수 있는지조차 모른다는 점을 감안하면 놀라울 정도로 높아 보인다. 다시 말지만 Beta(0, 1)이 정의돼 있지 않더라도 그것을 사용하는 것이 이 문제에 대한 합리적인 접근 방법처럼 보인다. 충분한 데이터와 어떤 사전 정보도 없는 상황에서 유일한 현명한 선택은 당신 친구에게 "나는 너의 그 질문에 대해 어떻게 추론해야 할지 전혀 모르겠어"라고 말하는 것이다.

최고의 사전은 데이터에 의해 뒷받침되며 데이터가 많이 부족한 경우 정말로 "공정한" 사전은 존재하지 않는다. 모든 사람은 세상에 대한 자신의 경험과 관점으로 문제를 바라본다. 베이지안 추론의 가치는 사전을 주관적으로 할당할 때조차도 주관적인 신념을 정량화한다는 것이다. 즉, 이 책의 뒷부분에서 볼 수 있듯이 자신의 사전이 다른 사람과 비교해 주변의 세상을 얼마나 잘 설명하는지 확인할 수 있음을 의미한다. Beta(1, 1) 사전이 실제로 사용되기도 하지만, 자신이 알고 있는 한 두 가지 결과가 발생할 가능성이 동등하다고 진지하게 믿을 때만 사용해야 한다. 마찬가지로 어떤 수학적인 방법도 절대적인 무지를 보완할 수는 없다. 문제에 대한 데이터도 없고 사전 이해도 없는 경우, 더 많이 알기 전까지 어떠한 결론도 내릴 수 없다고 말하는 것이 유일한 현명한 대답이다.

즉, Beta(1, 1)을 사용할 것인지 Beta(0, 0)을 사용할 것인지에 관한 주제는 오랜 역사를 가지고 있으며, 많은 위대한 사람들이 다양한 입장을 주장하고 있다는 점에 주목할 필요가 있다. 토마스 베이즈Thomas Bayes(베이즈 정리에서의 베이즈)는 주저없이 Beta(1, 1)을 믿었으며, 위대한 수학자 사이먼-피에르 라플라스Simon-Pierre Laplace는 Beta(1, 1)이 꽤 정확하다고 확신했다. 그러나 경제학자 존 메이너드 케인스John Maynard Keynes는 Beta(1, 1)을 사용하는 것이 너무 터무니없다고 생각했기 때문에 베이지안 통계의 모든 것을 불신했다.

마무리

14장에서는 알 수 없는 모수에 관해 훨씬 더 정확한 추정치를 얻기 위해 문제와 관련한 사전 정보를 통합하는 방법을 배웠다. 문제에 관한 아주 적은 정보만 있어도 불가능해 보이는 확률적 추정치를 쉽게 얻을 수 있다. 그 적은 양의 데이터로부터 더 나은 추론을 하는 데 도움이 되는 사전 정보를 얻을 수 있을 수도 있다. 이러한 정보를 추정치에 추가함으로 훨씬 더 현실적인 결과를 얻게 된다.

가능하면 실제 데이터를 기반으로 한 사전 확률분포를 사용하는 것이 가장 좋다. 그러나 종종 문제를 뒷받침할 데이터는 없지만, 개인적인 경험을 가지고 있거나 전문가에게 도움을 받을 수도 있다. 이 경우 자신의 직관에 해당하는 확률분포를 추정하는 것이 좋다. 가장 중요한 것은 사전이 틀리더라도 더 많은 관찰값을 수집하면 결국 데이터에 의해 무시된다는 것이다.

연습 문제

다음 물음에 답해 사전을 잘 이해하는지 확인하자. 답은 부록 C에서 찾아볼 수 있다.

1. 당신은 친구들과 에어 하키를 하면서 퍽puck을 누가 먼저 갖고 시작하는지 결정하기 위해 동전 던지기를 한다고 가정하자. 12번 게임을 한 후에, 동전을 제공한 친구가 거의 항상 먼저 시작하는 것 같다는 것을 깨닫는다(12번 중 9번). 다른 친구들 중 몇몇은 의심을 품기 시작한다. 다음 신념에 대한 사전 확률분포를 정의해라.

   - 친구가 부정 행위를 하고 있고 앞면이 나올 확률이 약 70%에 가깝다고 약하게 믿는 사람
   - 동전은 공정하고 앞면이 나올 확률은 50%라고 매우 강하게 믿는 사람
   - 동전은 70% 정도 앞면이 나오도록 편향돼 있다고 강하게 믿는 사람

2. 동전을 테스트하기 위해 동전을 20번 던져 9번의 앞면과 11번의 뒷면을 얻는다. 1번 질문으로부터 계산한 사전을 사용해 95% 신뢰구간에서 앞면을 얻을 실제 비율에 대해 업데이트된 사후 신념은 무엇인가?

4부

가설 검정: 통계의 핵심

15

모수 추정에서 가설 검정까지: 베이지안 A/B 테스트 구축

 15장에서는 첫 번째 가설 테스트인 A/B 테스트를 구축할 것이다. 기업은 종종 어떤 것이 고객에게 가장 적합한지 결정하기 위해 A/B 테스트를 사용해 제품 웹 페이지, 이메일 및 다른 마케팅 자료를 시험한다. 15장에서는 이메일에서 이미지를 삭제하면 클릭율이 증가한다는 신념과 이미지를 삭제하면 클릭율에 방해가 된다는 신념을 비교해 테스트한다.

알 수 없는 하나의 모수를 추정하는 방법을 이미 알고 있기 때문에, 테스트를 위해 필요한 것은 두 개의 모수, 즉 각 이메일의 전환율을 추정하는 것뿐이다. 그런 다음 R을 사용해 몬테카를로$^{Monte\ Carlo}$ 시뮬레이션을 실행하고 어떤 가설이 더 좋을지, 즉 A 변형 또는 B 변형 중 어떤 것이 더 우수한지를 결정한다. A/B 테스트는 t-테스트와 같은 고전적인 통계 기법을 사용해 수행할 수 있지만, 베이지안 방식으로 테스트를 구축하면 각 부분을 직관적으로 이해하는 데 도움을 주고 더 유용한 결과를 제공할 것이다.

지금까지 모수 추정의 기본 개념을 잘 살펴봤다. PDF, CDF 및 분위함수를 사용해 특정 값의 우도에 대해 아는 방법을 살펴봤으며 추정치에 베이지안 사전을 추가하는 방법을 배웠다. 이제 추정치를 사용해 두 개의 알 수 없는 모수를 비교하고자 한다.

베이지안 A/B 테스트 설정

14장의 이메일 예제를 참고해 이미지 추가가 블로그 전환율에 도움이 되는지 또는 해를 끼치는지 확인하고 싶다고 가정해보자. 이전에는 매주 이메일에 일부 이미지가 포함돼 있었다. 테스트를 위해 평소와 같이 이미지가 포함된 변형과 또 다른 하나는 이미지가 없는 변형을 사용한다. 어떤 것이 더 나은지 결정하기 위해 변형 A(이미지 포함)와 변형 B(이미지 미포함)를 비교하기 때문에 이 테스트를 A/B 테스트라고 한다.

이 시점에서 600명의 블로그 등록자가 있다고 가정해보자. 이 실험으로 얻은 지식을 활용하기 위해 300명에 대해서만 테스트를 진행할 것이다. 이렇게 하면 나머지 300명의 구독자에게 가장 효과적인 이메일 변형이라고 믿는 것을 보낼 수 있다.

테스트할 300명을 A와 B 두 그룹으로 나눠서 그룹 A는 상단에 큰 그림이 있는 일반적인 이메일을 받고 그룹 B는 그림이 없는 이메일을 받게 된다. 하나의 바람은 더 간단한 이메일이 "스팸"임을 덜 느끼고 사용자가 그 내용을 클릭하게 하는 것이다.

사전확률 찾기

다음으로 어떤 사전확률을 사용할지 알아내야 한다. 매주 이메일 캠페인을 운영해왔으므로 그 데이터로부터 특정 이메일의 블로그 링크를 클릭할 확률은 약 30%가 될 것이라는 합리적인 기대를 갖고 있다. 문제를 단순화하기 위해 두 개의 변형에 대해 동일한 사전을 사용한다. 또한 전환율의 범위가 더 넓을 가능성이 있다고 생각되는 매우 약한 버전의 사전분포를 선택할 것이다. 우리는 B가 얼마나 잘할 것으로 기대하는지 잘 모르기 때문에 약한 사전을 사용하며, 이것은 새로운 이메일 캠페인이므로 다른 요인으로 인해 전환이 더 좋아지거나 더 나빠질 수도 있다. 사전 확률분포를 위해 Beta(3, 7)을 설정할 것이다. 이 분포는 평균이 0.3인 베타분포를 나타내지만, 광범위하게 가능한 대체 비율이 고려될 수 있다. 그림 15-1에서 이 분포를 확인할 수 있다.

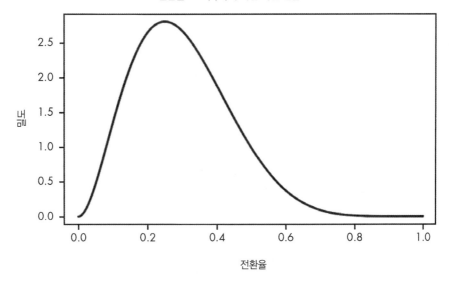

전환율 Beta(3, 7)의 약한 사전 신념

그림 15-1 사전 확률분포 시각화

지금 필요한 것은 우도뿐이다. 즉, 데이터를 수집해야 한다.

데이터 수집

이메일을 보내고 표 15-1과 같은 결과를 얻는다.

표 15-1 이메일 클릭율

	클릭함	클릭 안 함	관찰된 전환율
변형 A	36	114	0.24
변형 B	50	100	0.33

추정하려는 별도의 모수로 각각의 변형을 다룰 수 있다. 각각에 대한 사후분포에 도달하기 위해서는 우도분포와 사전분포를 모두 결합해야 한다. 이미 이러한 분포의 사전이 Beta(3, 7)이어야 한다고 결정했다. 이는 추가 정보가 없는 상황에서 전환율이 어느

정도인지 예상할 수 있다는 신념이 비교적 약하다는 것을 나타낸다. 특정 범위의 값을 강하게 믿지 않고, 합리적으로 높은 확률로 가능한 모든 비율을 고려하기 때문에 이것을 약한 신념이라고 한다. 각각의 우도를 위해 다시 베타분포를 사용할 것이다. α는 링크가 클릭된 횟수이고 β는 클릭되지 않은 횟수이다.

다음을 상기하자.

$$\text{Beta}(\alpha_{\text{사후}}, \beta_{\text{사후}}) = \text{Beta}(\alpha_{\text{사전}} + \alpha_{\text{우도}}, \beta_{\text{사전}} + \beta_{\text{우도}})$$

변형 A는 Beta(36+3, 114+7)로 표시되고, B는 Beta(50+3, 100+7)로 표시된다. 그림 15-2는 각 모수에 대한 추정치를 나란히 보여준다.

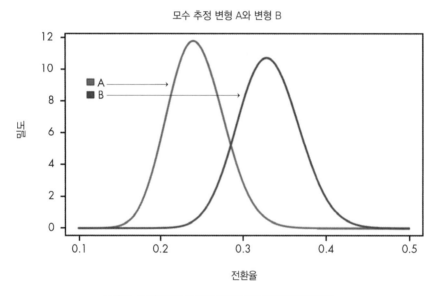

그림 15-2 이메일의 두 가지 변형에 대한 추정치의 베타분포

데이터에 따르면 변형 B가 더 높은 전환율을 제공한다는 점에서 더 우수하다. 그러나 이전 논의로부터 모수 추정에 대한 실제 전환율은 가능한 값의 범위 중 하나라는 것을 알고 있다. 그림 15-2를 보면 A와 B에 대해 가능한 실제 전환율 사이에 중복이 있음을 알수 있다. A 응답에서 운이 없었던 것뿐이고 A의 실제 전환율이 실제로 더 높다면? B 응

답에서 운이 좋았을 뿐이고 실제 전환율이 실제로 훨씬 낮다면? 테스트에서 A가 더 나쁜 결과가 나왔음에도 실제로 A가 더 나은 변형일 가능성이 있는 세상을 쉽게 볼 수 있다. 그래서 진짜 질문은 "B가 더 좋은 변형이라는 것을 얼마나 확신할 수 있는가?" 하는 것이다. 이것이 몬테카를로 시뮬레이션^{Monte Carlo simulation}이 도입되는 이유이다.

몬테카를로 시뮬레이션

어떤 이메일 변형이 더 높은 클릭율을 생성하는지에 대한 정확한 답은 A 분포와 B 분포 교차점 어딘가에 있다. 다행히도 몬테카를로 시뮬레이션을 통해 알아낼 수 있다. 몬테카를로 시뮬레이션은 랜덤 샘플링을 사용해 문제를 해결하는 기술이다. 이 경우 두 분포에서 랜덤하게 표본을 추출할 것이며, 각 표본은 분포의 확률을 기반으로 선택되기 때문에 확률이 높은 영역의 표본이 더 자주 나타날 것이다. 그림 15-2에서 볼 수 있듯이 A에서 샘플링될 가능성은 0.2보다 큰 값이 0.2보다 작은 값보다 훨씬 높다. 그러나 분포 B의 랜덤 샘플링은 0.2보다 클 것이 거의 확실하다. 랜덤 샘플링에서 변형 A의 경우 0.2, 변형 B의 경우 0.35를 선택할 수 있다. 샘플링은 랜덤이며 A 및 B 분포에 대해 값의 상대적 확률을 기반으로 한다. A의 0.2와 B의 0.35는 모두 관찰한 증거를 기반으로 한, 각 변형에 대한 실제 전환율일 수 있다. 두 분포로부터의 이러한 개별 샘플링은 0.35가 0.2보다 크기 때문에 실제로 변형 B가 변형 A보다 우수하다는 신념을 확인시켜준다.

그러나 변형 A의 경우 0.3, 변형 B의 경우 0.27을 샘플링할 수 있으며, 두 표본 모두 각각의 분포에서 샘플링될 가능성이 높다. 또한 이러한 값들은 각 변형의 실제 전환율에 대해 가능한 현실적인 값이지만, 이 경우 변형 B가 실제로 변형 A보다 나쁘다는 것을 나타낸다.

사후분포는 각 전환율에 대해 현재 신념 상태를 근거로 존재할 수 있는 모든 세계를 나타낸다고 상상할 수 있다. 각 분포에서 샘플링할 때마다 하나의 가능한 세계가 어떻게 보이는지 확인한다. 그림 15-1로부터 B가 실제로 더 나은 변형인 더 많은 세계를 기대해야 한다는 것을 시각적으로 알 수 있다. 샘플링을 자주 할수록 샘플링한 모든 세계 중에서 정확하게 얼마나 많은 세계에서 B가 더 나은 변형인지를 알 수 있다. 일단 샘플을 얻으면 살펴본 세계의 총 수 대비 B가 가장 좋은 세계의 비율을 보고 실제로 B가 A보다 클 확률을 정확히 얻을 수 있다.

얼마나 많은 세계에서 B가 더 나은 변형일까?

이제 샘플링을 수행할 코드를 작성해야 한다. R의 rbeta() 함수를 사용하면 베타분포로부터 자동으로 표본을 추출(샘플링)할 수 있다. 두 표본에 대한 각각의 비교를 한 번의 시행으로 간주한다. 시행 횟수가 많을수록 결과가 더욱 명확해지므로 100,000회를 시행하기위해 이 값을 변수 n.trials에 할당한다.

```
n.trials <- 100000
```

다음은 사전 알파 및 베타 값을 변수에 넣는다.

```
prior.alpha <- 3
```

```
prior.beta <- 7
```

그런 다음 각 변형에서 샘플을 수집해야 한다. 이를 위해 rbeta()를 사용한다.

```
a.samples <- rbeta(n.trials,36+prior.alpha,114+prior.beta)
b.samples <- rbeta(n.trials,50+prior.alpha,100+prior.beta)
```

rbeta() 샘플의 결과도 변수에 저장하고 있으므로 더 쉽게 접근할 수 있다. 각 변형에 대해 블로그를 클릭한 사람의 수와 클릭하지 않은 사람의 수를 입력한다.

마지막으로 b.samples가 a.samples보다 몇 배나 큰지 비교하고 그것을 n.trials로 나눈다. 이는 변형 B가 변형 A보다 큰 것에 대한 전체 시행의 백분율을 나타낸다.

```
p.b_superior <- sum(b.samples > a.samples)/n.trials
```

결국 얻게 되는 결과는 다음과 같다.

```
p.b_superior
> 0.96
```

여기서 볼 수 있는 것은 100,000번 시행 중 96%에서 변형 B가 우수하다는 것이다. 100,000개의 가능한 세계를 보는 것으로 생각할 수 있다. 각 변형에 대해 가능한 전환율의 분포를 기반으로, 가능한 전체 세계의 96%에서 둘 중 변형 B가 더 좋았다. 이 결과는 관찰된 샘플의 수가 상대적으로 적은 경우에도 B가 더 나은 변형이라는 꽤 강한 신념을 갖는다는 것을 보여준다. 기존 통계에서 t-테스트를 해본 적이 있다면, 이는 Beta(1, 1)을 사용한 경우 단일 꼬리 t-테스트에서 p값 0.04를 얻는 것과 대략적으로 동등하다(종종 "통계적으로 유의미하다"로 간주된다). 그러나 이러한 접근 방식의 장점은 확률에 대한 지식과 간단한 시뮬레이션을 사용해 처음부터 이 테스트를 구축할 수 있다는 것이다.

변형 B가 변형 A보다 얼마나 더 나은가?

이제 B가 더 우수한 변형이라고 얼마나 확신하는지 확실하게 말할 수 있다. 그러나 이메일 캠페인이 실제 비즈니스를 위한 것이면 간단하게 "B가 더 낫다"라고 말하는 것으로는 그다지 만족스러운 대답은 아닐 것이다. 정말로 얼마나 더 나은지 알고 싶지 않은가?

이것이 몬테카를로 시뮬레이션의 진정한 힘이다. 마지막 시뮬레이션에서 정확한 결과를 얻을 수 있고, B 샘플이 A 샘플보다 얼마나 더 큰지 살펴봄으로써 변형 B가 얼마나 더 좋은지 테스트할 수 있다. 다시 말해서 다음과 같은 비율을 볼 수 있다.

$$\frac{\text{B 샘플}}{\text{A 샘플}}$$

R에서 a.samples와 b.samples를 취하면 b.samples/a.samples를 계산할 수 있다. 이것은

변형 A로부터 변형 B로의 상대적 개선의 분포를 제공할 것이다. 그림 15-3은 이 분포를 히스토그램으로 표시한 것으로, 변형 B가 클릭율을 개선할 것으로 예상되는 정도를 알 수 있다.

그림 15-3 히스토그램에서는 가능한 값의 전체 범위를 나타내지만, 변형 B가 A에 비해 약 40% 정도 개선(비율 1.4)될 가능성이 있음을 알 수 있다. 13장에서 논의했듯이, 결과에 대한 추론에 있어서 누적분포함수CDF가 히스토그램보다 훨씬 더 유용하다. 수학적 함수가 아닌 데이터로 작업하고 있기 때문에 R의 ecdf() 함수를 사용해 경험적 누적분포 Empirical Cumulative Distribution를 계산한다. 그림 15-4에서 eCDF를 설명한다.

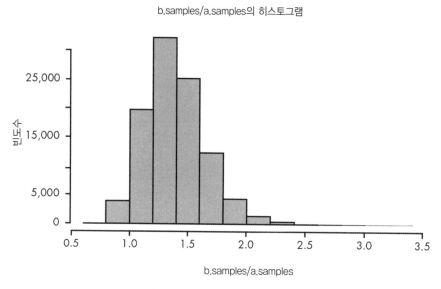

그림 15-3 개선 가능성에 대한 히스토그램

ecdf(b.samples/a.samples)

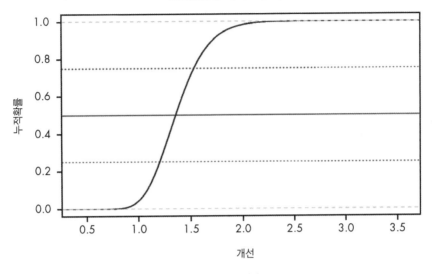

그림 15-4 가능한 개선의 분포

이제 결과를 좀 더 명확하게 볼 수 있다. 실제로 A가 더 나을 가능성은 아주 작고, 더 낫다 하더라도 별로 크지 않을 것이다. 또한 변형 B가 A에 비해 50% 이상 개선될 가능성은 약 25%라는 것을 알 수 있고, 심지어 전환율이 두 배 이상일 가능성도 있음을 알 수 있다. 이제 A 대신 B를 선택하는 데 있어서 "B가 20% 더 나빠질 가능성은 100% 좋아질 확률과 거의 같다"고 말함으로써 실제로 위험에 대해 추론할 수 있다. "B와 A 사이에 통계학적으로 유의미한 차이가 있다"보다 우리의 지식을 훨씬 더 잘 설명하는 것 같다.

마무리

15장에서 모수 추정이 자연스럽게 가설 검정으로 확장되는 방법을 살펴봤다. 검정하고자 하는 가설이 "변형 B가 변형 A보다 우수한 전환율을 갖는다"라면 먼저 각 변형의 가능한 전환율에 대해 모수 추정부터 시작한다. 이러한 추정치를 알게 되면 몬테카를로 시뮬레이션을 사용해 샘플링할 수 있다. 이 샘플들을 비교함으로써 가설이 사실일 확률을 얻을 수 있다. 마지막으로 새로운 변형이 이러한 가능한 세계에서 얼마나 잘 수행되는지 살펴보고, 가설이 사실인지 여부뿐만 아니라 얼마나 많은 개선이 있을지 추정함으로써 검정을 한 단계 더 발전시킬 수 있다.

연습 문제

다음 물음에 답해 A/B 테스트 실행을 완전히 이해하는지 확인하자. 답은 부록 C에서 찾아볼 수 있다.

1. 오랜 경험을 가진 마케팅 책임자가 이미지가 없는 변형(B)이 원래 변형과 다르게 작동하지 않을 것이라고 매우 강하게 믿고 있다고 가정하자. 모델에서 이를 어떻게 설명할 수 있을까? 이러한 변화를 구현하고 최종 결론이 어떻게 변경되는지 확인해라.

2. 수석 디자이너는 당신의 결과를 보고 변형 B가 이미지 없이 더 잘 수행할 방법이 없다고 주장한다. 수석 디자이너는 당신이 변형 B의 전환율을 30%보다 20%에 더 가깝다고 가정해야 한다고 생각한다. 이를 위한 솔루션을 구현하고 분석 결과를 다시 검토해라.

3. 95% 확실하다는 것은 가설을 어느 정도 "확신"한다는 것을 의미하는 것으로 가정하자. 또한 테스트에서 보낼 수 있는 이메일의 수에 더 이상 제한이 없다고 가정하자. A에 대한 실제 전환이 0.25이고 B에 대해서는 0.3인 경우, B가 실제로 우수하다는 것을 마케팅 책임자에게 "확신"시키기 위해 얼마나 많은 샘플이 필요한지 살펴봐라. 수석 디자이너에 대해서도 동일하게 살펴봐라. 다음과 같이 R을 사용해 전환 샘플을 생성할 수 있다.

```
true.rate <- 0.25
number.of.samples <- 100
results <- runif(number.of.samples) <= true.rate
```

16

베이즈 요인 및 사후 오즈 소개:
아이디어 경쟁

 15장에서 가설 검정을 모수 추정의 확장으로 볼 수 있음을 살펴봤다. 16장에서는 베이즈 요인이라고 부르는 중요한 수학적 도구와 함께 아이디어를 비교하는 방법을 사용한 가설 검정을 살펴볼 것이다. 베이즈 요인은 하나의 가설을 다른 것과 비교해 타당성을 검증하는 공식이다. 결과는 하나의 가설이 다른 가설보다 몇 배나 더 가능성이 있는지 알려준다.

그런 다음 사전 신념에 베이즈 요인Bayes Factor을 결합해 어떻게 사후 오즈를 도출하는지 살펴볼 것이다. 이는 데이터를 설명하는 데 있어서 하나의 신념이 다른 신념보다 얼마나 강한지 보여준다.

베이즈 정리 재논의

6장에서 다음과 같은 형태의 베이즈 정리를 소개했다.

$$P(H \mid D) = \frac{P(H) \times P(D \mid H)}{P(D)}$$

이 공식은 특별한 이름을 가진 세 가지 부분으로 구성돼 있음을 기억하자.

- $P(H|D)$는 사후확률로, 주어진 데이터를 감안할 때 가설을 얼마나 강하게 믿어야 하는지 알려준다.
- $P(H)$는 데이터를 보기 이전의 사전 신념 또는 가설의 확률이다.
- $P(D|H)$는 가설이 참인 경우 기존 데이터를 얻을 우도이다.

마지막 부분인 $P(D)$는 가설과 무관하게 독립적으로 관찰된 데이터의 확률이다. 사후확률이 0과 1 사이에 정확하게 위치하도록 하기 위해 $P(D)$가 필요하다. 만약 이 모든 정보를 가지고 있다면 관찰한 데이터를 고려할 때 가설을 얼마나 강하게 믿어야 하는지를 정확히 계산할 수 있다. 그러나 8장에서 언급했듯이 $P(D)$는 정의하기가 매우 어려운 경우가 많다. 많은 경우 어떻게 데이터의 확률을 알아낼 수 있을지 명백하지 않다. 또한 두 개의 서로 다른 가설에 대해 상대적인 강도를 비교하는 것에만 관심이 있다면 $P(D)$는 전혀 필요하지 않다.

이러한 이유로 베이즈 정리의 비례 형태를 종종 사용하는데, 이는 $P(D)$를 몰라도 가설의 강도를 분석할 수 있게 하며 다음과 같이 주어진다.

$$P(H \mid D) \propto P(H) \times P(D \mid H)$$

베이즈 정리의 비례 형태는 가설의 사후확률이 사전에 우도를 곱한 것에 비례한다고 말한다. 사후 비율의 공식을 사용해 각 가설에 대한 우도를 곱한 사전 신념의 비율을 조사함으로써 두 개의 가설을 비교할 수 있다.

$$\frac{P(H_1) \times P(D \mid H_1)}{P(H_2) \times P(D \mid H_2)}$$

현재 아는 것은 각각의 가설이 관찰한 데이터를 얼마나 잘 설명하는지에 대한 비율이다. 즉, 비율이 2이면 H_1은 H_2보다 관찰된 데이터를 2배 더 잘 설명하고, 비율이 1/2이면 H_2가 H_1보다 2배 더 잘 설명한다.

사후 비율을 사용해 가설 검정 구축

사후 비율은 사후 오즈$^{posterior\ odds}$를 제공하므로 데이터에 대한 신념 또는 가설을 검증할 수 있다. $P(D)$를 알고 있을 때에도 사후 오즈는 아이디어를 비교할 수 있게 하기 때문에 유용한 도구가 된다. 사후 오즈를 더 잘 이해하고자 사후 비율을 우도 비율 또는 베이즈 요인 그리고 사전확률 비율의 두 부분으로 나눌 것이다. 이것은 우도와 사전확률에 대해 따로따로 추론하는 것을 훨씬 쉽게 만드는 표준적이고도 매우 유용한 관행이다.

베이즈 요인

사후 비율에서 $P(H_1) = P(H_2)$ 즉, 각 가설에 대한 사전 신념이 동일하다고 가정하자. 이 경우 가설에 대한 사전 신념의 비율은 1이므로 공식에서 남는 것은 다음과 같다.

$$\frac{P(D \mid H_1)}{P(D \mid H_2)}$$

이것이 두 가설에 대한 우도의 비율인 베이즈 요인$^{Bayes\ Factor}$이다.

이 식이 무엇을 의미하는지 잠시 생각해보자. 세상에 대한 신념인 H_1을 어떻게 주장할 것인가를 고려할 때 이 신념을 뒷받침하는 증거를 수집하는 것에 대해 생각한다. 따라서 일반적인 주장은 H_1을 지원하는 데이터 집합 D_1을 구축한 다음, 가설 H_2를 지원하는 데이터 집합 D_2를 수집한 친구와 논쟁하는 것이다.

그러나 베이지안 추론에서는 아이디어를 뒷받침할 증거를 수집하는 것이 아니라, 아이디어가 증거를 얼마나 잘 설명하는지 찾고 있는 것이다. 이 비율이 알려주는 것은 다른 사람이 진실이라고 믿는 것과 비교해 우리가 진실이라고 믿는 것을 볼 수 있는 우도이다. 우리의 가설이 경쟁하는 가설보다 세상을 더 잘 설명할 때 승리한다.

그러나 경쟁하는 가설이 우리 가설보다 훨씬 더 많이 데이터를 잘 설명한다면 우리의 신념을 바꿀 때가 된 것인지도 모른다. 여기서 핵심은 베이지안 추론에서는 신념을 뒷받침하는 것에 대해 걱정을 하지 않는다는 것이다. 신념이 관찰한 데이터를 얼마나 잘 지원하는지에 초점을 맞추고 있다. 결국에는 데이터가 우리의 아이디어를 확인시켜주거나 우리의 생각을 바꾸도록 할 수 있다.

사전 오즈

지금까지 각 가설의 사전확률이 동일하다고 가정했다. 그러나 항상 그렇지는 않다. 가능성이 매우 낮은 가설도 데이터를 잘 설명할 수 있다. 예를 들어 핸드폰을 잃어버린 경우 화장실에 두고 왔다는 신념과 외계인이 인간의 기술을 조사하기 위해 가져갔다는 신념은 모두 데이터를 꽤 잘 설명해준다. 그러나 화장실 가설이 훨씬 더 가능성이 높다. 이것이 사전확률의 비율을 고려해야 하는 이유이다.

$$\frac{P(H_1)}{P(H_2)}$$

이 비율은 데이터를 보기 전에 두 가설의 확률을 비교한다. 베이즈 요인과 관련해 사용될 때, 이 비율을 H_1에서의 사전 오즈$^{prior\ odds}$라 하며 $O(H_1)$으로 표기한다. 이 표현은 우리가 검정하고 있는 가설을 얼마나 강하게 (또는 약하게) 믿는지 쉽게 알 수 있게 해주기 때문에 도움이 된다. 결과가 1보다 크면 사전 오즈가 우리의 가설을 선호한다는 의미이고, 1보다 작은 경우에는 우리의 가설에 위배된다는 의미이다. 예를 들어 $O(H_1) = 100$은 어떤 다른 정보도 없이 H_1을 대립 가설보다 100배 더 가능성이 있다고 믿는다는 것을 의미한다. 한편 $O(H_1) = 1/100$은 대립 가설이 우리 가설보다 100배 더 가능성이 높다는 것을 의미한다.

사후 오즈

베이즈 요인과 사전 오즈를 같이 사용하면 사후 오즈를 얻는다.

$$사후\ 오즈 = O(H_1)\frac{P(D\mid H_1)}{P(D\mid H_2)}$$

사후 오즈는 우리의 가설이 대립 가설보다 데이터를 몇 배나 더 잘 설명하는지 나타낸다.

표 16-1에 다양한 사후 오즈 값을 평가하기 위한 몇 가지 지침이 수록돼 있다.

표 16-1 사후 오즈 평가를 위한 지침

사후 오즈	증거의 정도
1 ~ 3	흥미롭지만 결정적이지 않음
3 ~ 20	무엇인가 있는 것 같음
20 ~ 150	H_1에 유리한 강력한 증거
150 ~	압도적인 증거

어떤 아이디어에 대해 우리의 마음을 바꿀 때를 결정하기 위해 이러한 오즈의 상호성을 살펴볼 수 있다.

이러한 값이 유용한 지침 역할을 할 수는 있지만, 베이지안 추론은 여전히 추론의 한 형태이므로 어느 정도 자신의 판단을 사용해야 한다. 친구와 약간의 의견 차이가 있는 경우 사후 오즈 2는 자신감을 갖기에 충분할 수 있다. 그러나 독약을 마시고 있는지 알아내려고 하는 경우에는 100의 사후 오즈도 여전히 완전하게 믿지 못할 수 있다.

다음에는 베이즈 요인을 사용해 신념의 강도를 결정하는 두 가지 예를 살펴보자.

로드된 주사위 테스트

베이즈 요인과 사후 오즈를 가설 검정의 한 형태로 사용할 수 있다. 여기서 각 테스트는 두 가지 아이디어 사이의 경쟁이다. 당신의 친구가 육면 주사위 3개가 들어 있는 가방을 가지고 있고, 1개의 주사위는 절반이 6이 나오도록 가중치가 주어졌다고 가정하자. 나머지 2개는 6이 나올 확률이 1/6인 일반적인 주사위다. 친구가 주사위를 꺼내서 10번 던져 다음과 같은 결과를 얻는다.

$$6, 1, 3, 6, 4, 5, 6, 1, 2, 6$$

이것이 로드된 주사위의 결과인지 아니면 일반 주사위의 결과인지 알고자 한다. 로드된 주사위를 H_1으로, 일반 주사위를 H_2로 사용하자.

베이즈 요인을 파악하는 것부터 시작하자.

$$\frac{P(D \mid H_1)}{P(D \mid H_2)}$$

첫 번째 단계는 관찰된 데이터를 고려해 H_1과 H_2의 우도 또는 $P(D|H)$를 계산하는 것이다. 위의 예제에서 당신의 친구는 4개의 6과 6이 아닌 것이 6개 나왔다. 로드된 주사위의 경우에는 6을 굴릴 확률이 1/2이고 6이 아닌 것을 굴릴 확률이 1/2임을 안다. 이는 로드된 주사위를 사용했을 때 이러한 데이터를 볼 우도는 다음과 같다는 것을 의미한다.

$$P(D \mid H_1) = \left(\frac{1}{2}\right)^4 \times \left(\frac{1}{2}\right)^6 = 0.00098$$

공정한 주사위의 경우 6을 굴릴 확률은 1/6이고 다른 것을 굴릴 확률은 5/6이다. 이것은 주사위가 공정하다는 가설인 H_2에 대해 이러한 데이터를 볼 우도가 다음과 같다는 것을 의미한다.

$$P(D \mid H_2) = \left(\frac{1}{6}\right)^4 \times \left(\frac{5}{6}\right)^6 = 0.00026$$

이제 베이즈 요인을 계산할 수 있는데, 이는 각 가설이 애초에 동등하게 가능성이 있다고 가정할 때(사전 오즈 비율이 1임을 의미), H_1이 H_2보다 우리의 데이터를 얼마나 더 잘 설명하는지를 말해준다.

$$\frac{P(D \mid H_1)}{P(D \mid H_2)} = \frac{0.00098}{0.00026} = 3.77$$

이는 주사위가 로드됐다는 신념인 H_1이 H_2보다 관찰된 데이터를 거의 4배 더 잘 설명한다는 것을 의미한다.

그러나 이는 애초에 H_1과 H_2의 가능성이 동일한 경우에만 해당된다. 하지만 우리는 가방 안에 공정한 두 개의 주사위가 있고 로드된 주사위는 한 개뿐이라는 것을 알고 있다. 이것은 각 가설의 가능성이 똑같지 않음을 의미한다. 가방 안에 있는 주사위의 분포를 기반으로 각 가설에 대한 사전확률은 다음과 같다.

$$P(H_1) = \frac{1}{3}; P(H_2) = \frac{2}{3}$$

이로부터 H_1에 대한 사전 오즈를 계산할 수 있다.

$$\text{사전 오즈} = O(H_1) = \frac{P(H_1)}{P(H_2)} = \frac{\frac{1}{3}}{\frac{2}{3}} = \frac{1}{2}$$

가방 안에 하나의 로드된 주사위와 두 개의 공정한 주사위가 있기 때문에, 로드된 주사위보다 공정한 주사위를 택할 확률이 두 배 더 높다. H_1에 대한 사전 오즈를 사용해 이제 완전한 사후 오즈를 계산할 수 있다.

$$\text{사후 오즈} = O(H_1) \times \frac{P(D \mid H_1)}{P(D \mid H_2)} = \frac{1}{2} \times 3.77 = 1.89$$

초기 우도 비율은 H_1이 H_2보다 거의 4배로 데이터를 잘 설명했음을 보여주지만, 사후 오즈는 H_1이 H_2의 절반밖에 가능성이 없기 때문에 실제로 H_1은 H_2보다 2배 정도 강한 설명에 불과하다는 것을 보여준다.

이로부터 만약 당신이 주사위가 로드됐는지 아닌지에 대해 반드시 결론을 내려야 한다면 최선의 선택은 그것이 로드된 것이라고 말하는 것이다. 그러나 2보다 작은 사후 오즈는 H_1에 유리할 정도로 특별하게 강한 증거는 아니다. 만일 주사위가 로드됐는지 아닌지를 실제로 알고 싶다면 하나의 가설을 지지하는 증거 또는 다른 가설을 지지하는 증거가 더 강한 결정을 내릴 수 있을 정도로 충분할 때까지 주사위를 몇 번 더 던져야 할 것이다.

이제 신념의 강도를 결정하기 위해 베이즈 요인을 사용하는 두 번째 예를 살펴보자.

온라인으로 희귀 질병 자가 진단

많은 사람들이 자신의 증상과 질병을 밤 늦게 온라인으로 검색하면서, 스스로 어떤 이상하고 끔찍한 질병에 걸렸다고 생각하고 공포 속에서 계속 스크린을 보고 있는 자신을 발견한다. 안타깝게도 그들의 분석은 거의 베이지안 추론을 배제하고 있다. 베이지안 추론은 불필요한 불안감을 완화시키는 데 도움이 될 수 있다. 이 예에서 당신 스스로 증상을 찾는 실수를 저질렀고 그 증상에 맞는 두 가지 질병을 발견했다고 가정해보자. 당신은 당황하지 않고 사후 오즈를 사용해 각각의 오즈를 저울질할 것이다.

어느 날 귀가 잘 들리지 않고 한쪽 귀에 울림이 있는 상태로 잠에서 깬다고 가정해보자. 하루 종일 짜증이 났고, 퇴근 후 집에 돌아왔을 때 증상을 일으킬 수 있는 잠재적 원인을 웹에서 찾아보기로 마음먹는다. 열심히 찾아본 후 마침내 두 가지 가능한 가설에 도달하게 된다.

귀지 매복 한쪽 귀에 귀지가 너무 많다. 의사를 빨리 찾아가면 상태가 호전될 것이다.

청신경초종 전정신경의 미엘린초^{myelin sheath}에 종양이 자라고 있어 돌이킬 수 없는 청력 손실을 유발하고 뇌수술을 필요로 할 수도 있다.

둘 중 청신경초종 가능성이 가장 염려된다. 물론 귀지 매복일 수도 있지만 그렇지 않다면? 만약 뇌종양이 있다면? 뇌종양의 가능성이 가장 걱정되기 때문에 이것을 가설 H_1으로 하기로 결정한다. H_2는 한쪽 귀에 귀지가 너무 많다는 가설이다.

사후 오즈가 걱정을 덜어줄 수 있는지 살펴보자.

주사위 예와 같이 먼저 각각의 가설이 참인 경우 이러한 증상을 관찰할 우도를 살펴보고 베이즈 요인을 계산할 것이다. 이는 $P(D|H)$를 계산해야 한다는 것을 의미한다. 난청과 이명이라는 두 가지 증상이 관찰됐다.

청신경초종의 경우 난청 발생 확률은 94%이고 이명 발생 확률은 83%이다. 이는 청신경초종의 경우 난청 및 이명 발생 확률은 다음과 같음을 의미한다.

$$P(D \mid H_1) = 0.94 \times 0.83 = 0.78$$

H_2에 대해서도 똑같이 진행할 것이다. 귀지 매복의 경우 난청 발생 확률은 63%이고 이명 발생 확률은 55%이다. 따라서 귀지 매복의 경우 난청 및 이명이 발생할 우도는 다음과 같다.

$$P(D \mid H_2) = 0.63 \times 0.55 = 0.35$$

이제 베이즈 요인을 살펴볼 수 있는 충분한 정보를 갖고 있다.

$$\frac{P(D \mid H_1)}{P(D \mid H_2)} = \frac{0.78}{0.35} = 2.23$$

이런! 베이즈 요인만 보면 뇌종양에 대한 걱정을 덜어주는 데 별로 도움이 되지 않는다. 우도 비율만 고려한다면 귀지 매복인 경우보다 청신경초종인 경우 이러한 증상을 경험할 가능성이 두 배 이상 높은 것으로 보인다. 다행히 아직 분석이 끝나지 않았다.

다음 단계는 각 가설에 대한 사전 오즈를 결정하는 것이다. 증상은 별도로 하고, 누군가가 각각의 질병을 가질 가능성은 얼마나 될까? 우리는 주어진 질병 각각에 대해 역학적 데이터를 찾을 수 있다. 청신경초종은 희귀한 질환으로 밝혀졌다. 1년에 1,000,000명당 11건이 발생한다. 사전확률은 다음과 같다.

$$P(H_1) = \frac{11}{1,000,000}$$

놀랍게도 귀지 매복은 훨씬 더 흔하며, 1년에 1,000,000명당 37,000건이 발생한다.

$$P(H_2) = \frac{37,000}{1,000,000}$$

H_1에 대한 사전 오즈를 얻으려면 다음 두 가지 사전확률의 비율을 살펴봐야 한다.

$$O(H_1) = \frac{P(H_1)}{P(H_2)} = \frac{\dfrac{11}{1,000,000}}{\dfrac{37,000}{1,000,000}} = \frac{11}{37,000}$$

사전 정보만으로 볼 때, 주어진 예제에서는 청신경초종보다 귀지 매복일 가능성이 약 3,700배 더 높다. 그러나 안도하기 전에 완전한 사후 오즈를 계산해야 한다. 이는 베이즈 요인에 사전 오즈를 곱하는 것을 의미한다.

$$O(H_1) \times \frac{P(D \mid H_1)}{P(D \mid H_2)} = \frac{11}{37,000} \times 2.23 = \frac{245}{370,000}$$

이 결과는 H_2가 H_1보다 약 1,510배 더 가능성이 높다는 것을 보여준다. 드디어 간단한 귀 청소를 위해 아침에 의사를 방문하면 이 모든 것이 해결될 수 있다는 것을 알고 안도할 수 있다.

일상적인 추론에서는 무서운 상황의 확률을 과대평가하기 쉽지만, 베이지안 추론을 사용하면 위험을 세분화해서 실제로 발생할 가능성이 얼마나 되는지 확인할 수 있다.

마무리

16장에서는 베이즈 요인과 사후 오즈를 사용해 두 개의 가설을 비교하는 방법을 배웠다. 베이즈 요인은 신념을 뒷받침하기 위해 데이터를 제공하는 것에 초점을 맞추기보다는 신념이 관찰한 데이터를 얼마나 잘 뒷받침하는지를 테스트한다. 그 결과는 하나의 가설이 다른 가설보다 데이터를 얼마나 더 잘 설명하는지 나타내는 비율이다. 대체적인 신념보다 데이터를 더 잘 설명할 때 그 결과를 사전 신념을 강화하는 데 사용할 수 있다. 그에 반해 결과가 반대일 경우 마음을 바꾸는 것을 고려할 수 있다.

연습 문제

다음 물음에 답해 베이즈 요인과 사후 오즈를 완전히 파악했는지 확인하자. 답은 부록 C에서 찾아볼 수 있다.

1. 주사위 문제로 돌아가 당신의 친구가 실수를 했고 실제로 두 개의 로드된 주사위

와 한 개의 공정한 주사위가 있다는 것을 갑자기 깨달았다고 가정하자. 이것이 우리의 문제에 대해 사전과 사후 오즈를 어떻게 변화시킬까? 던지고 있는 주사위가 로드된 주사위라고 더 확실하게 믿을 수 있을까?

2. 희귀 질병 예제로 돌아가자. 의사를 찾아가서 귀를 깨끗이 한 후에도 증상이 지속된다는 것을 알았다고 가정하자. 더 안 좋은 것은 현기증이라는 새로운 증상이다. 의사는 미로염이라는 또 다른 가능성을 제안한다. 미로염은 98%가 현기증을 수반하는 내이inner ear의 바이러스 감염이다. 그러나 청력 손실과 이명은 이 질병에서 덜 일반적이다. 청력 손실은 30%, 이명은 28%만 발생한다. 현기증도 청신경종양의 가능한 증상이지만 49%의 경우에만 발생한다. 일반적으로 매년 1,000,000명당 35명이 미로염에 걸린다. 당신이 미로염에 걸렸다는 가설과 청신경초종에 걸렸다는 가설을 비교할 때 사후 오즈는 얼마일까?

17

⟨트와일라잇 존⟩에서의 베이지안 추론

16장에서는 베이즈 요인과 사후 오즈를 사용해 하나의 가설이 대립 가설보다 몇 배나 더 나은지 알아봤다. 이러한 베이지안 추론 도구는 단순히 아이디어를 비교하는 것은 물론이고 그 이상의 것을 할 수가 있다. 17장에서는 베이즈 요인과 사후 오즈를 사용해 가설을 뒷받침하기 위해 필요한 증거의 양을 정량화할 것이다. 또한 특정 가설에 대한 다른 사람의 사전 신뢰의 강도를 추정하는 방법도 살펴볼 것이다. 클래식 TV 시리즈인 ⟨트와일라잇 존(Twilight Zone)⟩의 유명한 에피소드를 사용해 이 모든 작업을 수행할 것이다.

⟨트와일라잇 존⟩에서의 베이지안 추론

⟨트와일라잇 존⟩에서 내가 가장 좋아하는 에피소드 중 하나는 '닉 오브 타임The Nick of Time'이다. 이 에피소드에서 갓 결혼한 젊은 부부인 돈Don과 팻Pat은 정비공이 차를 수리하는 동안 작은 마을의 어느 식당에서 기다린다. 식당에서 그들은 미스틱 시어Mystic Seer라고 부르는 점쟁이 기계fortune-telling machine를 발견하는데, 1페니를 넣을 때마다 질문에 대해 "예" 또는 "아니오"를 답하는 카드를 내뱉는다.

미신을 많이 믿는 돈은 미스틱 시어에게 질문들을 한다. 기계가 올바르게 응답하자

돈은 기계의 초자연적인 힘을 믿기 시작한다. 그러나 팻은 미스틱 시어가 계속해서 정확한 답을 제공함에도 기계의 힘에 회의적이다.

돈과 팻은 동일한 데이터를 보고 있지만 결론은 서로 다르다. 동일한 증거가 주어졌을 때 왜 그들이 다르게 추론하는지 어떻게 설명할 수 있을까? 베이즈 요인을 사용하면 두 사람이 데이터에 대해 어떻게 생각하는지 더 깊이 이해할 수 있다.

베이즈 요소를 사용해 미스틱 시어 이해하기

에피소드에서 두 가지 경쟁 가설을 갖는다. 하나의 가설은 다른 가설의 부정이므로 그들을 H와 $\bar{H}$(또는 not H)로 표현하자.

H 미스틱 시어가 진정으로 미래를 예측할 수 있다.
$\bar{H}$ 미스틱 시어가 운이 좋았을 뿐이다.

이 경우 우리의 데이터 D는 미스틱 시어가 제공하는 n개의 정답이다. n이 클수록 H에 유리한 증거가 강해진다. 〈트와일라잇 존〉 에피소드에서 주요 가정은 미스틱 시어가 매번 정확하다는 것이다. 문제는 "이 결과가 초자연적인 것인지 아니면 단순히 우연인 것인지"이다. 데이터 D는 항상 n개의 정확한 답을 나타낸다. 이제 각각의 가설이 주어진 상태에서 우리의 데이터를 얻을 우도 및 확률을 평가할 수 있다.

$P(D|H)$는 미스틱 시어가 미래를 예측할 수 있다는 것을 전제로 n개의 정답을 연속으로 얻을 확률이다. 질문 수에 상관없이 우도는 항상 1일 것이다. 미스틱 시어가 초자연적이면 하나의 질문을 하든 수천 개의 질문을 하든 상관없이 항상 정답을 제공하기 때문이다. 물론 이것은 미스틱 시어가 하나의 답을 틀리게 되면 이 가설의 확률이 0으로 떨어질 것이라는 의미이기도 하다. 그 이유는 점쟁이 기계는 절대로 틀리게 추측하지 않을 것이기 때문이다. 이 경우 미스틱 시어가 90% 정확하다는 것과 같은 더 약한 가설을 생각해내고 싶을 수도 있다. 19장에서 비슷한 문제를 살펴볼 것이다.

$P(D|\bar{H})$는 미스틱 시어가 랜덤으로 답을 제공하는 경우 연속해서 n개의 정답을 얻을 확률이다. 여기에서 $P(D|\bar{H})$는 0.5^n이다. 즉, 기계가 단순히 추측만 하고 있다면 정확하게

대답할 확률은 0.5이다.

　이 가설들을 비교하기 위해 두 개의 우도 비율을 살펴보자.

$$\frac{P(D\,|\,H)}{P(D\,|\,\overline{H})}$$

　상기하자면 이 비율은 두 가설의 가능성이 동일하다고 가정할 때 H와는 대조적으로 H를 기반으로 데이터가 몇 배나 더 많은 가능성을 나타내는지 측정한다. 이제 이 아이디어가 어떻게 비교되는지 살펴보자.

베이즈 요인 측정

16장에서 했던 것처럼 일시적으로 사전 오즈의 비율을 무시하고 우도의 비율 또는 베이즈 요인을 비교하는 데 집중할 것이다. (당분간은) 미스틱 시어가 단순히 운이 좋은 것과 마찬가지로 초자연적일 가능성이 동등하다고 가정하자.

　이 예에서 분자 $P(D|H)$는 항상 1이므로 임의의 n의 값에 대해 베이즈 요인은 다음과 같다.

$$BF = \frac{P\left(D_n\,|\,H\right)}{P\left(D_n\,|\,\overline{H}\right)} = \frac{1}{0.5^n}$$

　미스틱 시어가 지금까지 세 개의 정답을 제공했다고 가정하자. 이때 $P(D_3|H) = 1$이고 $P(D_3|\overline{H}) = 0.5^3 = 0.125$이다. 분명히 H가 데이터를 더 잘 설명하지만 어느 누구도 확실하게 (미신을 믿는 돈조차도) 세 개의 정확한 데이터만으로는 확신하지 못할 것이다. 사전 오즈가 동일하다고 가정할 때, 세 개의 질문에 대한 베이즈 요인은 다음과 같다.

$$BF = \frac{1}{0.125} = 8$$

　사후 오즈를 평가하기 위해 사용했던 표 16-1과 동일한 지침을 사용해, 표 17-1과 같이 (각 가설의 가능성이 동등하다고 가정할 경우) 베이즈 요인을 평가할 수 있다. 보다시피 베이즈 요인(BF) 8은 결정적인 것과는 거리가 멀다.

표 17-1 베이즈 요인 평가 지침

BF	증거의 정도
1 ~ 3	흥미롭지만 결정적이지 않음
3 ~ 20	무엇인가 있는 것 같음
20 ~ 150	H_i에 유리한 강력한 증거
150 ~	H_i에 유리한 압도적인 증거

3개의 질문에 정확하게 대답했고 BF = 8이므로 미스틱 시어의 힘에 대해 아직 확신할 수는 없다 하더라도 적어도 호기심은 가져야 한다.

그러나 에피소드에서는 이 시점에 이미 돈은 미스틱 시어가 매우 초능력적이라는 것을 꽤 확신하고 있는 것 같다. 돈이 그것을 확신하는 데는 4개의 정확한 답만 있으면 된다. 반면 팻은 가능성을 진지하게 고려하기 시작하기 위해서는 14개의 질문이 필요하며, 결과적으로 베이즈 요인은 16,384로 팻이 필요로 하는 것보다 훨씬 많은 증거가 있어야 한다.

하지만 베이즈 요인을 계산한다고 해서 돈과 팻이 왜 증거에 대해 서로 다른 신뢰를 형성하는지는 설명되지 않는다. 이유가 무엇일까?

사전 신뢰의 처리

모델에서 누락된 요소는 가설에 대한 각 캐릭터의 사전 신뢰다. 돈은 미신을 매우 믿는 반면, 팻은 회의적이라는 것을 기억하자. 분명히 돈과 팻은 그들의 모델에 추가적인 정보를 사용하고 있다. 각각 서로 다른 강도로 결론에 도달하고 매우 다른 시간을 필요로 하기 때문이다. 이것은 일상적인 추론에서 상당히 흔하다. 정확히 동일한 사실에 대해 두 사람은 종종 다르게 반응한다.

추가 정보가 없는 경우, 단순히 $P(H)$와 $P(H)$의 초기 오즈를 고려해 이 현상을 모델링할 수 있다. 16장에서 보았듯이 이것을 사전 오즈 비율^{prior odds ratio}이라고 부른다.

$$\text{사전 오즈} = O(H) = \frac{P(H)}{P(\overline{H})}$$

베이즈 요인과 관련된 사전 신뢰의 개념은 사실 매우 직관적이다. 우리가 〈트와일라잇 존〉에서 식당으로 걸어들어가 내가 당신에게 "미스틱 시어가 초능력적일 오즈는 얼마일까?" 하고 물으면, 당신은 "어~ 백만분의 일! 초능력적일 리가 없어"라고 대답할지도 모른다. 이것을 수학적으로 다음과 같이 표현할 수 있다.

$$O(H) = \frac{1}{1,000,000}$$

이제 사전 신뢰를 데이터와 결합해보자. 이를 위해 관찰한 데이터가 주어진 상태에서 사전 오즈와 우도 비율의 결과를 곱해 가설에 대한 사후 오즈를 얻을 것이다.

$$\text{사후 오즈} = O(H \mid D) = O(H) \times \frac{P(D \mid H)}{P(D \mid \overline{H})}$$

미스틱 시어가 초능력적일 가능성이 백만분의 일밖에 없다는 것을 생각하면 특별한 증거를 보기 전에는 매우 강하게 회의적이다. 베이지안 접근법은 이러한 회의론을 상당히 잘 반영한다. 만약 당신이 미스틱 시어가 초능력적이라는 가설이 처음부터 전혀 가능성이 없다고 생각한다면, 신념을 바꾸기까지 훨씬 더 많은 데이터를 필요로 할 것이다. 미스틱 시어가 5개의 정답을 제공한다고 가정하자. 베이즈 요인은 다음과 같다.

$$\text{BF} = \frac{1}{0.5^5} = 32$$

베이즈 요인 32는 미스틱 시어가 정말로 초자연적이라는 합리적인 강한 신뢰다. 그러나 회의적인 사전 오즈를 추가해 사후 오즈를 계산하면 다음과 같은 결과를 얻는다.

$$\text{사후 오즈} = O(H \mid D_5) \times \frac{P(D_5 \mid H)}{P(D_5 \mid \overline{H})} = \frac{1}{1,000,000} \times \frac{1}{0.5^5} = 0.000032$$

사후 오즈는 기계가 초능력적일 가능성은 거의 없다는 것을 말해준다. 이 결과는 우리의 직관과 상당히 일치한다. 다시 말하지만, 처음부터 가설을 확실하게 믿지 않는 경우에는 틀리다는 것을 설득하기 위해서 많은 증거가 필요하다.

사실 거꾸로 작업하면 사후 오즈는 H를 믿기 위해 얼마나 많은 증거가 필요한지를 파악하는 데 도움을 줄 수 있다. 사후 오즈 2로 초능력적인 가설을 고려하기 시작할 것이다. 따라서 2보다 큰 사후 오즈에 대해 해결한다면 당신을 설득하기 위해 무엇이 필요한지 결정할 수 있다.

$$\frac{1}{1,000,000} \times \frac{1}{0.5^n} > 2$$

n에 대해 가장 가까운 정수를 구하면 다음과 같다.

$$n > 21$$

21개의 정답이 연속으로 나오면 강한 회의론자일지라도 미스틱 시어가 사실 초능력적일 수도 있다고 생각하기 시작할 것이다.

따라서 사전 오즈는 우리의 배경을 바탕으로 무엇인가를 얼마나 강하게 믿는지를 알려주는 것 이상으로 훨씬 많은 일을 할 수 있다. 사전 오즈는 가설을 확신하기 위해 얼마나 많은 증거가 필요한지 정확하게 정량화하는 데 도움을 줄 수 있다. 반대의 경우도 마찬가지이다. 21개의 정답이 연속으로 주어졌을 때 만약 당신이 H를 강하게 믿는 자신을 발견한다면 사전 오즈를 약화시키고 싶을 수도 있다.

자신의 초능력 개발

지금까지 H에 대한 사전 신뢰를 바탕으로 가설을 비교하고 H를 확신시키는 데 얼마나 많은 유리한 증거를 필요로 하는지 계산하는 방법을 배웠다. 이제 사후 오즈로 할 수 있는 또 하나의 방법을 살펴볼 것이다. 증거에 대한 반응을 바탕으로 돈과 팻의 사전 신뢰를 정량화하는 것이다.

돈과 팻이 식당에 처음 들어갔을 때 미스틱 시어가 초능력적일 가능성을 얼마나 강하게 믿는지 정확하게 알지 못한다. 그러나 돈이 미스틱 시어의 초능력을 확신하기까지 7개의 정확한 질문이 필요하다는 것을 알고 있다. 이 시점에서 돈의 사후 오즈를 150으로 추정할 것이다. 이는 표 17-1에 따르면 매우 강한 신뢰의 임곗값이다. 이제 해결해야 할 $O(H)$를 제외하고 알고 있는 모든 것을 사용할 수 있다.

$$150 = O(H) \times \frac{P(D_7 \mid H)}{P(D_7 \mid \overline{H})} = O(H) \times \frac{1}{0.5^7}$$

$O(H)$를 구하면 다음과 같다.

$$O(H)_{\text{돈}} = 1.17$$

우리가 지금 가지고 있는 것은 돈의 미신적 신뢰에 대한 정량적 모델이다. 돈의 초기 오즈 비율이 1보다 크기 때문에, 데이터를 수집하기도 전에 돈은 미스틱 시어가 초능력적이라는 것을 믿지 않으려는 것보다는 약간 더 의욕적으로 식당으로 들어간다. 물론 이것은 돈의 미신적인 성격을 고려할 때 가능하다.

이제 팻의 경우를 보자. 14개의 정답이 나올 때 팻은 미스틱 시어를 "멍청한 쓰레기 조각"이라고 부르면서 긴장하기 시작한다. 미스틱 시어가 초능력적일 수도 있다고 의심하기 시작하지만 팻은 아직 돈만큼 확실하지는 않다. 팻의 사후 오즈를 5로 추정할 것이다. 이는 "미스틱 시어가 초능력적인 힘을 가지고 있을지도 모른다"고 생각하기 시작하는 시점이다. 이제 같은 방법으로 팻의 신뢰에 대한 사후 오즈를 구할 수 있다.

$$5 = O(H) \times \frac{P(D_{14} \mid H)}{P(D_{14} \mid \overline{H})} = O(H) \times \frac{1}{0.5^{14}}$$

$O(H)$를 구하면, 팻의 회의론에 대해 다음과 같이 모델링할 수 있다.

$$O(H)_{\text{팻}} = 0.0003$$

즉, 식당으로 들어가는 팻은 시어가 초능력적일 가능성이 약 1/3,000이라고 주장할 것이다. 다시 말하지만 이것은 우리의 직감에 해당된다. 팻은 점쟁이 기계가 돈과 팻이 음식을 기다리는 동안 즐기는 재미있는 게임에 불과하다는 매우 강한 신뢰를 가지고 시작한다.

위에서 설명한 것을 주목하자. 확률 규칙을 사용해 누군가의 신뢰에 대해 정량적 진술을 제시했다. 본질적으로 독심술사가 됐다.

마무리

17장에서는 문제를 확률적으로 추론하기 위해 베이즈 요인과 사후 오즈를 사용하는 세 가지 방법을 살펴보고 16장에서 배운 내용을 다시 확인하는 것으로 시작했다. 두 가지 아이디어를 비교하는 방법으로 사후 오즈를 사용할 수 있다는 것이다. 그런 다음 하나의 가설과 다른 가설의 오즈에 대해 사전 신뢰를 알면 신뢰를 변화시키기 위해 얼마나 많은 확실한 증거가 필요한지 정확하게 계산할 수 있다는 것을 알았다. 마지막으로 사후 오즈를 사용해 납득시키기까지 얼마나 많은 증거가 필요한지 살펴봄으로써 각 개인의 사전 신뢰에 대해 값을 부여했다. 결국 사후 오즈는 단순히 아이디어를 테스트하는 방법 이상의 것이다. 그것은 불확실성 속에서 추론에 대한 사고의 틀을 제공한다.

이제 베이지안 추론의 "신비한" 힘을 사용해 다음 연습 문제에 답할 수 있다.

연습 문제

다음 물음에 답해 누군가에게 가설을 납득시키고, 다른 사람의 사전 신뢰의 강도를 추정하는 데 필요한 증거의 양을 정량화하는 방법을 완전히 파악했는지 확인하자. 답은 부록 C에서 찾아볼 수 있다.

1. 친구와 함께 영화를 볼 때마다 동전을 던져 누가 영화를 선택할 것인지 결정한다. 당신 친구는 매주 금요일마다 10주 동안 동전의 앞면을 선택한다. 당신은 동전이 앞면과 뒷면으로 있는 것이 아니라 앞면만 두 개라는 가설을 가정한다. 동전이 공

정하다는 가설에 대해 속임수 동전이라는 가설에 관한 베이즈 요인을 설정해라. 이 비율은 당신의 친구가 당신을 속이고 있는지 여부에 대해 무엇을 암시하고 있을까?

2. 이제 세 가지 경우를 상상해보자. 세 가지 경우는 "당신의 친구는 약간 장난을 잘 치는 사람이다", "당신의 친구는 대부분 정직하지만 때로는 교활할 수 있는 사람이다", "당신의 친구는 매우 신뢰할 수 있는 사람이다"와 같다. 각각의 경우, 가설에 대한 사전 오즈 비율을 추정하고 사후 오즈를 계산해라.

3. 당신의 친구를 매우 신뢰한다고 가정하자. 1/10,000을 사전 오즈로 할 때, 사후 오즈 1과 같이 동전이 공정하다는 것을 의심하기까지 몇 번이나 동전의 앞면이 나와야 할까?

4. 당신의 또 다른 친구도 이 친구와 어울리면서 4주 동안 동전이 모두 앞면이 나온 후에, 두 사람 모두 속고 있다는 것을 확신하게 된다. 이러한 자신감은 약 100의 사후 오즈를 의미한다. 친구가 속이고 있다는 다른 친구의 사전 신뢰에 어떤 값을 부여하겠는가?

18

데이터가 확신을 주지 못할 때

17장에서 베이지안 추론을 사용해 〈트와일라잇 존〉의 한 에피소드로부터 두 가지 가설을 추론했다.

- H 점치는 미스틱 시어는 초능력적이다.
- H 점치는 미스틱 시어는 초능력적인 것이 아니라 운이 좋은 것이다.

또한 사전 오즈 비율의 변화를 통해 회의적인 정도를 설명하는 방법을 배웠다. 당신도 나처럼 미스틱 시어가 절대적으로 초능력적이 아니라고 믿는다면 사전 오즈를 1/1,000,000과 같이 극도로 작게 설정할 수 있다.

그러나 개인적인 회의 정도에 따라 오즈 비율 1/1,000,000조차도 시어의 힘을 납득하기에 충분하지 않다고 느낄 수도 있다.

아마 매우 회의적인 사전 오즈에서도, 미스틱 시어가 초능력적이라고 믿는 것을 천문학적으로 찬성했음을 암시하는 1,000개의 정확한 답을 시어로부터 얻은 후에도 여전히 초자연적인 힘을 믿지 않을 수 있다. 단순하게 사전 오즈를 극단적으로 만들어서 이것을 표현할 수 있지만, 실제로 어떤 양의 데이터도 미스틱 시어가 초능력적이라는 것을 납득시키지 못하기 때문에 개인적으로 이 솔루션이 만족스럽지 못하다고 생각한다.

18장에서는 데이터가 우리가 기대하는 만큼 사람들을 납득시키지 못하는 문제에 대해 좀 더 깊이 살펴볼 것이다. 현실에서는 이러한 상황이 상당히 흔하다. 휴일 저녁 식사 때 친척과 논쟁을 벌인 사람이라면 누구나 당신이 모순된 증거를 더 많이 제시할수록 친척들은 그들의 기존 신념을 더 확신하는 것처럼 보인다는 것을 종종 느꼈을 것이다. 베이지안 추론을 완전하게 이해하기 위해서는 이러한 상황이 발생하는 이유를 수학적으로 이해할 수 있어야 한다. 이것은 통계 분석에서 그들을 식별하고 피하는 데 도움이 될 것이다.

주사위 던지기와 초능력적인 친구

당신의 친구가 자신이 초능력자이기 때문에 6면체 주사위를 굴려서 결과를 90% 정확하게 예측할 수 있다고 주장한다고 가정하자. 당신은 이 주장이 믿기 어렵다고 생각하므로 베이즈 요인을 사용해 가설 검증을 시작하기로 한다. 미스틱 시어 예제처럼 비교하고자 하는 가설은 두 개다.

$$H_1 : P(정확) = \frac{1}{6} \qquad H_2 : P(정확) = \frac{9}{10}$$

첫 번째 가설인 H_1은 주사위가 공정하고 당신의 친구가 초능력자가 아니라는 당신의 신념을 나타낸다. 주사위가 공정하다면 결과를 정확하게 예측할 가능성은 1/6이다. 두 번째 가설 H_2는 주사위의 결과를 90% 예측할 수 있으므로 9/10 비율을 얻을 수 있다는 당신 친구의 신념을 나타낸다. 다음은 그들의 주장을 테스트하기 위한 일부 데이터가 필요하다. 당신의 친구는 주사위를 10번 던져 9번을 정확하게 결과를 예측한다.

우도 비교

17장에서 자주 봤듯이, 각 가설에 대해 사전 오즈가 동등하다고 가정하고 베이즈 요인부터 살펴볼 것이다. 우도 비율을 다음과 같이 공식화할 것이다.

$$\frac{P(D \mid H_2)}{P(D \mid H_1)}$$

이 결과는 당신 친구가 초능력적이라는 주장이 당신의 가설보다 데이터를 얼마나 더 잘 설명하는지 알려준다. 방정식을 간단하게 하기 위해 "베이즈 요인"을 변수 BF로 사용할 것이다. 당신의 친구가 10회 중 9회를 정확하게 예측했다는 사실을 바탕으로 한 결과는 다음과 같다.

$$BF = \frac{P(D_{10} \mid H_2)}{P(D_{10} \mid H_1)} = \frac{\left(\frac{9}{10}\right)^9 \times \left(1 - \frac{9}{10}\right)^1}{\left(\frac{1}{6}\right)^9 \times \left(1 - \frac{1}{6}\right)^1} = 468{,}517$$

우도 비율은 친구가 초능력적이라는 가설이 친구가 운이 좋다는 가설보다 468,517배 데이터를 더 잘 설명한다는 것을 보여준다. 이것은 조금 염려스럽다. 17장에서 보았던 베이즈 요인 표에 따르면 이는 H_2가 사실이고 당신 친구가 초능력적이라는 것을 거의 확신해야 한다는 것을 의미한다. 초능력적인 힘을 깊게 믿고 있는 사람이 아니라면 무엇인가 매우 잘못된 것 같아 보일 것이다.

사전 오즈 포함

이 책에서 우도만으로 이상한 결과를 얻는 대부분의 경우, 사전확률을 포함하면 문제를 해결할 수 있다. 자신의 가설을 믿는 것만큼 친구의 가설을 강하게 믿지 않기 때문에 우리의 가설에 유리한 강한 사전 오즈를 만드는 것은 합리적이다. 베이즈 요인의 극단적인 결과를 상쇄할 수 있을 정도로 오즈 비율을 높게 설정해 문제가 해결되는지부터 먼저 살펴볼 것이다.

$$O(H_2) = \frac{1}{468{,}517}$$

완전하게 사후 오즈를 계산하면 다시 한 번 당신의 친구가 초능력적이라는 것을 확신하지 못한다는 것을 알게 된다.

$$\text{사후 오즈} = O\left(H_2\right) \times \frac{P\left(D_{10} \mid H_2\right)}{P\left(D_{10} \mid H_1\right)} = 1$$

현재로서는 사전 오즈가 베이즈 요인만을 살펴봤을 때 발생했던 문제로부터 우리를 다시 한 번 구해준 것처럼 보인다.

그러나 친구가 5번 주사위를 더 던져서 5번의 결과를 모두 성공적으로 예측한다고 가정해보자. 당신의 친구가 15번의 주사위를 굴려 14번 정확하게 추측하는 새로운 데이터 세트 D_{15}를 갖는다. 그러고 나서 사후 오즈를 계산하면 우리의 극단적인 사전조차도 별로 도움이 되지 않는 것을 볼 수 있다.

$$\text{사후 오즈} = O\left(H_2\right) \times \frac{P\left(D_{15} \mid H_2\right)}{P\left(D_{15} \mid H_1\right)} = \frac{1}{468,517} \times \frac{\left(\dfrac{9}{10}\right)^{14} \times \left(1 - \dfrac{9}{10}\right)^{1}}{\left(\dfrac{1}{6}\right)^{14} \times \left(1 - \dfrac{1}{6}\right)^{1}} = 4,592$$

추가로 주사위를 5번 더 던지고 기존의 사전을 사용하면 사후 오즈 4,592를 얻는다. 이는 당신의 친구가 정말로 초능력자라는 것을 거의 확신한다는 것을 의미한다.

이전 문제의 대부분에서 정상적인 사전을 추가함으로써 비직관적인 사후 결과를 수정했다. 당신의 친구가 초능력적이라는 것에 대해 상당히 극단적인 사전을 추가했지만, 사후 오즈는 여전히 친구가 초능력적이라는 가설에 강하게 유리하다.

베이지안 추론은 일상적 논리 감각과 일치해야 하므로 이것은 중대한 문제이다. 15회의 주사위 던지기에서 14회의 성공적인 추측은 분명히 매우 드문 일이지만, 많은 사람들에게 이렇게 추측하는 사람을 초능력적이라고 납득시키지는 못할 것이다. 그러나 여기서 무슨 일이 일어나고 있는지에 대해 가설 검정으로 설명할 수 없다면, 그것은 검정에 의존해서 일상적 통계 문제를 해결할 수 없음을 의미할 것이다.

대립 가설 고려

여기서의 문제점은 당신 친구가 초능력자라는 것을 믿고 싶지 않다는 것이다. 만약 당신이 현실에서 이런 상황에 처하게 된다면, 당신은 재빨리 어떤 대안적인 결론에 도달할 것이다. 예를 들어 친구가 특정한 값을 90% 정도 나오게 하는 가중된 주사위를 사용하고 있다고 믿게 될 수도 있다. 이것은 세 번째 가설을 나타낸다. 베이즈 요인은 주사위가 공정하다는 가설 H_1 그리고 친구가 초능력자라는 가설 H_2와 같이 두 가지 가능한 가설만 살펴본다.

지금까지 베이즈 요인은 공정한 주사위 던지는 것을 추측하는 것보다 친구가 초능력자일 가능성이 훨씬 더 높다는 것을 말해준다. 이러한 결과로 인해 주사위가 공정할 가능성은 거의 없다. 세상에 대한 우리 자신의 신념이 H_2가 현실적인 설명이라는 생각을 지지하지 않기 때문에 H_2 대안을 받아들이는 것이 편하지 않다.

가설 검정은 어떤 이벤트에 대해 두 가지 설명만을 비교한다는 것을 이해하는 것이 중요하다. 하지만 종종 가능한 설명이 무수히 많이 존재할 수 있다. 만약 승리 가설이 설득력이 없다면 항상 세 번째 가설을 고려할 수 있다.

승리 가설인 H_2와 주사위가 조작돼 90%가 특정 결과를 얻는 새로운 가설 H_3을 비교할 때 어떤 일이 발생하는지 살펴보자.

H_2에 대한 새로운 사전 오즈인 $O(H_2)'$부터 시작할 것이다($'$는 "비슷하지만 동일하지는 않은"의 의미를 갖는 수학의 일반적인 표기법이다). 이것은 H_2/H_3의 오즈를 나타낼 것이다. 지금은 친구가 실제로 초능력자라는 것보다 친구가 가중된 주사위를 사용하고 있을 가능성이 1,000배 더 높다는 것을 믿는다고 가정할 것이다. (실제 사전은 더 극단적일 수 있지만) 이는 친구가 초능력자일 사전 오즈가 1/1,000임을 의미한다. 새로운 사후 오즈를 다시 살펴보면, 다음과 같은 흥미로운 결과를 얻는다.

$$BF = O(H_2)' \times \frac{P(D_{15} \mid H_2)}{P(D_{15} \mid H_3)} = \frac{1}{1,000} \times \frac{\left(\frac{9}{10}\right)^{14} \times \left(1 - \frac{9}{10}\right)^1}{\left(\frac{9}{10}\right)^{14} \times \left(1 - \frac{9}{10}\right)^1} = \frac{1}{1,000}$$

이 계산에 따르면 사후 오즈는 사전 오즈 $O(H_2)'$와 같다. 이것은 두 개의 우도가 같기 때문에 발생한다. 즉, $P(D_{15} \mid H_2) = P(D_{15} \mid H_3)$이다. 두 가설 모두 각각에 할당된 성공 확률이 같기 때문에 친구가 주사위를 던진 결과를 정확하게 추측할 우도는 가중된 주사위에 대한 우도와 완전하게 일치한다. 이것은 베이즈 요인이 항상 1임을 의미한다.

이러한 결과는 일상적 직관과 상당히 잘 일치한다. 결국 사전 오즈를 차치하고라도 각 가설은 데이터를 똑같이 잘 설명한다. 그것은 데이터를 고려하기 전에, 하나의 설명이 다른 설명보다 훨씬 더 가능성이 높다고 믿는다면 아무리 새로운 증거가 있어도 우리의 마음을 바꾸게 할 수 없다는 것을 의미한다. 따라서 우리가 관찰한 데이터에는 더 이상 문제가 없다. 우리는 단지 그에 관한 더 나은 설명을 발견했을 뿐이다.

이 시나리오에서는 두 개의 가설 모두, 우리가 똑같이 관찰한 것을 설명하고 있으며 이미 H_3가 H_2보다 훨씬 더 가능성 있는 설명이라고 생각하기 때문에 어떤 양의 데이터도 H_2보다 H_3를 믿는 것에 대한 우리의 마음을 바꾸게 할 수 없다. 여기서 흥미로운 것은 전적으로 비이성적인 사전 신념인 경우에도 이러한 상황에 처할 수 있다는 것이다. 어쩌면 당신은 초능력 현상을 강하게 믿고 당신 친구가 지구상에서 가장 정직한 사람이라고 생각할지도 모른다. 이 경우 사전 오즈를 $O(H_2)' = 1,000$으로 만들 수 있다. 만약 당신이 이것을 믿는다면 어떤 양의 데이터도 당신 친구가 가중된 주사위를 사용하고 있다는 것을 당신에게 납득시키지 못할 것이다.

이와 같은 경우에 문제를 해결하기 위해서는 자신의 사전 신념을 기꺼이 바꿔야 한다는 것을 인식하는 것이 중요하다. 정당화할 수 없는 사전 신념을 버리지 않고 싶다면 적어도 당신은 더 이상 베이지안 또는 논리적인 방법으로 추론하지 않는다는 것을 인정해야 한다. 비이성적인 신념을 가지고 있으며 그것을 정당화하기 위해 베이지안 추론을 사용하지 않는다면 모를까.

친척 및 음모론자와의 논쟁

공휴일 저녁 식사 때 정치, 기후 변화 또는 좋아하는 영화에 관해 친척과 논쟁해본 사람은 누구나 두 개의 가설을 비교하는 상황을 직접 경험한 적이 있을 것이다. 두 개의 가설은 모두 (논쟁하는 사람에게) 데이터를 똑같이 잘 설명하고 있고 결국 사전만 남게 된다. 더 많은 데이터를 제공해도 어떤 것도 변화시키지 못하는데 다른 사람의 신념(또는 자신의 신념)을 어떻게 바꿀 수 있을까?

당신 친구가 가중된 주사위를 가지고 있다는 신념과 당신 친구가 초능력자라는 신념을 비교할 때, 친구의 주장에 대한 당신의 신념을 바꾸는 데 더 많은 데이터가 어떤 영향도 미치지 않는다는 것을 우리는 이미 알고 있다. 이는 당신의 가설과 당신 친구의 가설 모두 데이터를 똑같이 잘 설명하기 때문이다. 당신 친구가 자신이 초능력자라는 것을 당신에게 납득시키기 위해서는 당신이 사전 신념을 바꾸게 해야 한다. 예를 들어 당신이 주사위가 가중됐다고 의심하고 있으므로 당신 친구는 당신에게 주사위를 선택하게 제안할 수 있다. 만약 당신이 새로운 주사위를 사서 당신 친구에게 줬고 당신 친구가 계속해서 주사위 던진 결과를 정확하게 예측한다면 당신은 믿기 시작할 것이다. 이와 같은 논리는 두 개의 가설이 데이터를 똑같이 잘 설명하는 문제가 발생할 때마다 유지된다. 이 경우 당신의 사전을 바꿀 수 있는지 확인해야 한다.

당신이 당신 친구를 위해 새로운 주사위를 구입했는데 계속 성공하는 경우에도 당신이 여전히 그들을 믿지 않는다고 가정하자. 이제 당신은 친구가 비밀스러운 던지기 방법을 가지고 있다고 주장한다. 이에 대해 당신 친구는 당신에게 주사위를 던지게 하고 친구는 계속해서 던지는 것을 성공적으로 예측한다. 그래도 여전히 당신은 그들을 믿지 않는다. 이 시나리오에서는 단순히 숨겨진 가설을 넘어 다른 일이 일어나고 있다. 이제 당신은 당신 친구가 완벽하게 속이고 있다는 H_4를 가지고 있고 당신의 마음을 바꾸지 않을 것이다. 이것은 모든 D_n에 대해 $P(D_n \mid H_4) = 1$임을 의미한다. 당신 마음이 바뀌지 않을 것을 기본적으로 고려했기 때문에 베이지안 영역을 벗어난 것이 분명하지만, 당신 친구가 당신을 설득하기 위해 계속 노력하는 경우 수학적으로 어떤 일이 일어나는지 살펴보자.

9번의 정확한 예측과 1번의 틀린 예측 데이터 D_{10}을 사용해 두 개의 설명 H_2와 H_4가 어떻게 경쟁하는지 살펴보자. 이에 대한 베이즈 요인은 다음과 같다.

$$BF = \frac{P\left(D_{10} \mid H_2\right)}{P\left(D_{10} \mid H_4\right)} = \frac{\left(\frac{9}{10}\right)^9 \times \left(1 - \frac{9}{10}\right)^1}{1} = \frac{1}{26}$$

당신은 당신 친구가 속임수를 사용하고 있다는 것 외에 다른 어떤 것도 믿으려 하지 않기 때문에 당신이 관찰하는 것의 확률은 항상 1이고, 앞으로도 그럴 것이다. 당신 친구가 초능력자라고 하는 경우에 예상한 것과 데이터가 정확히 같다 하더라도 우리의 신념이 데이터를 26배나 더 잘 설명한다는 것을 발견한다. 당신의 완고한 마음을 바꾸기로 단단히 결심한 당신 친구는 계속해서 100번을 던져 90개의 올바른 추측과 10개의 틀린 추측을 얻는다. 베이즈 요인은 다음과 같이 매우 이상한 일이 일어나는 것을 보여준다.

$$BF = \frac{P\left(D_{100} \mid H_2\right)}{P\left(D_{100} \mid H_4\right)} = \frac{\left(\frac{9}{10}\right)^{90} \times \left(1 - \frac{9}{10}\right)^{10}}{1} = \frac{1}{131,272,619,177,803}$$

데이터가 당신 친구의 가설을 강하게 뒷받침하는 것처럼 보이지만, 당신은 자신의 신념에 전혀 변함이 없기 때문에 더 자신이 옳다고 확신하게 된다. 우리가 우리의 마음을 전혀 바꿀 생각이 없을 때, 더 많은 데이터는 우리가 옳다는 것을 더 확신시켜줄 뿐이다.

이 패턴은 정치적으로 급진적인 친척과 논쟁을 하는 사람이나 음모론을 강하게 믿는 사람에게는 친숙해 보일 수 있다. 베이지안 추론에서는 적어도 우리의 신념을 반증할 수 있는 것이 필수적이다. 전통적인 과학에서 반증 가능성^{falsifiability}은 어떤 것이 반증될 수 있다는 것을 의미하지만, 베이지안 추론의 경우 가설에 대한 우리의 신념을 줄일 수 있는 어떤 방법이 있어야 한다는 것을 의미한다.

베이지안 추론에서 반증할 수 없는 신념의 위험은 단지 그들이 틀렸다는 것을 증명할 수 없다는 것이 아니라 심지어 모순되는 것처럼 보이는 증거에 의해서도 강화된다는 것이다. 당신 친구가 당신을 설득하기 위해 계속 노력하기보다는 차라리 "당신 마음을 바꾸려면 어떻게 해야 하나요?" 하고 먼저 물었어야 했다. 만약 당신이 아무것도 당신의 마음을 바꿀 수 없다고 대답했다면 당신 친구는 당신에게 더 많은 증거를 제시하지 않는 것이 더 나을 것이다.

따라서 다음에 친척 또는 음모론자와 정치에 대해 논쟁할 때, 당신은 그들에게 "어떤 증거가 당신의 마음을 바꿀 수 있습니까?"라고 물어야 한다. 만약 그들이 이에 대한 해답을 가지고 있지 않다면, 그들의 신념에 대한 확신만 증가시킬 뿐이므로 당신은 더 많은 증거로 당신의 견해를 변호하지 않는 것이 좋다.

마무리

18장에서는 가설 검증이 잘못될 수도 있는 몇 가지 방법을 배웠다. 베이즈 요인이 두 아이디어에 대해 경쟁하지만 테스트할 가치가 있는 똑같이 유효한 다른 가설이 있을 가능성도 꽤 있다.

또 다른 경우는 두 개의 가설이 똑같이 데이터를 잘 설명하는 것이다. 만약 그것이 친구의 초능력적인 힘이나 주사위의 속임수에 의한 것이라면 당신 친구의 정확한 예측을 볼 가능성이 크다. 이 경우 각 가설에 대한 사전 오즈 비율만이 중요하다. 이것은 또한 그러한 상황에서 더 많은 데이터를 얻는 것이 우리의 신념을 절대로 바꾸게 할 수 없다는 것을 의미한다. 그것은 어떤 가설도 다른 가설보다 우위에 있지 않기 때문이다. 이러한 경우 결과에 영향을 미치는 사전 신념을 어떻게 바꿀 수 있을지 고려하는 것이 가장 좋다.

더 극단적인 경우에는 단순히 변화하기를 거부하는 가설을 가질 수도 있다. 이는 데이터에 대해 음모론을 갖는 것과 같다. 이러한 경우에는 더 많은 데이터가 우리의 신념을 바꾸도록 설득하지 못할 뿐만 아니라 실제로는 정반대의 효과를 가져올 것이다. 만약 가설을 반증할 수 없는 경우라면 오히려 더 많은 데이터가 음모에 대해 확신을 갖도록 도움을 줄 것이다.

연습 문제

다음 물음에 답해 베이지안 추론에서 극단적인 사례를 처리하는 방법에 대해 완전히 파악했는지 확인하자. 답은 부록 C에서 찾아볼 수 있다.

1. 두 개의 가설이 데이터를 똑같이 잘 설명할 때, 마음을 바꾸는 한 가지 방법은 사전확률을 공격할 수 있는지 알아보는 것이다. 당신 친구의 초능력적인 힘에 대해 사전 신념을 높일 수 있는 요인 몇 가지는 무엇일까?

2. 플로리다라는 단어를 들으면 사람들은 노인을 떠올리면서 그들의 걷는 속도에 영향을 미친다고 주장하는 실험이 있다. 이를 테스트하기 위해 15명의 학생들로 구성된 두 그룹에게 방을 가로질러 걷게 한다. 한 그룹은 플로리다라는 단어를 듣고 다른 그룹은 듣지 않는다. "H_1 = 그룹은 다른 속도로 움직이지 않는다"이고, "H_2 = 플로리다 그룹은 플로리다라는 단어를 듣기 때문에 더 느리게 걷는다"로 가정하자. 또한 다음과 같이 가정하자.

$$BF = \frac{P(D \mid H_2)}{P(D \mid H_1)}$$

실험 결과 H_2의 베이즈 요인이 19로 나타났다. H_2의 사전 오즈가 더 낮기 때문에 누군가가 이 실험에 납득하지 못한다고 가정하자. 누군가가 확신하지 못하는 것을 설명할 수 있는 사전 오즈는 무엇이며, 확신이 없는 사람을 위해 사후 오즈가 50이 되게 하는 데 BF는 무엇이 필요할까?

이제 사전 오즈가 회의론자의 마음을 바꿀 수 없다고 가정해보자. 플로리다 그룹이 더 느리게 걷는다는 관찰을 설명하는 대체 가설 H_3를 생각해보자. H_2와 H_3가 모두 데이터를 똑같이 잘 설명한다면, H_3를 선호하는 사전 오즈만이 누군가가 H_2에 대해 H_3가 사실이라고 주장하게 만들 수 있으므로, 우리는 이러한 오즈를 줄이기 위해 실험을 재고할 필요가 있다. H_2에 대한 H_3의 사전 오즈를 바꿀 수 있는 실험은 무엇일까?

19

가설 검정에서 모수 추정까지

지금까지 두 가지 가설만을 비교하기 위해 사후 오즈를 사용했다. 그것은 간단한 문제에서는 별로 어려움이 없다. 세 개 또는 네 개의 가설에도 18장에서 했던 것처럼 다중 가설 검정을 수행함으로써 모두 테스트할 수 있다. 하지만 때때로 데이터를 설명하기 위해 가능한 정말 큰 가설 영역을 찾고 싶어 한다. 예를 들어 병 안에 젤리빈(jelly bean)이 얼마나 많이 들어 있는지, 멀리 떨어진 건물의 높이는 얼마인지, 비행기가 도착하는 데 정확하게 얼마나 걸리는지 등을 추측하고 싶을 수 있다. 이 모든 경우 가능한 모든 가설에 대해 가설 검정을 수행하기에는 가능한 가설이 너무 많이 존재한다.

다행히 이러한 시나리오를 다룰 수 있는 기술이 있다. 15장에서 모수 추정 문제를 가설 검정으로 바꾸는 방법을 배웠다. 19장에서는 반대의 경우를 진행할 것이다. 사실상 거의 연속적인 범위의 가능한 가설을 살펴봄으로써 베이즈 요인과 사후 오즈(가설 검정)를 모수 추정의 한 형태로 사용할 수 있다. 이러한 접근 방법을 사용하면 두 개 이상의 가설을 평가할 수 있고 모수 추정을 위한 간단한 프레임워크를 제공할 수 있다.

카니발 게임은 정말 공정한가?

카니발^{carnival} 장소에 있다고 가정하자. 게임을 하는 동안 누군가 작은 플라스틱 오리 웅덩이 근처에서 카니발 종업원과 말다툼하는 것을 발견한다. 호기심 많은 당신은 가까이 다가가 게임 참가자가 "이 게임은 조작됐다! 경품을 받을 확률이 1/2이라고 했는데, 20마리의 오리를 주워서 1개의 경품만 받았다. 내가 보기에는 경품을 받을 확률이 1/20에 불과한 것 같다"라고 소리치는 것을 듣는다.

당신은 이제 확률에 대해 배웠으므로 이러한 주장을 스스로 해결하기로 결정한다. 게임을 더 관찰하면, 베이즈 요인을 사용해서 누가 옳은지 판단할 수 있다고 당신은 종업원과 화가 난 고객에게 설명한다. 당신은 결과를 두 개의 가설로 나누기로 결정한다. H_1은 경품의 확률이 1/2이라는 종업원의 주장을 나타내고 H_2는 경품의 확률이 1/20에 불과하다는 화가 난 고객의 주장을 나타낸다.

$$H_1 : P(경품) = \frac{1}{2}$$

$$H_2 : P(경품) = \frac{1}{20}$$

종업원은 고객이 오리를 줍는 것을 보지 않았고 다른 사람은 아무도 그것을 증명할 수 없기 때문에 고객이 이야기하는 데이터를 사용해서는 안 된다고 주장한다. 당신은 종업원 말이 공정해 보인다고 생각한다. 따라서 당신은 다음 100개의 게임을 보고 데이터로 사용하기로 결정한다. 고객이 100개의 오리를 주운 후 24마리의 오리에서 경품을 받는다는 것을 관찰한다.

이제 베이즈 요인에 대해 생각해보자. 우리는 종업원이나 고객의 주장에 대해 어떤 강한 의견도 가지고 있지 않기 때문에, 아직 사전 오즈나 완전한 사후 오즈 계산에 대해 걱정하지 않을 것이다.

베이즈 요인을 얻으려면 각 가설에 대해 $P(D \mid H)$를 계산해야 한다.

$$P(D \mid H_1) = (0.5)^{24} \times (1 - 0.5)^{76}$$

$$P(D \mid H_2) = (0.05)^{24} \times (1 - 0.05)^{76}$$

개별적으로 이 두 개의 확률은 매우 작지만 우리가 관심을 갖는 것은 비율이다. H_2 / H_1의 비율을 검토하면 그 결과로 고객의 가설이 종업원의 가설보다 얼마나 더 데이터를 잘 설명하는지 알 수 있을 것이다.

$$\frac{P(D \mid H_2)}{P(D \mid H_1)} = \frac{1}{653}$$

베이즈 요인은 종업원의 가설인 H_1이 H_2보다 653배 데이터를 더 잘 설명한다는 것을 말해주며, 이는 종업원의 가설(오리를 주웠을 때 경품을 얻을 확률이 0.5)이 가능성이 더 높다는 것을 의미한다.

이 결과는 곧바로 이상하게 느낄 것이다. 경품을 받을 확률이 정말로 0.5라면 전체 100개의 오리 중에서 24개만 경품을 얻을 확률은 매우 희박해 보인다. 경품을 받을 확률이 실제로 0.5라고 가정할 때 (13장에서 소개한) R의 pbinom() 함수를 사용해 24개 이하의 경품을 받을 확률에 대한 이항분포를 계산할 수 있다.

```
> pbinom(24,100,0.5)
9.050013e-08
```

보다시피 경품의 실제 확률이 0.5일 때 24개 이하의 경품을 받을 확률은 매우 낮다. 이를 십진수 값으로 나타내면 0.00000009050013의 확률을 얻는다. H_1은 무언가 확실히 문제가 있다. 비록 우리가 종업원의 가설을 믿지 않더라도 여전히 고객의 가설보다 데이터를 더 잘 설명한다.

무엇이 문제일까? 앞에서 베이즈 요인만으로 이치에 맞는 답을 주지 않을 때, 주로 사전확률이 중요하다는 사실을 종종 발견했다. 그러나 18장에서 봤듯이 사전확률이 문제의 근본 원인이 아닌 경우도 있다. 이러한 경우에는 어느 쪽에도 강한 의견을 가지고 있지 않기 때문에 다음 식을 사용하는 것이 합리적이다.

$$O\left(\frac{H_2}{H_1}\right) = 1$$

하지만 여기서의 문제는 아마도 카니발 게임에 대해 원래 불신을 갖고 있다는 것일 수 있다. 베이즈 요인의 결과가 종업원의 가설을 매우 강하게 선호하기 때문에, 고객의 가설을 선호하는 사후 오즈를 얻기 위해서는 적어도 653의 사전 오즈가 필요할 것이다.

$$O\left(\frac{H_2}{H_1}\right) = 653$$

이는 게임의 공정성에 대해 정말 깊은 불신을 갖고 있음을 의미한다. 여기에는 사전 이외의 다른 문제가 있을 것이다.

다중 가설 고려

한 가지 분명한 문제는 종업원의 가설이 틀렸다는 것이 직관적으로 명백해 보이지만, 고객의 대체 가설도 옳다고 하기에는 너무 극단적이어서 우리는 두 개의 틀린 가설을 갖게 되는 것이다. 만약 고객이 경품 당첨 확률을 0.05보다 0.2로 생각했다면 어떻게 될까? 이 가설을 H_3으로 하자. 종업원의 가설에 대해 H_3를 테스트하면, 우도 비율의 결과가 크게 달라진다.

$$bf = \frac{P\left(D \mid H_3\right)}{P\left(D \mid H_1\right)} = \frac{(0.2)^{24} \times (1 - 0.2)^{76}}{(0.5)^{24} \times (1 - 0.5)^{76}} = 917,399$$

여기서는 H_3가 H_1보다 데이터를 훨씬 더 잘 설명한다는 것을 알 수 있다. 베이즈 요인이 917,399라면 H_1이 우리가 관찰한 데이터를 최고로 잘 설명한다는 것과는 거리가 멀다는 것을 확신할 수 있다. 첫 번째 가설 검정에서의 문제점은 고객의 신념이 종업원의 신념보다 이벤트에 대해 설명이 훨씬 더 나쁘다는 것이었다. 그렇다고 그것이 종업원이 옳았다는 것을 의미하지는 않는다. 따라서 대체 가설을 제시했을 때, 대체 가설이 종업원의 가설 또는 고객의 가설보다 훨씬 더 나은 추측이라는 것을 확인했다.

물론 문제를 실제로 해결하지는 못했다. 더 나은 가설이 있다면?

R을 사용해 더 많은 가설 검색

가능한 모든 가설을 검색하고 가장 좋은 가설을 선택하는 좀 더 일반적인 솔루션을 찾고자 한다. 이를 위해 R의 seq() 함수를 사용해 H_1과 비교하고자 하는 일련의 가설을 만들 수 있다.

0과 1 사이에서 매번 0.01씩 증가시키면서 가능한 모든 가설을 고려할 것이다. 이는 0.01, 0.02, 0.03 등을 고려한다는 것을 의미한다. 0.01(각 가설을 증가시키는 양)을 dx("가장 작은 변화"를 나타내는 미적분학의 일반적인 표기법)로 하고, dx를 사용해 고려하고 싶은 가능한 모든 가설을 나타내는 hypotheses 변수를 정의할 것이다. 여기서 R의 seq() 함수를 사용해 0과 1 사이에서 매번 dx만큼 값을 증가시키며 각 가설에 대한 값의 범위를 생성한다.

```
dx <- 0.01
hypotheses <- seq(0,1,by=dx)
```

다음은 두 개의 가설에 대한 우도 비율을 계산할 수 있는 함수가 필요하다. bayes.factor() 함수는 2개의 인수를 갖는다. 하나는 분자의 가설에 대해 경품을 얻을 확률인 h_top이고 다른 하나는 경쟁하고 있는 가설(종업원의 가설)인 h_bottom이다. 이를 다음과 같이 설정하자.

```
bayes.factor <- function(h_top,h_bottom){
  ((h_top)^24*(1-h_top)^76)/((h_bottom)^24*(1-h_bottom)^76)
}
```

마지막으로 가능한 모든 가설에 대해 우도 비율을 계산한다.

```
bfs <- bayes.factor(hypotheses,0.5)
```

그런 다음 R의 기본 플로팅 기능을 사용해 이러한 우도 비율이 어떻게 나타나는지 확인한다.

```
plot(hypotheses,bfs, type='l')
```

그림 19-1은 플로팅 결과를 나타낸다.

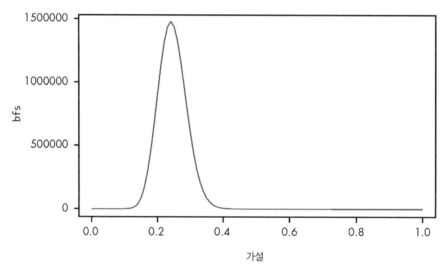

그림 19-1 각 가설에 대한 베이즈 요인 플로팅

이제는 관찰한 데이터에 대해 다양한 설명의 분포를 명확하게 볼 수 있다. R을 사용하면 폭넓은 범위의 가능한 가설을 살펴볼 수 있다. 직선에 있는 각각의 점은 x축에 해당하는 값의 가설에 대한 베이즈 요인을 나타낸다.

또한 벡터 bfs와 함께 max() 함수를 사용하면 베이즈 요인의 가장 큰 값을 확인할 수 있다.

```
> max(bfs)
1.47877610^{6}
```

그런 다음 어떤 가설이 가장 높은 우도 가설에 해당되는지 확인할 수 있고, 어떤 가설을 가장 믿어야 하는지 알려준다. 이렇게 하기 위해서는 다음을 입력한다.

```
> hypotheses[which.max(bfs)]
0.24
```

이제 종업원의 가설과 비교할 때, 확률 0.24에 대한 가설이 가장 높은 우도 비율을 생성하므로, 확률 0.24가 가장 좋은 추측이라는 것을 알 수 있다. 10장에서 데이터에 대해 평균 또는 기댓값을 사용하는 것이 종종 모수 추정을 할 수 있는 좋은 방법이 된다는 것을 배웠다. 여기서는 발생 확률에 따라 추정치를 가늠할 방법이 없기 때문에, 단순히 데이터를 개별적으로 가장 잘 설명하는 가설을 선택했다.

우도 비율에 사전 추가

이제 당신의 결과를 종업원과 고객에게 제시한다고 가정하자. 두 사람 모두 당신의 결과가 꽤 설득력이 있다는 것에 동의하지만, 그때 다른 사람이 당신에게 다가와서 이렇게 말한다. "나는 게임을 만들곤 했는데, 이런 오리 게임을 디자인하는 사람들은 어떤 이상한 상업상의 이유로 결코 경품 당첨률을 0.2와 0.3 사이에 두지 않는다. 실제로 경품 당첨률이 이 범위 안에 있지 않을 오즈는 1,000대 1일 거라고 장담한다. 그것 말고는 전혀 다른 단서는 없다."

이제는 사용하고 싶은 몇 가지 사전 오즈를 가지고 있다. 이전의 게임 제작자가 경품을 얻을 확률에 대한 그의 사전 신념에 대해 확실한 오즈를 주었기 때문에, 이것을 현재의 베이즈 요인 리스트에 곱해서 사후 오즈를 계산할 수 있다. 이를 위해 우리가 가지고 있는 모든 가설에 대해 사전 오즈 비율의 리스트를 만든다. 이전의 게임 제작자가 말했듯이 0.2와 0.3 사이의 모든 확률에 대한 사전 오즈 비율은 1/1,000이어야 한다. 게임 제작자는 다른 가설들에 대해 어떤 의견도 가지고 있지 않기 때문에, 이들에 대한 오즈 비율은 1일 것이다. 벡터 hypotheses를 사용해 오즈 비율의 벡터를 만들기 위해 간단한 ifelse 문장을 사용한다.

```
priors <- ifelse(hypotheses >= 0.2 & hypotheses <= 0.3, 1/1000,1)
```

그런 다음, 다시 plot() 함수를 사용해 사전분포를 표시할 수 있다.

```
plot(hypotheses,priors,type='l')
```

그림 19-2는 사전 오즈 분포를 나타낸다.

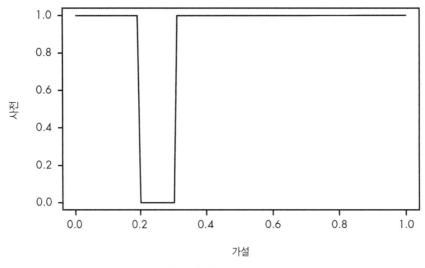

그림 19-2 사전 오즈 비율 시각화

R은 벡터 기반 언어(자세한 내용은 부록 A 참조)이므로, 단순하게 사전에 베이즈 요인을 나타내는 bfs를 곱해서 새로운 사후 벡터를 얻을 수 있다.

258

```
posteriors <- priors*bfs
```

마지막으로, 여러 가설 각각의 사후 오즈에 대한 도표를 그릴 수 있다.

```
plot(hypotheses,posteriors,type='l')
```

그림 19-3은 플로팅한 결과를 보여준다.

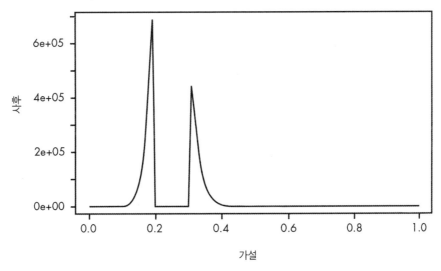

그림 19-3 베이즈 요인의 분포 플로팅

우리가 볼 수 있듯이, 가능한 신념에 대해 매우 이상한 분포를 얻는다. 0.15와 0.2 사이 및 0.3과 0.35 사이의 값들에 대해서는 합리적인 신뢰를 갖지만, 0.2와 0.3 사이의 범위는 매우 가능성이 낮다고 생각한다. 그러나 이 분포는 우리가 오리 게임 제작에 대해 들은 것을 고려할 때, 각 가설에 대한 신념의 강도를 정직하게 표현한 것이다.

이러한 시각화가 도움이 되긴 하지만, 우리는 이 데이터를 정말로 실제 확률분포처럼 취급할 수 있기를 원한다. 그렇게 하면 가능한 가설의 범위를 얼마나 믿는지에 대한 질문을 할 수 있고 우리가 믿을 가설이 무엇인지에 대한 단일 추정치를 얻기 위해 분포의 기대치를 계산할 수도 있다.

확률분포 구축

진정한 확률분포는 가능한 모든 신념의 합이 1과 같은 경우이다. 확률분포를 갖는 것은 경품을 얻을 실제 비율에 대해 좀 더 나은 추정을 하기 위해 데이터의 기대치(또는 평균)를 계산할 수 있게 하는 것이다. 그것은 또한 우리가 신뢰구간 및 다른 유사한 추정치를 도출할 수 있도록 쉽게 값의 범위를 합산할 수 있게 한다.

여기서 문제는 다음 계산에서 볼 수 있듯이 가설에 대한 사후 오즈를 모두 합하면 1과 같지 않다는 것이다.

```
> sum(posteriors)
3.140687510^{6}
```

이것은 사후 오즈를 정규화해 합계가 1이 되도록 해야 함을 의미한다. 그렇게 하기 위해 간단히 벡터 posteriors에 있는 각 값을 모든 값의 합으로 나눈다.

```
p.posteriors <- posteriors/sum(posteriors)
```

이제 p.posteriors 값의 합이 1이 됨을 알 수 있다.

```
> sum(p.posteriors)
1
```

마지막으로 새로운 p.posteriors를 플로팅하자.

```
plot(hypotheses,p.posteriors,type='l')
```

그림 19-4는 플로팅한 결과를 보여준다.

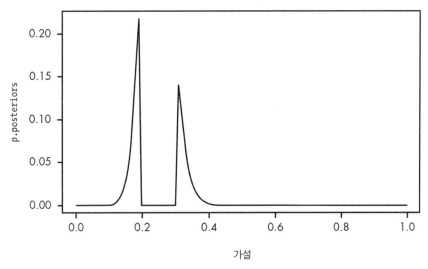

그림 19-4 정규화된 사후 오즈(y축 눈금을 주목)

또한 p.posteriors를 사용해 데이터에 대해 우리가 가질 수 있는 일반적인 질문에 답할 수 있다. 예를 들어 우리는 이제 경품을 얻을 실제 비율이 종업원이 주장한 것보다 적을 확률을 계산할 수 있다. 0.5보다 작은 값에 대한 모든 확률을 합산하면 된다.

```
sum(p.posteriors[which(hypotheses < 0.5)])
> 0.9999995
```

앞에서 알 수 있듯이, 실제 경품 당첨 비율이 종업원의 가설보다 낮을 확률은 거의 1에 가깝다. 즉, 종업원이 실제 경품 당첨 비율을 과장하고 있다고 확신할 수 있다.

분포에 대한 기대치를 계산한 후, 이 결과를 실제 확률에 대한 추정치로 사용할 수 있다. 기대치는 해당 값에 의해 가중된 추정치의 합일 뿐임을 상기하자.

```
> sum(p.posteriors*hypotheses)
0.2402704
```

물론 분포가 약간 비정형적이며 중간에 큰 격차가 있으므로, 다음과 같이 가장 가능성이 높은 추정치를 선택할 수 있다.

```
> hypotheses[which.max(p.posteriors)]
0.19
```

베이즈 요인을 사용해 오리 게임에서 경품을 획득할 수 있는 실제 가능한 비율에 대한 다양한 확률적 추정치를 제시했다. 이는 베이즈 요인을 모수 추정의 한 형태로 사용했음을 의미한다.

베이즈 요인에서 모수 추정까지

잠시 우도 비율만 다시 한 번 살펴보자. 어떤 가설에 대해서도 사전확률을 사용하지 않았을 때, 베이즈 요인이 필요 없이 문제를 해결하기 위한 완벽히 좋은 접근법이 있다고 이미 느꼈을 것이다. 우리는 경품이 있는 오리 24마리와 경품이 없는 오리 76마리를 관찰했다. 이 문제를 해결하기 위해 베타분포를 이용할 수 없을까? 5장 이후로 여러 번 언급했듯이 어떤 이벤트의 비율을 추정하려면 항상 베타분포를 사용할 수 있다. 그림 19-5는 알파 24와 베타 76의 베타분포를 보여준다.

y축의 눈금을 제외하면, 이 플롯은 우도 비율의 원래 플롯과 거의 동일하게 보인다. 사실 몇 가지 간단한 트릭을 사용하면 두 개의 플롯을 거의 일치시킬 수 있다. 베타분포를 dx 크기에 의해 조정하고 bfs를 정규화하면 두 개의 분포가 상당히 가까워지는 것을 볼 수 있다(그림 19-6).

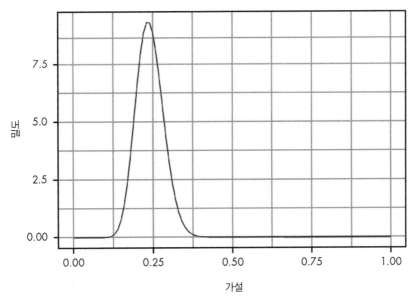

그림 19-5 알파 24와 베타 76의 베타분포

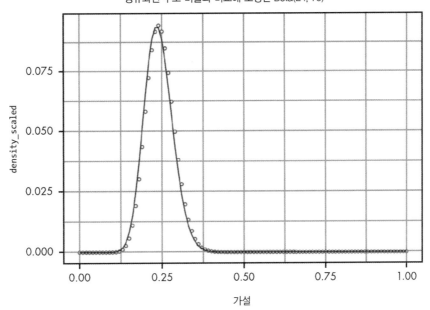

그림 19-6 우도 비율의 초기 분포는 Beta(24, 76)와 상당히 밀접하게 일치한다.

지금은 약간의 차이밖에 나지 않는 것 같다. 경품을 얻는 것과 경품을 얻지 못하는 것의 가능성이 똑같다는 것을 나타내는 가장 약한 사전을 사용해 이를 해결할 수 있다. 즉, 그림 19-7과 같이 알파 및 베타 매개변수 모두에 1을 더하는 것이다.

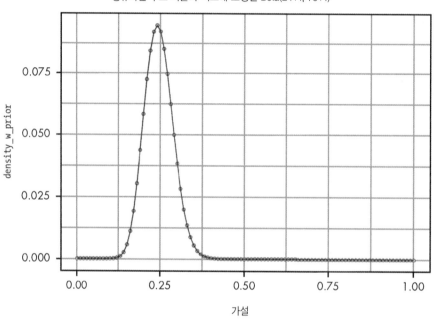

그림 19-7 우도 비율은 Beta(24+1, 76+1) 분포와 완벽하게 일치한다.

이제 두 분포가 완벽하게 일치됐음을 알 수 있다. 5장에서는 기본적인 확률 규칙으로부터 베타분포를 도출하기 어렵다고 언급했다. 그러나 베이즈 요인을 사용해 Beta(1, 1)의 사전을 가정하는 수정된 버전을 경험적으로 다시 생성할 수 있었다. 그리고 어떤 화려한 수학의 사용도 없이 그것을 해냈다. 우리가 해야 할 일은 다음과 같다.

1. 가설을 제시한 증거의 확률을 정의한다.
2. 가능한 모든 가설을 고려한다.
3. 이러한 값들을 정규화해 확률분포를 만든다.

이 책에서는 베타분포를 사용할 때마다 베타분포된 사전을 사용했다. 이것은 우도와 사전 베타분포로부터 알파 및 베타 매개변수를 결합함으로써 사후에 도달할 수 있기 때문에 수학을 조금 더 쉽게 만들었다. 다시 말해 다음과 같다.

$$\text{Beta}(\alpha_{\text{사후}}, \beta_{\text{사후}}) = \text{Beta}(\alpha_{\text{사전}} + \alpha_{\text{우도}}, \beta_{\text{사전}} + \beta_{\text{우도}})$$

그러나 베이즈 요인으로부터 분포를 구축함으로써, 고유한 사전분포를 쉽게 사용할 수 있다. 베이즈 요인은 가설 검정을 설정하는 데 훌륭한 도구일 뿐만 아니라 밝혀진 바와 같이 가설 검정이든 모수 추정이든 상관없이 문제를 해결하기 위해 사용하기를 원하는 확률분포를 만드는 데 필요한 모든 것이다. 우리는 단지 두 가설 사이의 기본적인 비교를 정의할 수 있어야 한다.

15장에서 A/B 테스트와 함께 모수 추정을 가설 검정으로 변환하였다. 19장에서는 가장 일반적인 형태의 가설 검정을 사용해 모수 추정을 수행하는 방법을 살펴봤다. 이러한 두 가지 관련된 통찰을 고려할 때, 확률의 가장 기본적인 규칙만 사용해 해결할 수 있는 확률 문제 유형은 사실상 제한이 없다.

마무리

이제 베이지안 통계의 여행을 마쳤으니 당신은 지금까지 배운 내용의 진정한 아름다움을 느낄 수 있을 것이다. 확률의 기본 규칙으로부터 베이즈 정리를 도출할 수 있는데, 베이즈 정리는 증거가 우리 신념의 힘을 표현하는 진술로 변환할 수 있게 해준다. 베이즈 정리로부터 두 개의 가설이 관찰한 데이터를 얼마나 잘 설명하는지 비교하는 도구인 베이즈 요인을 도출할 수 있다. 가능한 가설들을 반복하고 그 결과를 정규화함으로써 베이즈 요인을 사용해 알 수 없는 값에 대한 모수 추정치를 만들 수 있다. 결과적으로 이것은 추정치를 비교함으로써 수많은 다른 가설 검정을 수행할 수 있게 해준다. 그리고 이러한 모든 힘의 능력을 발휘하기 위해 해야 할 일은 확률의 기본 규칙을 사용해 우도 $P(D \mid H)$를 정의하는 것이다.

연습 문제

다음 물음에 답해 베이즈 요인과 사후 오즈를 사용해 모수 추정에 대해 완전히 파악했는지 확인하자. 답은 부록 C에서 찾아볼 수 있다.

1. 베이즈 요인을 $H_1 : P(경품) = 0.5$로 가정했다. 이를 통해 알파 1과 베타 1인 베타분포 버전을 도출할 수 있었다. H_1에 대해 다른 확률을 선택하면 어떻게 될까? $H_1 : P(경품) = 0.24$로 가정하고 합계가 1이 되도록 정규화한 후 그 결과 분포가 원래 가설과 차이가 있는지 확인해라.

2. 각 가설이 이전 가설보다 1.05배 가능성이 더 높은 분포에 대해 사전을 작성해라 (dx는 똑같이 남아 있다고 가정).

3. 경품을 가진 34마리의 오리와 경품이 없는 66마리의 오리를 포함한 또 다른 오리 게임을 관찰했다고 가정하자. "우리의 예제에서 사용했던 게임보다 이 게임에서 상품 획득할 가능성이 더 높을 확률은 얼마나 될까?"에 대해 답하기 위해 테스트를 어떻게 설정하면 될까? 이를 구현하려면 이 책에서 사용했던 R보다 약간 더 세련된 방법이 필요한데, 조금 더 진보된 베이지안 통계의 모험을 시작하기 위해 당신 스스로 준비가 됐는지 확인해봐라.

A
R의 간단한 소개

이 책에서는 R 프로그래밍 언어를 사용해 까다로운 수학적 작업을 진행한다. R은 통계와 데이터 과학에 특화된 프로그래밍 언어이다. R에 대한 경험이 없거나 일반 프로그래밍 경험이 없어도 걱정하지 않아도 된다. 부록 A를 통해 가능해질 것이다.

R과 RStudio

책에 있는 코드 예제를 실행하려면 R을 컴퓨터에 설치해야 한다. R을 설치하려면 https://cran.rstudio.com/에서 당신이 사용 중인 운영체제의 설치 단계를 따라 하면 된다.

R을 설치한 후, R 프로젝트의 실행을 쉽게 해주는 통합 개발 환경IDE, Integrated Development Environment인 RSudio도 설치해야 한다. www.rstudio.com/products/rstudio/download/에서 RStudio를 다운로드해 설치하자.

RStudio를 시작하면 여러 개의 패널panel이 나타난다(그림 A-1).

그림 A-1 RStudio에서 콘솔 보기

가장 중요한 패널은 가운데에 위치한 커다란 패널로 콘솔^{console}이라 한다. 콘솔에서 책에 있는 예제 코드를 입력하고 ENTER를 눌러 간단히 실행할 수 있다. 콘솔에서는 사용자가 입력한 모든 코드를 즉시 실행하므로 지금까지 작성한 코드를 추적하기가 어렵다.

저장했다가 다시 사용할 수 있는 프로그램을 작성하려면 R 스크립트^{R script}를 사용해야 한다. R 스크립트는 나중에 콘솔로 로드할 수 있는 텍스트 파일이다. R은 대화식 프로그래밍 언어이므로 콘솔을 코드 테스트를 위한 장소로 생각하기보다는 R 스크립트를 콘솔에서 사용할 수 있도록 빠르게 로드하는 도구로 생각하면 된다.

R 스크립트 생성

R 스크립트를 생성하려면 RStudio에서 File › New File › R Script로 이동해라. 그러고 나면

왼쪽 상단에 새로운 빈 패널이 생성된다(그림 A-2).

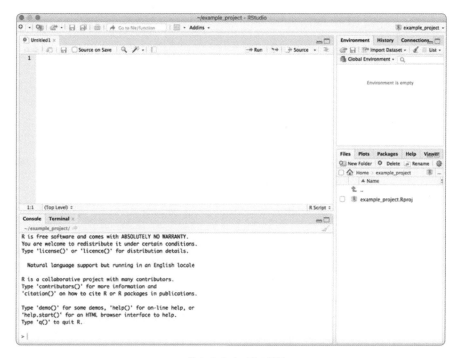

그림 A-2 R 스크립트 생성

이 패널에서 코드를 입력하고 파일로 저장할 수 있다. 코드를 실행하려면 간단하게 패널 오른쪽 상단에 있는 Source 버튼을 클릭하거나 Run 버튼을 클릭해 각각의 행을 실행한다. Source 버튼은 원하는 파일을 직접 입력한 것처럼 자동으로 콘솔로 로드할 것이다.

R의 기본 개념

이 책에서는 R을 고급 계산기처럼 사용할 것이다. 즉, 주어진 문제를 해결하고 스스로 활용할 수 있도록 하는 몇 가지 기본 사항만 이해하면 된다.

자료형

모든 프로그래밍 언어는 서로 다른 유형의 자료형^{Data Types}이 있으며, 서로 다른 목적으로 사용하고 다양한 방식으로 조작할 수 있다. R에는 많은 자료형과 데이터 구조가 있지만, 이 책에서는 극히 일부만 사용할 것이다.

Doubles

R에서 사용하는 숫자는 모두 double(컴퓨터에서 10진수를 나타내는 가장 일반적인 방법인 double-precision floating point의 약어)형이다. double은 10진수를 나타내는 기본 자료형이다. 특별히 지정하지 않는 한, 콘솔에 입력하는 모든 숫자는 double형이다.

표준 수학 연산을 이용해 double 자료형의 숫자를 계산할 수 있다. 예를 들어 + 연산자로 두 개의 숫자를 더한다. 콘솔에서 다음을 시도해보자.

```
> 5 + 2
[1] 7
```

연산자 /는 두 개의 숫자를 나눠서 소수의 결과를 나타낸다.

```
> 5 / 2
[1] 2.5
```

연산자 *는 두 숫자의 값을 곱한다.

```
> 5 * 2
[1] 10
```

또한 ^ 연산자를 사용해 값의 지수를 구한다. 예를 들어 5^2은 다음과 같다.

```
> 5 ^ 2
[1] 25
```

숫자 앞에 -를 붙여 음수로 만든다.

```
> 5 -  -2
[1] 7
```

그리고 e+로 과학적인 표기법을 나타낸다. 따라서 5×10^2은 다음과 같다.

```
> 5e+2
[1] 500
```

e-를 사용하면 5×10^{-2}과 동일한 결과를 얻는다.

```
> 5e-2
[1] 0.05
```

때로는 수가 너무 커서 화면에 표시하지 못할 경우, R은 과학적인 표기법으로 결과를 나타내므로 다음을 알면 유용하다.

```
> 5*10^20
[1] 5e+20
```

문자열

R에서 사용하는 또 하나의 중요한 자료형은 문자열string이며, 텍스트를 나타내는 데 사용되는 문자의 그룹이다. **R**에서는 다음과 같이 따옴표로 문자열을 묶어 사용한다.

```
> "hello"
[1] "hello"
```

문자열 안에 숫자를 넣는 경우, 숫자와 문자열은 다른 자료형이므로 일반적인 수학 연산자를 사용할 수 없다는 것에 유의하자. 예를 들면 다음과 같다.

```
> "2" + 2
Error in "2" + 2: 이항연산자에 수치가 아닌 인수입니다
```

이 책에서는 문자열을 많이 사용하지 않을 것이다. 문자열은 주로 인수를 함수에 전달하고 플롯에 레이블을 제공할 때 사용한다. 하지만 텍스트를 사용하는 경우에 문자열은 중요하다.

논리

논리logical 또는 binary 자료형은 코드에서 TRUE 또는 FALSE를 표현하는 참true 또는 거짓false 값이다. TRUE 와 FALSE는 문자열이 아님에 유의하자. 따라서 따옴표로 묶어 사용하지 않으며 모두 대문자로 표기한다(R에서는 TRUE나 FALSE를 간단하게 T와 F로 사용할 수 있다).

기본적인 논리 연산을 수행하기 위해 &(and) 기호와 |(or) 기호를 사용해 논리 자료형을 결합할 수 있다. 예를 들어 참이면서 동시에 거짓인 것의 결과를 알고 싶으면 다음과 같이 입력한다.

```
> TRUE & FALSE
```

R은 다음을 반환한다.

```
[1] FALSE
```

참이면서 동시에 거짓일 수 없다는 것을 알려준다.

그러나 참이거나 거짓인 경우는 어떨까?

```
> TRUE | FALSE
[1] TRUE
```

문자열처럼 논리값도 이 책에서는 사용할 함수에 인수를 제공하거나, 두 값을 비교하는 결과에만 주로 사용할 것이다.

결측값

실용 통계 및 데이터 과학에서는 종종 데이터에 일부 값이 누락되기도 한다. 예를 들어 한 달 동안 매일 아침과 오후에 온도 측정을 한 데이터를 가지고 있는 경우 어느 날 오전에 무엇인가 오작동을 해 온도 측정 데이터가 빠져 있다고 가정해보자. 결측값^Missing Values 은 매우 일반적이므로 R에서는 NA를 사용해 결측값을 표현하는 특별한 방법을 제공한다. 결측값은 상황에 따라 매우 다른 것을 의미할 수 있으므로 결측값을 처리하는 방법은 중요하다. 예를 들어 강우량을 측정할 때 결측값은 측정기^gause로 보아 비가 오지 않았다는 것을 의미할 수도 있고, 그날 밤 비가 많이 왔으나 기온이 너무 낮아 얼어서 측정기가 깨져 모든 물이 새어 나왔다는 것을 의미할 수도 있다. 첫 번째 경우 결측값은 0을 의미하는 것으로 생각할 수 있지만, 후자의 경우에는 값을 무엇으로 해야 할지 명확하지 않다. 결측값을 다른 값과 구분해 유지하면서 이러한 차이를 고려해야 한다.

결측값을 사용할 때마다 결측값에 대해 깊이 생각할 수 있게 R은 결측값을 사용하는 모든 연산에 대해 NA를 아웃풋으로 한다.

```
> NA + 2
[1] NA
```

조금 후에 살펴보겠지만 R은 다양한 함수에서 서로 다른 방식으로 결측값을 처리한

다. 그러나 이 책에서는 R의 결측값에 대해 걱정할 필요 없다.

벡터

거의 모든 프로그래밍 언어에는 해당 도메인의 문제를 해결하는 데 적합한 특별한 기능이 포함돼 있다. R의 특별한 기능은 R이 벡터 언어라는 것이다. 벡터는 값의 리스트이며, R이 하는 모든 것은 벡터에 대한 연산이다. c(...) 코드를 사용해 벡터를 정의한다(하나의 값만 입력하는 경우에도 R은 동일한 방법으로 수행한다).

벡터가 어떻게 작동하는지 이해하기 위해 예를 살펴보자. 콘솔이 아닌 스크립트 패널에 다음 예제를 입력하고, **Source** 버튼을 클릭해 실행해라. 할당 연산자 <-를 사용하고 변수 x에 벡터 c(1,2,3)을 할당해 새로운 벡터를 생성한다.

```
x  <-  c(1,2,3)
```

벡터가 생성됐으므로 이제 벡터를 사용할 수 있다. x에 3을 더하는 것과 같은 간단한 연산을 콘솔에 입력하면 다소 예상치 못한 결과가 나올 것이다(특히 다른 프로그래밍 언어에 익숙한 경우에는 더욱 더 그렇다).

```
> x + 3
[1] 4  5  6
```

x + 3의 결과는 x 벡터의 각 값에 3을 더하면 어떻게 되는지 알려준다(다른 많은 프로그래밍 언어에서는 이 작업을 수행하기 위해 for 루프를 사용하거나 다른 반복자를 사용해야 한다).

또한 벡터를 서로 더할 수 있다. 각각의 값이 2인 세 개의 원소element가 포함된 새로운 벡터를 생성하고 변수 y에 할당한 후, x와 y를 더하자.

```
> y <- c(2,2,2)
> x + y
[1] 3  4  5
```

위에서 살펴봤듯이, x의 각 원소와 y의 해당 원소를 더해 연산을 수행한다.
두 개의 벡터를 곱하면 어떻게 될까?

```
> x * y
[1] 2 4 6
```

x의 각 원소와 y의 해당 원소의 값을 곱한다. 벡터의 크기가 같지 않거나 주어진 크기의 배수가 아닌 경우 오류가 발생한다. 벡터가 주어진 크기의 배수이면 R은 작은 크기의 벡터를 큰 크기의 벡터에 반복적으로 적용한다. 그러나 이 책에서는 이 기능을 사용하지 않을 것이다.

R은 기존에 있는 벡터를 기반으로 다른 벡터를 정의해 벡터를 쉽게 결합할 수 있다. x와 y를 결합해 벡터 z를 생성하자.

```
> z <- c(x,y)
> z
[1] 1 2 3 2 2 2
```

이 연산은 벡터의 벡터를 제공하는 것이 아니라, 주어진 두 개의 벡터를 설정한 순서대로 양쪽 값을 모두 포함하는 단일 벡터 z를 얻게 한다.

R에서 벡터의 효율적인 사용 방법을 배우는 것은 초보자에게 약간 까다로울 수 있다. 역설적으로 벡터 기반이 아닌 언어의 경험을 가진 프로그래머가 어려움을 느끼는 경우가 종종 있다. 그러나 걱정할 필요 없다. 이 책에서는 벡터를 사용해 코드를 더 쉽게 읽을 수 있게 한다.

함수

함수Function는 값에 대해 특정 작업을 수행하는 코드 블록이며, 문제를 해결하는 데 사용한다.

R과 RStudio에서는 모든 함수에 설명서가 제공된다. 콘솔에서 함수 이름 앞에 ?을 입력하고 ENTER를 누르면 전체 설명서를 볼 수 있다. 예를 들어 Rstudio 콘솔에 ?sum을 입력하면 오른쪽 하단 스크린에 그림 A-3과 같은 설명서가 나타난다.

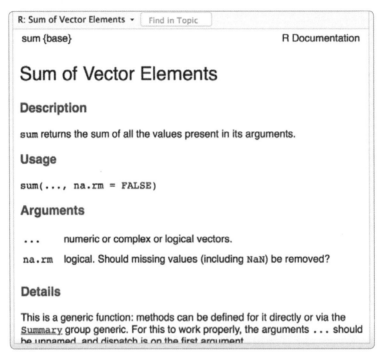

그림 A-3 sum() 함수에 대한 설명서 보기

이 설명서는 sum() 함수의 정의와 사용법의 일부를 제공한다. sum() 함수는 인수로 여러 개의 벡터값을 가져와 서로 더한다. 설명서에서 . . .는 인수로 여러 개의 값이 올 수 있음을 의미한다. 일반적으로 이 값은 숫자로 구성된 벡터이지만 여러 개의 벡터로 구성될 수도 있다.

또한 설명서에 선택적 인수$^{optional\ argument}$인 na.rm = FALSE도 표시돼 있다. 선택적 인수는 실행될 때 함수에 반드시 전달해야 할 필요가 없는 인수이다. 선택적 인수를 전달하지 않으면 R은 인수의 기본값을 사용한다. 결측값을 자동으로 제거하는 na.rm의 경우, 등호 다음에 있는 기본값은 FALSE다. 즉, sum()은 기본값이 결측값을 제거하지 않는 것임을 의미한다.

기본 함수

다음은 R의 가장 중요한 함수들이다.

length() 함수, nchar() 함수

length() 함수는 벡터의 길이를 반환한다.

```
> length(c(1,2,3))
[1] 3
```

벡터에 세 개의 원소가 있기 때문에 length() 함수는 3을 반환한다.

R의 모든 것은 벡터이므로 length() 함수를 사용해 "doggies"와 같은 문자열도 길이를 구할 수 있다.

```
> length("doggies")
[1] 1
```

R은 "doggies"가 하나의 문자열을 포함하는 벡터임을 알려준다.

만약 두 개의 문자열 "doggies"와 "cats"를 입력하면 결과는 다음과 같다.

```
> length(c("doggies","cats"))
[1] 2
```

문자열의 문자 개수를 알기 위해서는 nchar() 함수를 사용한다.

```
> nchar("doggies")
[1] 7
```

c("doggies","cats") 벡터에 nchar()를 사용하면 R은 각 문자열의 문자 개수를 포함하는 새로운 벡터를 반환한다.

```
> nchar(c("doggies","cats"))
[1] 7   4
```

sum() 함수, cumsum() 함수, diff() 함수

sum() 함수는 숫자로 구성된 벡터를 인수로 가져와서 모든 숫자를 더한다.

```
> sum(c(1,1,1,1,1))
[1] 5
```

이전 절의 설명서에서 살펴봤듯이, sum()은 여러 개의 값을 가져올 수 있음을 의미하는 . . .을 인수로 사용한다.

```
> sum(2,3,1)
[1] 6
> sum(c(2,3),1)
[1] 6
> sum(c(2,3,1))
[1] 6
```

제공하는 벡터 수에 관계없이 sum()은 단일 정수 벡터인 것처럼 숫자들을 더한다. 여러 벡터를 더하려면 각각 개별적으로 sum() 함수를 호출한다.

또한 sum() 함수는 선택적 인수 na.rm을 사용하며 기본값은 FALSE로 설정돼 있음을 기

억하자. 인수 na.rm은 sum() 함수가 NA 값을 제거할지 여부를 결정한다.

na.rm을 FALSE로 설정하고 sum() 함수에 결측값이 있는 벡터를 사용하면 결과는 다음과 같다.

```
> sum(c(1,NA,3))
[1] NA
```

앞에서 NA를 설명했듯이 NA에 값을 더하면 결과는 NA가 된다. 대신 R이 숫자 결과를 얻게 하려면 na.rm = TRUE로 설정해 sum() 함수를 사용해 NA 값을 모두 제거하도록 하면 된다.

```
> sum(c(1,NA,3),na.rm = TRUE)
[1] 4
```

cumsum() 함수는 벡터를 인수로 가져와서 누적 합계cumulative sum를 계산한다. 각 숫자를 해당 숫자 앞에 오는 모든 숫자들의 합(해당 숫자 포함)으로 바꿔 결과를 나타낸다. 이를 명확하게 하려면 다음 코드를 살펴보자.

```
> cumsum(c(1,1,1,1,1))
[1] 1  2  3  4  5
> cumsum(c(2,10,20))
[1]  2  12  32
```

diff() 함수는 벡터를 인수로 가져와서 각각의 숫자에서 선행하는 숫자를 뺀다.

```
> diff(c(1,2,3,4,5))
[1] 1  1  1  1
> diff(c(2,10,3))
[1]   8  -7
```

diff() 함수의 결과는 원래 벡터보다 한 개 적은 원소로 구성돼 있음을 주목하자. 벡터에 있는 첫 번째 값에서는 어떤 값도 빼지 않기 때문이다.

: 연산자와 seq() 함수

종종 벡터의 각 원소를 수동으로 나열하지 않고 자동으로 생성한다. 특정 범위의 숫자 벡터를 자동으로 생성하려면 범위의 시작과 끝을 구분하는 : 연산자를 사용한다. R은 오름차순 또는 내림차순으로 세는 것이 모두 가능하다(: 연산자를 감싸는 c( )가 반드시 필요한 것은 아니다).

```
> c(1:5)
[1] 1 2 3 4 5

> c(5:1)
[1] 5 4 3 2 1
```

R에서 : 연사자를 사용하면 처음 값부터 마지막 값까지 셀 것이다.

때때로 1씩 증가하는 것이 아닌 다른 것을 원할 때가 있다. seq() 함수는 일정한 수만큼 증가하는 일련의 숫자 벡터를 생성한다. seq() 함수의 인수 순서는 다음과 같다.

1. 시작 값
2. 마지막 값
3. 증가 값

seq() 함수를 사용한 예는 다음과 같다.

```
> seq(1,1.1,0.05)
[1] 1.00 1.05 1.10

> seq(0,15,5)
[1]  0  5 10 15

> seq(1,2,0.3)
[1] 1.0 1.3 1.6 1.9
```

seq() 함수를 사용해서 특정 값으로 내림차순으로 세려면 증가 값에 음수를 사용한다.

```
> seq(10,5,-1)
[1] 10  9  8  7  6  5
```

ifelse() 함수

ifelse() 함수는 조건에 따라 두 가지 동작 중 하나를 선택하게 한다. ifelse() 함수는 다른 언어에서 if ... else 조건문에 익숙하다면 약간 혼란스러울 수 있다. R에서 ifelse() 함수는 다음 순서로 세 개의 인수를 갖는다.

1. 값이 참 또는 거짓일 수 있는 벡터에 대한 조건
2. 조건이 참일 경우의 동작
3. 조건이 거짓일 경우의 동작

iIfelse() 함수는 전체 벡터를 한꺼번에 작동한다. 단일 값을 포함하는 벡터의 경우에는 사용이 매우 직관적이다.

```
> ifelse(2 < 3,"small","too big")
[1] "small"
```

조건은 "2가 3보다 작은가?"이며, 조건이 참인 경우 "small"을 조건이 거짓인 경우 "too big"을 출력한다.

여러 개의 값을 포함하는 벡터 x가 있다고 가정하자.

```
> x <- c(1,2,3)
```

ifelse() 함수는 벡터의 각 원소에 대해 값을 반환한다.

```
> ifelse(x < 3,"small","too big")
[1] "small"    "small"    "too big"
```

또한 ifelse() 함수에서 결과를 나타내는 인수에 벡터를 사용할 수 있다. x 벡터 외에 또 다른 y 벡터가 있다고 가정하자.

```
y <- c(2,1,6)
```

벡터의 각 원소에 대해 x, y로부터 큰 값을 포함하는 새로운 리스트를 생성하고자 하는 경우, ifelse() 함수를 사용해 해결할 수 있다.

```
> ifelse(x > y,x,y)
[1] 2 2 6
```

R은 x의 각 값과 해당하는 y의 각 값을 비교해 둘 중 큰 값을 출력한다.

랜덤 샘플링

R을 사용해 종종 랜덤하게 샘플 값을 추출할 것이다. 컴퓨터가 자동으로 숫자 또는 값을 선택하게 하는 것이다. 추출된 샘플을 사용해 동전 던지기, 가위바위보 게임, 1에서 100 사이의 숫자 선택과 같은 활동을 시뮬레이션한다.

runif() 함수

값을 랜덤하게 추출하는 하나의 방법은 runif() 함수를 사용하는 것이다. runif()는 "random uniform"의 약어로, 0과 1 사이에서 인수 n의 개수만큼 샘플을 추출한다.

```
> runif(5)
[1] 0.8688236 0.1078877 0.6814762 0.9152730 0.8702736
```

runif() 함수를 ifelse() 함수와 같이 사용해서 20% 확률로 A 값을 생성할 수 있다. 이 경우 runif(5)를 사용해 0 과 1 사이에서 5개의 랜덤 값을 생성한다. 그런 다음 값이 0.2 보다 작으면 "A"를, 그렇지 않으면 "B"를 반환하게 한다.

```
> ifelse(runif(5) < 0.2,"A","B")
[1] "B" "B" "B" "B" "A"
```

숫자를 랜덤하게 생성하기 때문에 ifelse()를 실행하면 매번 다른 결과를 얻는다. 몇 개의 가능한 결과를 살펴보면 다음과 같다.

```
> ifelse(runif(5) < 0.2,"A","B")
[1] "B" "B" "B" "B" "B"
> ifelse(runif(5) < 0.2,"A","B")
 [1] "A" "A" "B" "B" "B"
```

runif() 함수는 샘플링할 범위의 최솟값과 최댓값을 나타내는 두 번째 인수와 세 번째 인수를 선택적으로 가질 수 있다. 생략하면 기본적으로 0과 1의 사이의 범위를 사용하지만 두 번째와 세 번째 인수로 원하는 범위를 지정할 수 있다.

```
> runif(5,0,2)
[1] 1.4875132 0.9368703 0.4759267 1.8924910 1.6925406
```

rnorm() 함수

rnorm() 함수를 사용해 정규분포로부터 샘플을 추출할 수 있다. rnorm() 함수는 이 책에서 좀 더 자세히 설명할 것이다(정규분포는 12장에서 다룬다).

```
> rnorm(3)
[1]  0.28352476  0.03482336  -0.20195303
```

기본적으로 rnorm() 함수는 위의 예와 같이 평균은 0이고 표준편차가 1인 정규분포에서 샘플을 추출한다. 정규분포에 익숙하지 않은 독자를 위해 설명을 추가하면, 이것은 샘플이 0 주위에 종 모양의 분포를 가지며 대부분의 샘플은 0에 가깝고 -3보다 작고 3보다 큰 샘플은 거의 없다는 것을 의미한다.

rnorm() 함수는 다른 평균과 표준편차를 설정하는 선택적 인수 mean과 sd 두 개를 가질 수 있다.

```
> rnorm(4,mean=2,sd=10)
[1] -12.801407  -9.648737  1.707625  -8.232063
```

통계에서는 균일한 분포에서 샘플링하는 것보다 정규분포에서 샘플링하는 것이 더 일반적이기 때문에 rnorm() 함수가 상당히 유용하게 사용된다.

sample() 함수

때로는 잘 알려진 분포가 아닌 다른 것으로부터 샘플을 추출하는 경우가 있다. 다양한 색상의 양말이 있는 서랍이 있다고 가정하자.

```
socks <- c("red","grey","white","red","black")
```

랜덤하게 두 개의 양말을 추출하려면 R의 sample() 함수를 사용한다. sample() 함수는 값의 벡터와 추출하고자 하는 샘플의 수를 인수로 갖는다.

```
> sample(socks,2)
[1] "grey"  "red"
```

sample() 함수는 꺼낸 것을 다시 서랍에 집어넣지 않으면서 서랍으로부터 랜덤하게 두 개의 양말을 고른 것과 같이 작동한다. 양말 5개를 랜덤하게 샘플링하면 서랍에 원래 있던 양말을 모두 얻을 수 있다.

```
> sample(socks,5)
[1] "grey"  "red"  "red"  "black"  "white"
```

즉, 양말이 5개 밖에 없는 서랍에서 양말 6개를 샘플링하려고 하면 오류가 발생한다.

```
> sample(socks,6)
Error in sample.int(length(x), size, replace, prob) :
'replace = FALSE'일 때는 모집단보다 큰 샘플을 가질 수 없습니다
```

꺼낸 것을 다시 집어넣으면서 샘플링하려면 선택적 인수 replace=TRUE를 사용한다. 양말을 선택할 때마다 선택한 양말을 서랍에 다시 넣어 원래 서랍에 있던 양말보다 더 많은 양말을 샘플링할 수 있게 한다. 또한 서랍의 양말 분포를 변하지 않게 한다.

```
> sample(socks,6,replace=TRUE)
[1] "black" "red"  "black" "red"  "black" "black"
```

이러한 간단한 샘플링 도구를 사용해 R은 놀라울 정도로 정교한 시뮬레이션을 실행함으로써 수학에서 많은 것을 해결할 수 있다.

예측 가능한 랜덤 결과에 set.seed() 사용

R에 의해 생성되는 랜덤 숫자는 실제로 랜덤한 것이 아니다. 모든 프로그래밍 언어와 같이 랜덤 숫자는 의사 난수 생성기pseudo random number generator에 의해 생성되는데, 이는 시드값seed value을 사용해 대부분의 목적에 맞게 난수 시퀀스를 생성한다. 시드값은 난수 생성기의 초기 상태를 설정하고 시퀀스에서 다음에 올 숫자를 결정한다. R에서는 set.seed() 함수를 사용해 시드값을 수동으로 설정할 수 있다. 시드값 설정은 같은 랜덤 결과를 다시 사용하려고 할 때 매우 유용하다.

```
> set.seed(1337)
> ifelse(runif(5) < 0.2,"A","B")
[1] "B" "B" "A" "B" "B"

> set.seed(1337)
> ifelse(runif(5) < 0.2,"A","B")
[1] "B" "B" "A" "B" "B"
```

위에서 살펴봤듯이 runif() 함수와 함께 동일한 seed를 두 번 사용하는 경우 동일한 랜덤값 집합이 생성된다. set.seed() 사용의 주된 이점은 결과를 재현 가능하게 만드는 것이다. 이는 프로그램이 실행될 때마다 결과가 바뀌지 않게 해 샘플링과 관련된 프로그램의 버그 추적을 훨씬 쉽게 만든다.

사용자 함수 정의

때로는 반복적으로 수행해야 할 특정 작업에 대해 자신만의 함수를 사용하면 도움이 될 수 있다. R에서는 키워드 function을 사용해 함수를 정의할 수 있다(프로그래밍 언어에서 키워드는 단순히 특정 용도를 위해 프로그래밍 언어에 의해 예약된 특수 단어이다).

다음은 하나의 인수 val(사용자가 함수에 입력할 값)을 사용해서 val을 두 배로 증가시키고 그 값을 다시 세제곱하는 함수의 정의이다.

```
double_then_cube <- function(val){
  (val*2)^3
}
```

함수를 한 번 정의하면 R의 내장함수와 마찬가지로 사용할 수 있다. 다음은 숫자 8을 적용한 double_then_cube() 함수이다.

```
> double_then_cube(8)
[1] 4096
```

또한 함수를 정의하기 위해 수행한 모든 것이 벡터화되기 때문에 (즉, 모든 값이 값의 벡터로 작동한다) 단일값뿐만 아니라 벡터에도 적용된다.

```
> double_then_cube(c(1,2,3))
[1] 8 64 216
```

두 개 이상의 인수를 갖는 함수도 정의할 수 있다. 다음은 두 개의 인수를 더한 후 결과를 제곱하는 sum_then_square() 함수이다.

```
sum_then_square <- function(x,y){
  (x+y)^2
}
```

함수 정의에서 두 개의 인수 (x, y)를 포함하므로 R에게 sum_then_square() 함수가 두 개의 인수를 필요로 한다고 알린다. 다음과 같이 새로운 함수를 사용할 수 있다.

```
> sum_then_square(2,3)
[1] 25
> sum_then_square(c(1,2),c(5,3))
[1] 36  25
```

또한 여러 줄을 사용하는 함수도 정의할 수 있다. R에서 함수가 호출되면 항상 정의된 함수의 마지막 줄까지 모두 실행한 결과를 반환한다. 즉, 다음과 같이 sum_then_square() 함수를 다시 작성해보자.

```
sum_then_square <- function(x,y){
  sum_of_args <- x+y
  square_of_result <- sum_of_args^2
  square_of_result
}
```

일반적으로 함수를 작성할 때 파일을 저장하고 다시 사용할 수 있도록 스크립트 파일을 사용한다.

기본 플롯 생성

R에서 데이터 플롯을 매우 쉽게 생성할 수 있다. R은 아름다운 플롯을 만드는 많은 함수가 포함된 특별한 라이브러리인 ggplot2를 가지고 있지만, 이 책에서는 R의 기본 플롯 함수 사용으로 제한한다.

플롯이 어떻게 작동하는지 보여주기 위해 xs와 ys의 이름으로 값의 벡터 두 개를 생성한다.

```
> xs <- c(1,2,3,4,5)
> ys <- c(2,3,2,4,6)
```

그리고 나서 주어진 벡터를 plot() 함수의 인수로 사용해 데이터를 플롯한다. plot() 함수는 x축에 대한 플롯 점의 값과 y축에 대한 플롯 점의 값을 순서대로 해 두 개의 인수를 갖는다.

```
> plot(xs,ys)
```

RStudio 왼쪽 상단에 있는 창에 그림 A-4와 같은 플롯을 생성한다.

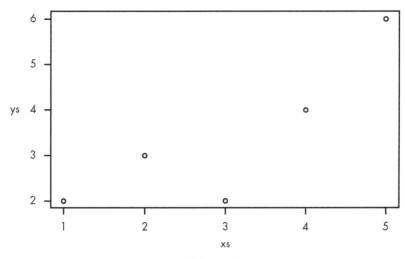

그림 A-4 R의 plot() 함수로 만든 간단한 플롯

위의 그림은 xs값과 해당 ys값의 관계를 나타낸다. plot() 함수에 선택적 인수 main을 사용해 그림에 제목을 지정한다. 또한 다음과 같이 인수 xlab과 ylab을 사용해 x축과 y축의 레이블을 변경한다.

```
plot(xs,ys,
    main="example plot",
    xlab="x values",
    ylab="y values"
    )
```

그림 A-5와 같이 새 레이블이 표시된다.

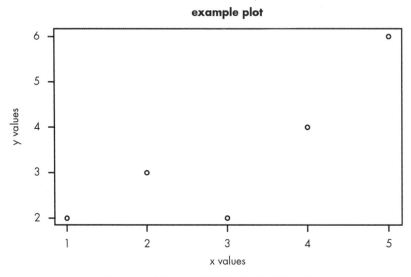

그림 A-5 plot() 함수를 사용해 플롯 제목 및 레이블 변경

그리고, 인수 type을 사용해 플롯의 형태를 변경한다. 위에서 생성한 첫 번째 플롯을 점 플롯$^{\text{point plot}}$이라 하고, 각 점을 선으로 연결하는 선 플롯$^{\text{line plot}}$으로 하려면 type="l"로 설정한다.

```
plot(xs,ys,
    type="l",
    main="example plot",
    xlab="x values",
    ylab="y values"
    )
```

그림 A-6처럼 나타난다.

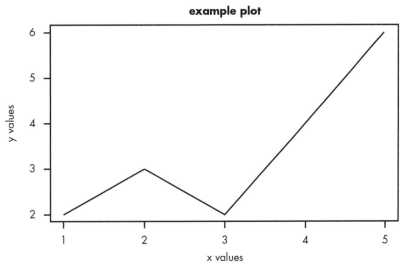

그림 A-6 plot() 함수로 생성된 선 플롯

두 가지를 모두 생성할 수도 있다. line() 함수는 기존 플롯에 선을 추가한다. plot() 함수와 거의 동일한 인수를 사용한다.

```
plot(xs,ys,
    main="example plot",
    xlab="x values",
    ylab="y values"
    )
lines(xs,ys)
```

그림 A-7은 위의 함수에 의해 생성되는 플롯을 나타낸다.

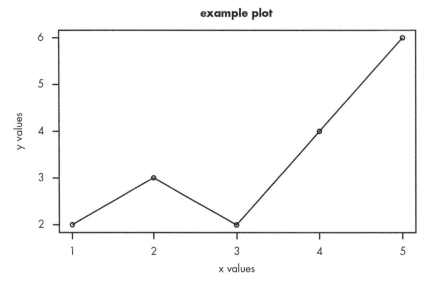

그림 A-7 R의 line() 함수를 사용해 기존 플롯에 선 추가

R에는 기본 플롯을 사용하는 더 많은 놀라운 방법들이 있다. 플롯에 대한 자세한 내용은 ?plot으로 참조할 수 있다. 그러나 R에서 정말 아름다운 플롯을 만들려면 ggplot2 라이브러리(https://ggplot2.tidyverse.org/)를 연구해야 한다.

예제: 주가 시뮬레이션

이제 지금까지 배운 모든 내용을 이용해 시뮬레이션된 주식 시세표를 만들어보자. 사람들은 종종 정규분포화된 랜덤 값의 누적 합계를 이용해 주가를 모델링한다. 먼저 seq() 함수로 매번 1씩 증가하도록 1에서 20까지의 값으로 시퀀스를 생성해 일정 기간 동안 주식의 움직임을 시뮬레이션한다. 기간을 나타내기 위해 벡터 t.vals를 사용한다.

```
t.vals <- seq(1,20,by=1)
```

t.vals는 1부터 20까지 1씩 증가하는 숫자 시퀀스를 포함하는 벡터이다. 다음은 t.vals의 각 시간에 정규분포 값의 누적 합계로 시뮬레이션된 주가를 생성한다. 이를 위해

rnorm() 함수를 사용해 t.vals 길이와 동일한 수만큼 샘플링한다. 그런 다음 cumsum() 함수를 사용해 주어진 값 벡터의 누적 합계를 계산한다. 이는 랜덤한 동작으로 가격이 상승 또는 하락하는 것을 나타낼 것이다. 덜 극단적인 움직임은 더 극단적인 움직임보다 더 일반적이다.

```
price.vals <-  cumsum(rnorm(length(t.vals),mean=5,sd=10)
```

마지막으로 모든 값들을 플롯해 어떻게 나타나는지를 볼 수 있다. plot()과 line() 함수를 모두 사용해 축을 나타내는 인수 내용에 따라 레이블을 지정한다.

```
plot(t.vals,price.vals,
    main="Simulated stock ticker",
    xlab="time",
    ylab="price")
lines(t.vals,price.vals)
```

plot()과 line() 함수는 그림 A-8과 같은 플롯을 생성한다.

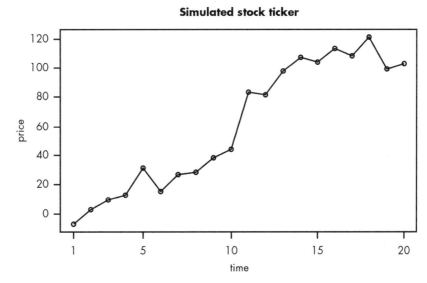

그림 A-8 시뮬레이션된 주식 시세표에 대해 생성된 플롯

요약

이 부록은 책의 예제를 이해하기에 충분한 R을 다루고 있다. 책에 있는 내용을 따라 하면서 코드 예제를 수정해보는 과정을 통해 확실하게 이해하는 것이 좋다. R에 대해 주어진 내용 이상의 것을 진행하고 싶다면 온라인에서 제공하는 훌륭한 설명서를 참조하면 된다.

B

미적분 개념 소개

 이 책에서는 실제 미적분 문제를 수동으로 해결하진 않지만 가끔 미적분의 아이디어를 사용한다. 특히 미분 및 적분 같은 미적분의 기초에 대한 이해를 필요로 한다. 부록 B에서는 미적분의 개념에 대해 깊게 설명하거나 문제 푸는 방법에 대해 설명하진 않는다. 대신 미적분의 아이디어에 대한 간략한 개요와 수학 표기법으로 표현하는 방법을 제공한다.

함수

함수는 하나의 값을 가져와 일정한 작업을 한 후 다른 값을 반환하는 수학적인 "기계"와 같다. R에서 하나의 값을 가져와 결과를 반환하는 함수의 작동 방식과 유사하다(부록 A 참조). 일례로 미적분에서 다음과 같이 정의된 함수 f를 살펴보자.

$$f(x) = x^2$$

예제에서 f는 하나의 값 x를 가져와서 x의 값을 제곱한다. 예를 들어 f에 3을 입력하면 다음과 같은 결과를 얻는다.

$$f(3) = 9$$

고등학교 대수에서 배웠던, y값과 x값을 포함하는 방정식과는 약간 다르다.

$$y = x^2$$

함수가 중요한 이유 중 하나는 실질적으로 계산을 추상화할 수 있기 때문이다. 즉, $y = f(x)$와 같이 표현할 수 있다는 것을 의미하며, 단지 함수 자체의 추상적인 작업에만 관심을 가질 뿐이고 어떻게 정의돼 있는지는 관심을 갖지 않는다. 이것이 이 부록에서 취하는 접근 방식이다.

5km 달리기 훈련을 하고 있고 스마트워치를 사용해 거리, 속도, 시간 및 기타 요소를 관찰한다고 가정하자. 오늘 달리기하러 나가서 30분 동안 뛰었다. 그러나 스마트워치가 오작동해서 시간당 마일(mph)로 속도만을 기록했다. 그림 B-1은 기록한 데이터를 보여준다.

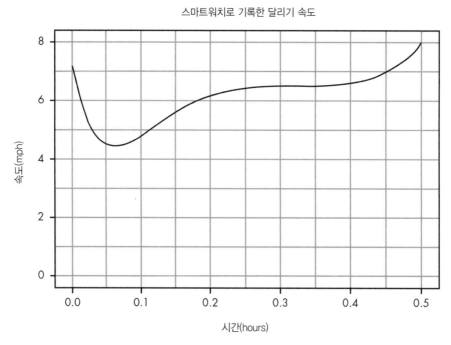

그림 B-1 시간에 따라 변화하는 달리기 속도

이 부록에서는 달리기 속도가 시간을 나타내는 인수 t를 필요로 하는 함수 s에 의해 작성됐다고 생각하자. 일반적으로 함수는 필요로 하는 인수에 따라 작성되므로, $s(t)$는 시간 t에서의 현재 속도를 제공하는 값이 된다. 함수 s를 현재의 시간을 가지고 와서 그 시간에서의 속도로 반환하는 기계로 생각할 수 있다. 미적분에서는 일반적으로 $s(t) = t^2 + 3t + 2$와 같이 $s(t)$에 대해 특정한 정의를 가지고 있지만, 여기서는 일반적인 개념에 대해서만 다루므로 s의 정확한 정의에 대해서는 고려하지 않아도 된다.

NOTE 책 전체에 걸쳐서 미적분에 관련된 모든 것을 다루기 위해 R을 사용할 것이므로, 미적분 문제를 해결하는 방법보다는 뒤에 숨어 있는 근본적인 아이디어를 이해하는 것이 중요하다.

그림 B-1의 함수만으로도 몇 가지를 알 수 있다. 이번 달리기 동안 페이스가 일정하지 않은 것으로 나타났으며, 끝에서 나타난 거의 8mph의 높은 속도와 초기에 나타난 4.5mph의 낮은 속도가 오르락내리락했다.

그러나 여전히 다음과 같은 흥미로운 질문이 많이 있을 수 있다.

- 얼마나 멀리 달렸는가?
- 가장 빠른 속도를 언제 잃었는가?
- 가장 빠른 속도를 언제 얻었는가?
- 얼마 동안 비교적 속도가 일정했는가?

마지막 질문은 그림 B-1로 상당히 정확하게 추정할 수 있지만, 다른 질문에 답하는 것은 불가능하다. 그러나 미적분을 이용하면 모든 질문에 답할 수 있다. 어떻게 가능한지 살펴보자.

얼마나 멀리 달렸는지 추정하기

그림 B-1은 특정 시간에 달리는 속도만 보여준다. 지금까지 달린 거리는 어떻게 알 수 있을까?

이론적으로는 그렇게 어려운 것 같지 않다. 예를 들어 달리기를 하는 동안 쭉 일관되게 시속 5마일로 달렸다고 가정해보자. 이 경우 30분 동안 시속 5마일로 달렸으므로 달린 총 거리는 2.5마일이다. 한 시간이면 5마일을 달렸겠지만 30분만 달렸으므로 한 시간 동안 달리는 거리의 절반을 달렸다는 것은 직관적으로도 알 수 있다.

그러나 달리는 동안 거의 매 순간 속도가 다르다는 문제를 가지고 있다. 다른 방법으로 문제를 살펴보자. 그림 B-2는 일정한 달리기 속도에 대한 플롯 데이터를 보여준다.

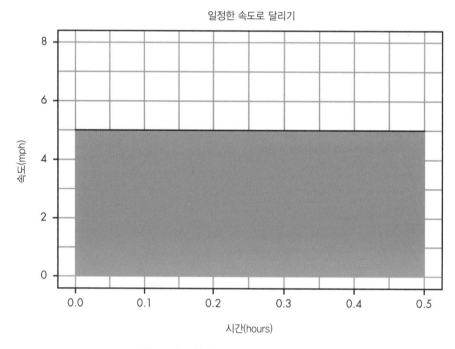

그림 B-2 속도/시간 플롯의 영역으로 거리 시각화

직선을 형성하는 것을 볼 수 있다. 직선 아래의 공간이 실제 달리기를 한 거리를 나타내는 큰 블록이라는 것을 알 수 있다. 블록의 높이는 5이고 길이 0.5이므로 블록의 면적은 5 × 0.5 = 2.5 즉, 2.5마일의 결과를 얻는다.

이제 0.0시간에서 0.3시간까지는 시속 4.5마일, 0.3시간에서 0.4시간까지는 시속 6마일, 나머지 시간은 시속 3마일로 달리는 다양한 속도의 간단한 문제를 살펴보자. 그림 B-3과 같이 결과를 블록 또는 타워로 시각화하면 같은 방법으로 문제를 쉽게 풀 수 있다.

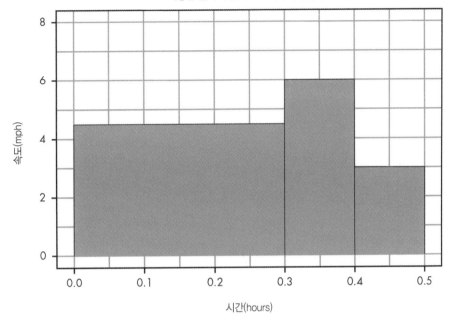

그림 B-3 타워 넓이의 합으로 이동한 총 거리를 쉽게 계산한다.

첫 번째 타워는 4.5 × 0.3, 두 번째 타워는 6 × 0.1, 세 번째 타워는 3 × 0.1이다. 따라서 타워 아래의 면적을 살펴보면 달리기 총 거리가 2.25마일인 것을 알 수 있다. 식은 다음과 같다.

$$4.5 \times 0.3 + 6 \times 0.1 + 3 \times 0.1 = 2.25$$

곡선 아래 면적 측정: 적분

얼마나 멀리 달렸는지 측정하기 위해 직선 아래의 면적을 살펴봤다. 안타깝게도 원래 데이터의 선은 곡선이므로 문제가 약간 어려워진다. 곡선 밑에 있는 타워를 어떻게 계산할 수 있을까?

곡선의 패턴에 상당히 가까운 대형 타워를 상상하며 시작해보자. 그림 B-4와 같이

3개의 타워로 시작하는 경우에도 나쁜 추정치는 아니다.

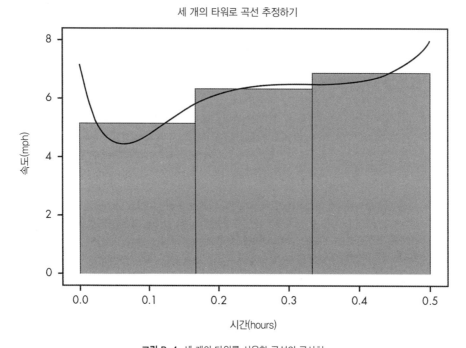

그림 B-4 세 개의 타워를 사용한 곡선의 근사치

각 타워 아래의 면적을 계산하면 총 달리기 거리 3.055마일을 얻을 수 있다. 하지만 그림 B-5에서 볼 수 있듯이 작은 타워를 더 많이 만들면 더 좋은 결과를 얻을 수 있을 것이다.

곡선 아래 있는 타워의 면적을 더하면 좀 더 정확한 추정치 3.054마일을 얻는다.

좀 더 얇고 많은 타워를 사용해 이 과정을 계속 반복한다고 가정하면 결국 그림 B-6과 같이 곡선 아래 전체 영역을 얻게 될 것이다.

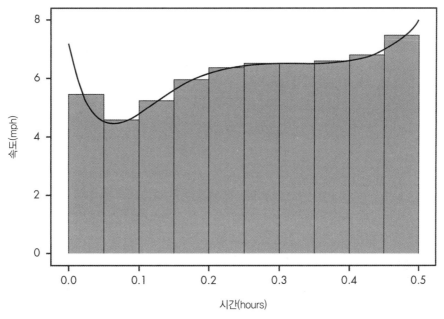

그림 B-5 3개 대신 10개의 타워를 사용해 더 좋게 한 곡선의 근사치

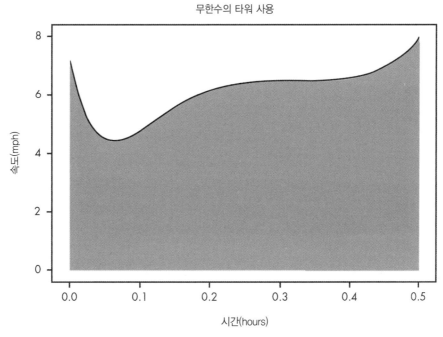

그림 B-6 곡선 아래의 영역을 완전히 포함한 것

그림 B-6은 30분 동안 달리기한 영역을 정확하게 나타낸다. 무한히 많은 타워를 더할 수 있다면 총 3.053마일을 얻을 것이다. 위에서 계산한 추정치는 매우 근사한 값이었으며, 더 많고 얇은 타워를 사용할수록 추정치는 더욱 더 가까워진다. 곡선 아래의 정확한 면적이나 적분integral을 계산하는 것이 미적분의 역할이다. 수학 표기법에서 0부터 0.5까지의 $s(t)$에 대한 적분을 미적분에서는 다음과 같이 나타낸다.

$$\int_0^{0.5} s(t)\,dt$$

$\int$는 단순히 S를 나타내며 $s(t)$에 있는 모든 작은 타워 면적의 합을 의미한다. dt 표기법은 변수 t의 작은 부분에 대해 이야기하고 있음을 의미하며, d는 이러한 작은 타워를 가리키는 수학적 방법이다. 물론 이 표기법에서는 한 개의 변수 t만 존재하기 때문에 혼동하지 않을 것이다. 따라서 이 책에서는 일반적으로 dt(또는 사용 중인 변수에 해당하는 것)를 생략한다. 예제에서 사용이 명백하기 때문이다.

표기법에 적분의 시작과 끝을 설정할 수 있다. 달리기한 총 거리뿐만 아니라 일부 구간의 거리도 구할 수 있음을 의미한다. 0.1시간과 0.2시간 사이에 얼마나 달렸는지를 구하려면 다음과 같이 표시할 것이다.

$$\int_{0.1}^{0.2} s(t)\,dt$$

그림 B-7과 같이 시각화할 수 있다.

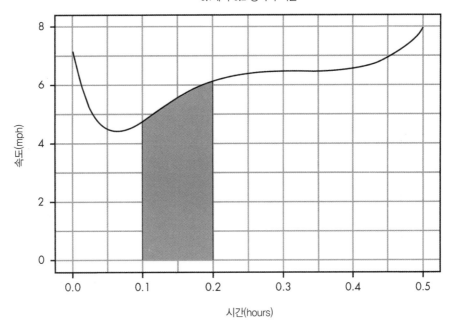

0.1에서 0.2 영역의 적분

그림 B-7 0.1에서 0.2 영역에 대한 곡선 아래 면적 시각화

음영으로 나타난 부분의 면적은 0.556마일이다.

여기서 주어진 함수의 적분을 또 다른 함수로 생각할 수 있다. 새로운 함수 dist(T)를 정의한다고 가정하자. 여기서 T는 "달리기한 총 거리"이다.

$$\text{dist}(T) = \int_0^T s(t)dt$$

이 함수는 시간 T까지 달리기한 총 거리를 나타낸다. 여기서 dt를 사용하는 이유는 주어진 적분이 대문자 T가 아니라 소문자 t에 적용되기 때문이다. 그림 B-8은 주어진 시간 T까지 달리기한 총 거리를 보여준다.

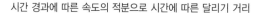

시간 경과에 따른 속도의 적분으로 시간에 따른 달리기 거리

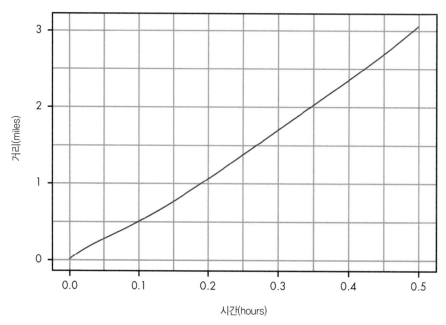

그림 B-8 적분을 플로팅하면 시간과 속도, 플롯이 시간과 거리 플롯으로 변환

이런 방법으로 적분은 "주어진 시간의 속도"를 나타내는 함수 *s*를 "주어진 시간의 거리"를 나타내는 함수 *dist*로 변환한다. 앞에서 살펴봤듯이 두 지점 사이의 함수의 적분은 서로 다른 두 시간 사이의 달리기한 거리를 나타낸다. 이제 시작 시간 0부터 시간 *t*까지 달리기한 총 거리를 살펴보자.

적분은 직선보다 계산하기 까다로운 곡선 아래의 면적을 계산할 수 있기 때문에 중요하다. 이 책에서는 적분의 개념을 사용해 사건이 두 범위의 값 사이에 있을 확률을 결정한다.

변화율 측정: 미분

지금까지 적분을 이용해 다양한 시간에 측정한 속도로 달리기한 거리를 어떻게 구하는지 살펴봤다. 그러나 다양한 속도 측정으로 인해 발생하는 다양한 시간에서의 속도에 대한 변화율rate of change을 필요로 할 수 있다. 속도 변화율은 가속도를 의미한다. 그림 B-1에는 변화율과 관련해 몇 가지 흥미로운 점이 있다. 속도를 가장 빠르게 잃는 시점, 속도를 가장 빠르게 얻는 시점, 속도가 가장 안정적인 시점(즉, 변화율이 거의 0) 등이다.

적분과 마찬가지로 가속도를 파악하는 데 있어 중요한 것은 항상 변한다는 것이다. 변화율이 일정하다면 그림 B-9와 같이 가속도 계산은 그리 어렵지 않다.

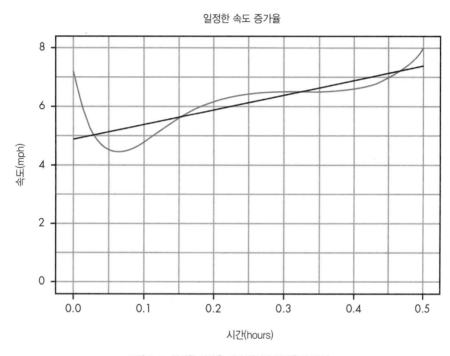

그림 B-9 일정한 변화율 시각화(실제 변화율과 비교)

기본 대수학에서 다음과 같은 공식을 사용해 직선을 그릴 수 있음을 배웠을 것이다.

$$y = mx + b$$

여기서 b는 y축을 교차하는 지점이며, m은 직선의 기울기다. 기울기는 직선의 변화율을 나타낸다. 그림 B-9에 있는 직선의 공식은 다음과 같다.

$$y = 5x + 4.8$$

기울기 5는 x가 1씩 증가할 때마다 y가 5씩 증가함을 의미하며, 4.8은 직선이 y축을 교차하는 지점을 나타낸다. 예제에서는 이 공식을 $s(t) = 5t + 4.8$로 표시했는데, 이는 매번 5mph씩 가속되고 4.8mph에서 시작함을 의미한다. 0.5시간을 달렸으므로, 공식을 이용하면 다음을 알 수 있다.

$$s(t) = 5 \times 0.5 + 4.8 = 7.3$$

이는 달리기가 끝날 시점에는 7.3mph로 달리고 있음을 의미한다. 가속이 일정하다면 어느 시점에서도 정확한 달리기 속도를 구할 수 있다.

실제 데이터의 경우 선이 곡선이기 때문에 단일 지점에서의 기울기로 결정하기가 쉽지 않다. 대신 선의 일부에 대해 기울기를 알아낼 수 있다. 주어진 데이터를 그림 B-10과 같이 세 개의 섹션으로 나누어 각 섹션 사이를 선으로 그릴 수 있다.

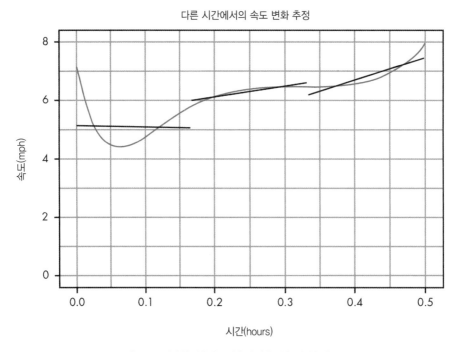

그림 B-10 다양한 기울기를 이용해 더욱 나은 변화율 추정

그림 B-10에서 추정한 선들은 분명히 주어진 곡선에 완벽히 일치하지는 않지만, 가장 빠르게 가속하는 지점과 가장 느려지는 지점 및 상대적으로 안정적인 지점을 보여준다.

그림 B-11과 같이 함수를 좀 더 많은 섹션으로 나누면 더 나은 추정치를 얻을 수 있을 것이다.

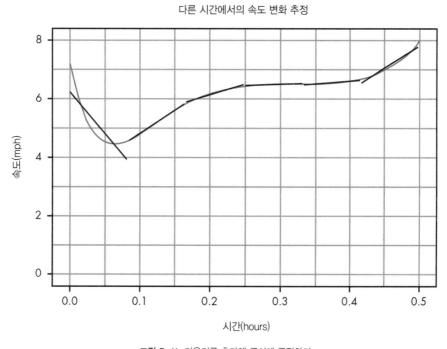

그림 B-11 기울기를 추가해 곡선에 근접하기

적분에서는 곡선 아래의 면적을 아주 작게 나눠 무한히 많은 작은 타워를 더하는 형식을 사용했다. 마찬가지로 직선을 무한히 많은 작은 선분으로 나눌 것이다. 결국 하나의 기울기를 나타내는 단일 m이 아니라, 원래 함수의 각 지점에서의 변화율을 나타내는 새로운 함수를 갖는다. 이것을 미분derivative이라 하며 다음과 같은 수학적 표기법을 사용한다.

$$\frac{d}{dx}f(x)$$

dx는 인수 x의 아주 작은 부분을 나타냄을 기억하자. 그림 B-12는 s(t) 함수에 대한 미분을 보여준다. 이것은 각 시점에서의 정확한 달리기 속도 변화율을 나타낸다. 즉, 달리기 하는 동안의 가속도를 의미한다. y축을 보면 시작 부분에서 속도가 급격히 떨어지고 시간 0.3 근처에서 속도가 변하지 않는 가속도 0을 갖는다는 것을 알 수 있다(이것은 보통 달리기 연습에 있어 좋은 것이다). 가장 빠른 속도를 얻었을 때도 정확히 알 수 있다. 원래의 플롯에서는 가장 빠른 속도를 얻은 시점이 시간 0.1 주변인지 (첫 번째 속도 향상 직후) 또는 달리기 마지막 시점인지 알 수가 없다. 그러나 미분한 것을 살펴보면 달리기 시작 지점보다 끝 지점에서 더 빠른 속도를 얻었음을 명백히 알 수 있다.

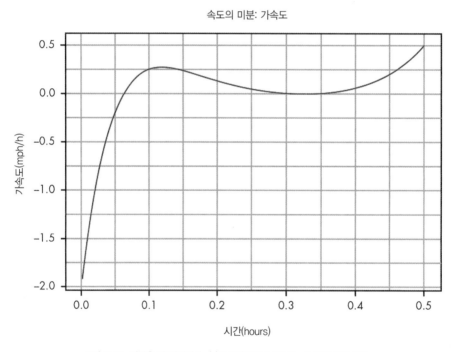

그림 B-12 미분은 각 지점에서 s(x)의 기울기를 나타내는 또 다른 함수이다.

미분은 직선의 기울기처럼 작동하며 특정 지점에서 곡선이 얼마나 많이 기울어져 있는지를 알려준다.

미적분의 기본 정리

마지막으로 주목할 만한 미적분의 개념 중 하나를 살펴보자. 적분과 미분 사이에는 흥미로운 관계가 있다(이 관계를 증명하는 것은 이 책의 범위를 훨씬 벗어나기 때문에 여기서는 관계 자체에만 초점을 맞출 것이다). 대문자 F를 가진 함수 $F(x)$가 있다고 가정하자. 이 함수를 특별하게 만드는 것은 그것의 미분이 $f(x)$라는 것이다, 예를 들어 dist 함수의 미분은 s 함수이다. 즉, 시간에 따른 지점에서의 거리 변화는 속도다. 속도의 미분은 가속도이다. 이를 수학적으로 나타내면 다음과 같다.

$$\frac{d}{dx}F(x) = f(x)$$

f가 F의 미분이기 때문에 미적분학 용어로 F를 f의 역도함수라고 한다. 주어진 예에서 가속도의 역도함수는 속도가 되고, 속도의 역도함수는 거리가 된다. t의 값이 10에서 50 사이의 적분을 하면 다음과 같다.

$$\int_{10}^{50} f(x)\,dx$$

다음과 같이 $F(50)$에서 $F(10)$을 빼면 간단히 결과를 얻을 수 있다.

$$\int_{10}^{50} f(x)\,dx = F(50) - F(10)$$

적분과 미분 사이의 관계를 미적분의 기본 정리라고 한다. 이는 매우 놀라운 것으로 미분을 구하는 것보다 훨씬 어려운 적분을 수학적으로 풀 수 있다. 기본 정리를 사용해 적분을 찾고자 하는 함수의 역도함수를 찾을 수 있으면 쉽게 미분을 구할 수 있다. 이것을 알아내는 것이 손으로 미분을 구하는 핵심이 된다.

미적분의 전체 과정은 일반적으로 훨씬 더 깊이 있는 적분과 미분 주제를 탐구한다. 그러나 앞에서 언급했듯이 이 책에서는 가끔 미적분을 사용할 것이며 모든 계산에 R을 사용한다. 그럼에도 미적분과 친근하지 않은 $\int$ 기호에 대한 대략적인 이해가 도움이 된다.

C

연습 문제 답안

1부 확률 소개

1장

문제 1 1장에서 배운 수학적 표기법을 사용해 다음 문장을 식으로 표현해라.

- 비가 올 확률은 낮다.
- 구름이 낀 경우 비가 올 확률은 높다.
- 비가 올 때 우산을 가지고 있을 확률은 평상시에 우산을 가지고 있을 확률보다 훨씬 높다.

해답 1

$P(비) = 낮음$

$P(비 \mid 구름) = 높음$

$P(우산 \mid 비) \gg P(우산)$

문제 2 다음 시나리오에서 관찰한 데이터를 1장에서 다룬 기법을 사용해서 수학적 표기법으로 정리해라. 그런 다음 주어진 데이터를 설명할 수 있는 가설을 제시해라.

직장에서 집으로 왔을 때 현관문이 열려 있고 옆 창문이 깨져 있다는 것을 안다. 안으로 들어서자마자 노트북이 없어진 것을 즉시 알아차린다.

해답 2

먼저 데이터를 변수로 나타낸다.

$$D = \text{열려진 문, 깨진 창문, 없어진 노트북}$$

주어진 데이터는 집에 도착했을 때 관찰된 세 가지 사실을 나타낸다. 이 데이터에 대한 즉각적인 반응은 '도둑맞았다'이다. 수학적으로 표현하면 다음과 같다.

$$H_1 = \text{도둑맞았다}$$

이를 다음과 같이 "도둑맞았다는 것을 전제로 관찰한 것들을 볼 확률"로 나타낼 수 있다.

$$P(D \mid H_1)$$

문제 3 다음 시나리오는 2번 시나리오에 데이터를 추가한다. 주어진 새로운 정보가 2번에서 가지고 있던 신념을 어떻게 바꾸는지 설명하고 1장에서 배운 표기법을 사용해 데이터를 설명하기 위한 두 번째 가설을 제시해라.

동네 아이가 달려와 실수로 창문에 돌을 던진 일을 사과한다. 집 안의 노트북을 보았고 노트북의 도난을 원치 않았기 때문에 현관문을 열어 노트북을 가지고 나왔고 노트북은 안전하다고 주장한다.

해답 3

이제 관찰한 것에 대한 또 다른 새로운 가설이 있다.

$$H_2 = \text{아이가 실수로 창문을 깼고 노트북을 안전하게 보관하기 위해 가져갔다.}$$

이는 다음과 같이 나타낼 수 있다.

$$P(D \mid H_2) >> P(D \mid H_1)$$

또한 다음과 같이 예상할 것이다.

$$\frac{P(D \mid H_2)}{P(D \mid H_1)} = \text{큰 숫자}$$

물론 이 아이가 신뢰할 수 없고 문제아일 가능성이 높다고 생각할 수 있으며, 아이의 설명이 얼마나 정확한지에 대한 자신의 생각을 바꾸게 해서 아이가 거짓말했다는 가설을 이끌어낼 수도 있다. 이 책을 통해 어떻게 그것을 수학적으로 반영할 수 있는지를 많이 배울 것이다.

2장

문제 1 6면이 있는 주사위 2개를 던져 7보다 큰 값을 얻을 확률은 얼마인가?

해답 1

두 개의 주사위를 던질 수 있는 방법은 36가지이다. (1이 나오고 6이 나오는 경우와 6이 나오고 1이 나오는 경우를 다르다고 생각한다면) 모든 경우의 수를 종이에 적을 수 있다. 36개의 쌍 중에 15개의 쌍이 7보다 크다. 따라서 7보다 큰 값을 얻을 확률은 $\frac{15}{36}$이다.

문제 2 6면이 있는 주사위 3개를 던져 7보다 큰 값을 얻을 확률은 얼마인가?

해답 2

세 개의 주사위를 던지면 216개의 서로 다른 결과가 나온다. 모든 경우의 수를 종이에 적을 수는 있지만 시간이 꽤 오래 걸릴 것이다. 이 문제를 해결하기 위해 사용할 수 있는 프로그램이 다양하므로, 코딩의 기본 사항을 배우는 것이 도움이 된다. 예를 들어 R의 간단한 for 루프를 사용해 답을 구할 수 있다.

```
count <- 0
  for(roll1 in c(1:6)){
```

```
  for(roll2 in c(1:6)){
    for(roll3 in c(1:6)){
      count <- count + ifelse(roll1+roll2+roll3 > 7,1,0)
    }
  }
}
```

경우의 수가 181임을 알 수 있으므로 주사위 3개를 던져 7보다 큰 수가 나올 확률은 $\frac{181}{216}$이다. 그러나 앞에서 언급한 것과 같이 이를 계산하는 방법은 여러 가지가 있다. 다른 방법 중 한 가지 방법은 읽기는 다소 어렵지만 R을 사용해 하나의 줄로 나타내는 것이다. 이것은 for 루프와 동일한 작업을 수행한다.

```
sum(apply(expand.grid(c(1:6),c(1:6),c(:6)),1,sum) > 7)
```

코딩을 배울 때 특정한 접근 방식을 사용하는 것보다 정답을 얻는 데 중점을 둬야 한다.

문제 3 양키스^{Yankees}와 레드삭스^{Red Sox}가 경기를 하고 있다. 당신은 레드삭스 팬이고 친구에게 레드삭스가 이길 거라고 장담한다. 레드삭스가 경기에서 지면 친구에게 30달러를 주고, 레드삭스가 이기면 친구에게 5달러를 받기로 한다. 레드삭스가 이길 것이라는 당신의 신념에 직관적으로 할당한 확률은 얼마인가?

해답 3

레드삭스의 오즈는 다음과 같다.

$$O(\text{레드삭스 이김}) = \frac{30}{5} = 6$$

오즈를 확률로 변환하는 공식을 상기해 다음과 같이 오즈를 레드삭스가 이길 확률로 나타낼 수 있다.

$$P(\text{레드삭스 이김}) = \frac{O(\text{레드삭스 이김})}{1 + O(\text{레드삭스 이김})} = \frac{6}{7}$$

주어진 내기에 따르면 레드삭스가 이길 확률은 86%라고 할 수 있다.

3장

문제 1 20면을 가진 주사위를 던져 연속으로 3번 20이 나올 확률을 구해라.

해답 1

20이 나올 확률은 1/20이고, 연속해서 3번 20이 나올 확률을 구하기 위해 곱의 규칙을 사용한다.

$$P(3개의\ 20) = \frac{1}{20} \times \frac{1}{20} \times \frac{1}{20} = \frac{1}{8,000}$$

문제 2 일기예보에 따르면 내일 비가 올 확률은 10%이며 외출할 때 절반은 우산을 잊고 나간다. 내일 우산 없이 비가 올 확률을 구해라.

해답 2

이 문제를 풀기 위해 다시 한 번 곱의 규칙을 사용한다. $P(비) = 0.1$이고 $P(우산잊음) = 0.5$임을 알고 있다. 따라서 결과는 다음과 같다.

$$P(비,\ 우산잊음) = P(비) \times P(우산잊음) = 0.05$$

위에서 봤듯이 우산 없이 비가 올 확률은 5%이다.

문제 3 날달걀에 살모넬라균이 있을 확률은 1/20,000이다. 두 개의 날달걀을 먹을 때 살모넬라균과 함께 날달걀을 먹을 확률을 구해라.

해답 3

이 문제의 경우 어느 달걀에 살모넬라균이 있어도 해당이 되기 때문에 합의 규칙을 사용한다.

$$P(\text{달걀}_1) + P(\text{달걀}_2) - P(\text{달걀}_1) \times P(\text{달걀}_2) = \frac{1}{20,000} + \frac{1}{20,000} - \frac{1}{20,000} \times \frac{1}{20,000}$$

$$= \frac{39,999}{400,000,000}$$

이것은 1/10,000 미만에 불과하다.

문제 4 두 개의 동전 던지기에서 두 개의 앞면이 나오거나 6면 주사위를 3번 던져 3개의 6이 나올 확률을 구해라.

해답 4

이 문제에서는 곱의 규칙과 합의 규칙을 결합해야 한다. 먼저 $P(\text{두 개의 앞면})$와 $P(3\text{개의 }6)$를 각각 구한다. 각각의 확률은 곱의 규칙을 사용한다.

$$P(\text{두 개의 앞면}) = \frac{1}{2} \times \frac{1}{2} = \frac{1}{4}$$

$$P(3\text{개의 }6) = \frac{1}{6} \times \frac{1}{6} \times \frac{1}{6} = \frac{1}{216}$$

이제 합의 규칙을 사용해 둘 중 하나가 발생할 확률 $P(2\text{개의 앞면 OR }3\text{개의 }6)$를 구한다.

$$P(2\text{개의 앞면}) + P(3\text{개의 }6) - P(2\text{개의 앞면}) \times P(3\text{개의 }6)$$

$$= \frac{1}{4} + \frac{1}{216} - \frac{1}{4} \times \frac{1}{216} = \frac{73}{288}$$

이것은 25%의 확률보다 약간 높다.

4장

문제 1 20면 주사위를 12번 던질 때 한 번의 1 또는 한 번의 20이 나올 확률에 대한 이항분포의 매개변숫값은 무엇인가?

12번의 시행 횟수 중에서 1회 발생하는 사건을 구하고 있다. 즉, $n = 12$, $k = 1$이다. 20면을 가지고 있고 관심 있는 것은 두 개이므로 $p = \dfrac{2}{20} = \dfrac{1}{10}$이다.

문제 2 52장으로 된 카드 한 벌에 4개의 에이스가 있다. 한 개의 카드를 뽑은 후에 뽑은 카드를 다시 넣어 섞은 후 다시 뽑는 경우, 5번 뽑을 때 단 1개의 에이스가 나오는 경우는 몇 가지인가?

해답 2

이 문제를 풀기 위해 조합을 사용하지 않아도 된다. 에이스를 A로 사용하고 에이스가 아닌 것을 x로 사용한다고 가정하면 5가지 가능한 경우가 있다.

$$Axxxx$$
$$xAxxx$$
$$xxAxx$$
$$xxxAx$$
$$xxxxA$$

이것은 $\binom{5}{1}$로 나타낼 수 있으며 R에서는 *choose*(5, 1)로 사용한다. 어떤 경우에도 답은 5이다.

문제 3 2번 문제에서 10번을 뽑을 때 에이스가 5개 나올 확률은 무엇인가?(카드를 뽑은 후에 뽑은 카드를 다시 넣어 섞는 것을 기억해라)

해답 3

이것은 B(5; 10, $\dfrac{1}{13}$)이다. 예상대로 확률은 $\dfrac{1}{32,000}$로 매우 낮다.

문제 4 새로운 일자리를 찾을 때 비교할 수 있도록 항상 둘 이상의 취업 제안을 갖는 것이 좋다. 인터뷰할 때 취업 제안을 받을 확률은 1/5이고 한 달에 7개 회사를 인터뷰하는 경우, 1개월에 적어도 2개 취업 제안을 받을 확률은 무엇인가?

답을 구하기 위해 R을 사용할 수 있다.

```
> pbinom(1, 7, 1/5, lower.tail = FALSE)

[1] 0.4232832
```

결과처럼 7개의 회사와 인터뷰를 했을 때 적어도 두 개 이상의 취업 제안을 받을 확률은 42%이다.

문제 5 많은 모집 관련 이메일을 받고 다음 달에 25개의 인터뷰가 준비돼 있음을 알게 된다. 안타깝게도 25개의 인터뷰를 모두 한다면 매우 지치게 될 것이고 피곤할 경우 취업 제안을 받을 확률은 1/10로 낮아진다는 것을 알고 있다. 적어도 두 개의 취업 제안을 받을 가능성이 두 배 이상 높지 않다면 이 많은 인터뷰에 참여하고 싶지 않다. 25개의 인터뷰를 하러 가는 것과 7회만 하는 것 중에서 어느 쪽으로 결정하는 것이 좋을까?

이 문제를 해결하기 위해 R 코드를 다시 사용해보자.

```
p.two.or.more.7 <- pbinom(1, 7, 1/5, lower.tail = FALSE)
p.two.or.more.25 <- pbinom(1, 25, 1/10, lower.tail = FALSE)
```

취업 제안의 감소에도, 25개의 인터뷰에서 적어도 2개 이상 취업 제안을 받을 확률은 73%이다. 그러나 취업 제안을 받을 확률이 2배 이상이 되는 경우에만 25개의 인터뷰를 할 예정이다.

```
> p.two.or.more.25 / p.two.or.more.7
[1] 1.721765
```

R에서 볼 수 있듯이 25개의 인터뷰에서 적어도 2개 이상 취업 제안을 받을 확률은 7개의 인터뷰보다 1.72배 높으므로, 번거롭게 25개의 인터뷰를 할 필요는 없다.

5장

문제 1 베타분포를 사용해 갖고 있는 동전이 앞면과 뒷면을 동등하게 제공하는 공정한 동전인지 여부를 결정하려고 한다. 동전을 10번 던지는 경우, 4개의 앞면과 6개의 뒷면을 얻는다. 베타분포를 사용해 동전의 앞면이 60%보다 많을 확률을 구해라.

해답 1

이것을 Beta(4, 6)으로 모델링할 것이다. 다음과 같이 R에서 0.6부터 1까지 적분을 계산한다.

```
integrate(function(x) dbeta(x, 4, 6), 0.6, 1)
```

앞면을 얻을 수 있는 가능성이 60%보다 많을 확률은 10%라는 것을 말해준다.

문제 2 동전을 10번 더 던지면 9개의 앞면과 11개의 뒷면을 얻는다. 공정하다는 정의를 이용해 동전이 5% 이내에서 공정할 확률을 구해라.

해답 2

베타분포는 Beta(9, 11)이다. 동전이 공정할 확률을 알고자 한다. 즉, 어느 쪽이든 0.05 확률 이내에서 앞면이 나올 확률이 0.5임을 의미한다. 이것은 0.45부터 0.55까지 새로운 분포를 적분해야 함을 의미한다. 다음과 같이 R로 해결할 수 있다.

```
integrate(function(x) dbeta(x, 9, 11), 0.45, 0.55)
```

새로운 데이터를 고려할 때 동전이 공정할 확률은 30%임을 알 수 있다.

문제 3 데이터는 자신의 주장에 자신감을 갖게 하는 가장 좋은 방법이다. 동전을 200번 더 던졌을 때 109개의 앞면과 111개의 뒷면을 얻는다. 이제 동전이 5% 이내에서 공정할 확률은 얼마일까?

해답 3

문제 2를 이용하면 답은 매우 간단하다.

```
integrate(function(x) dbeta(x, 109, 111), 0.45, 0.55)
```

동전이 공정하다고 86% 확신한다. 더욱 확실해지는 비결은 더 많은 데이터를 갖는 것이다.

2부 베이지안 확률과 사전확률

6장

문제 1 베이즈 정리를 사용해, 2010년에 GBS에 걸렸던 누군가가 그해에 독감 백신을 접종했을 확률을 결정하기 위해 필요한 정보는 무엇일까?

해답 1

P(독감 백신 | GBS)을 구하고자 한다. 정보들을 모두 가지고 있다면 베이즈 정리를 사용해 이 문제를 해결할 수 있다.

$$P(\text{독감 백신} \mid \text{GBS}) = \frac{P(\text{독감 백신}) \times P(\text{GBS} \mid \text{독감 백신})}{P(\text{GBS})}$$

정보 중에 모르는 것은 처음부터 독감 백신을 맞을 확률뿐이다. 아마도 이 정보는 질병통제예방센터 또는 다른 국가 데이터 수집 서비스로부터 얻을 수 있을 것이다.

문제 2 전체 인구에서 임의로 뽑은 사람이 여성이면서 색맹이 아닐 확률은 얼마일까?

P(여성) = 0.5이고, P(색맹 | 여성) = 0.005임을 알고 있다. 누군가가 여성이면서 색맹이 아닐 확률은 1 - P(색맹 | 여성) = 0.995이다. 따라서 결과는 다음과 같다.

$$P(여성, 색맹 아님) = P(여성) \times P(색맹 아님 | 여성) = 0.5 \times 0.995 = 0.4975$$

문제 3 2010년에 독감 백신을 접종한 남성이 색맹이거나 GBS에 걸릴 확률은 얼마일까?

이 문제는 처음에는 복잡해 보일 수 있지만 조금 단순화할 수 있다. 누군가가 남성일 때 색맹일 확률과 독감 백신을 접종했을 때 GBS에 걸릴 확률부터 먼저 시작하자. 남성인 것은 GBS로부터 독립돼 있고 (특별한 언급이 없는 한) 독감 백신을 접종하는 것은 색맹인 것에 아무런 영향을 미치지 않으므로 약간의 지름길을 생각할 수 있다. 각각을 별도의 확률로 다룰 것이다.

$$P(A) = P(색맹 | 남성)$$
$$P(B) = P(GBS | 독감 백신)$$

다행히도 6장의 앞 부분에서 이미 모든 작업을 수행했으므로, $P(A) = \frac{8}{100}$이고 $P(B) = \frac{3}{100,000}$임을 안다. 합의 규칙을 사용해 다음과 같이 풀 수 있다.

$$P(A \text{ 또는 } B) = P(A) + P(B) - P(A) \times P(B | A)$$

알고 있는 지금까지의 정보로는, 색맹이 될 확률은 GBS의 확률과 아무런 관계가 없기 때문에 $P(B | A) = P(B)$가 된다. 따라서 공식에 값을 넣으면 $\frac{800,276}{10,000,000}$ 또는 0.0800276의 답을 얻는다. GBS의 확률이 너무 작기 때문에 누군가가 남성일 경우 색맹일 가능성보다는 약간 큰 값을 얻는다.

7장

문제 1 캔자스시티^{Kansas City}는 주어진 이름에도 불구하고 미국의 미주리^{Missouri}주와 캔자스주 두 개의 주 경계에 위치한다. 캔자스시티 수도권 지역은 15개의 카운티^{county}로 구성돼 있으며 9개는 미주리주에 있고 6개는 캔자스주에 있다. 캔자스주 전체에는 105개의 카운티가 있고 미주리주 전체에는 114개의 카운티가 있다. 베이즈 정리를 사용해 캔자스시티 수도권 지역에 있는 한 개의 카운티로 방금 이사한 친척이 캔자스에 있는 카운티에 거주할 확률을 계산해라. 친척은 캔자스주 또는 미주리주에 산다고 가정하고 P(캔자스), P(캔자스시티수도권지역) 그리고 P(캔자스시티수도권지역 | 캔자스)를 반드시 나타내라.

해답 1

캔자스시티 수도권 지역에 15개의 카운티가 있고 그 가운데 6개가 캔자스주에 있다는 것이 분명하기 때문에 누군가가 캔자스시티 수도권 지역에 살 때 캔자스주 안에 있을 확률은 $\frac{6}{15}$ 즉, $\frac{2}{5}$가 된다. 그러나 이 질문의 목적은 베이즈 정리가 답을 구하는 데 사용된다는 것을 보여주는 것이다. 베이즈 정리를 신뢰하는 것은 더 어려운 문제를 다룰 때 매우 도움이 될 것이다.

따라서 P(캔자스 | 캔자스시티수도권지역)을 구하기 위해 다음과 같이 베이즈 정리를 사용한다.

$$P(캔자스 | 캔자스시티수도권지역) = \frac{P(캔자스시티수도권지역 | 캔자스) \times P(캔자스)}{P(캔자스시티수도권지역)}$$

주어진 데이터로부터 캔자스주에 있는 105개의 카운티 중에 6개가 캔자스시티 수도권 지역에 있음을 알 수 있다.

$$P(캔자스시티수도권지역 | 캔자스) = \frac{6}{105}$$

또한 미주리주와 캔자스주에는 총 219개의 카운티가 있고 그 가운데 캔자스주에 105개가 있다.

$$P(캔자스) = \frac{105}{219}$$

그리고 전체 219개의 카운티 중에 15개가 캔자스시티 수도권 지역에 있다.

$$P(캔자스시티수도권지역) = \frac{15}{219}$$

베이즈 정리에 이 값들을 대입하면 다음과 같다.

$$P(캔자스 \mid 캔자스시티수도권지역) = \frac{\dfrac{6}{105} \times \dfrac{105}{219}}{\dfrac{15}{219}} = \frac{2}{5}$$

문제 2 한 벌의 카드에는 동등하게 빨간색 또는 검정색의 정장이 있는 52개의 카드가 있다. 카드 한 벌에는 4개의 에이스가 포함돼 있으며 2개는 빨간색이고 2개는 검정색이다. 1개의 빨간색 에이스를 제거하고 카드를 섞는다. 당신의 친구가 검정색 카드를 뽑았을 때 그 카드가 에이스일 확률은 무엇일까?

해답 2

문제 1과 마찬가지로 26개의 검정색 카드가 있으며 그중에 2개가 에이스라는 것을 쉽게 알 수 있다. 따라서 검정색 카드를 뽑았을 때 에이스일 확률은 $\frac{2}{26}$ 즉, $\frac{1}{13}$이다. 그러나 다시 말하지만 베이즈 정리가 답을 구하는 데 사용된다는 것을 보여주고자 하는 것이다.

$$P(에이스 \mid 검정색카드) = \frac{P(검정색카드 \mid 에이스) \times P(에이스)}{P(검정색카드)}$$

한 벌에서 1개의 빨간색 에이스를 제거했기 때문에 전체 카드 수는 51개이고 그중 26개가 검정색 카드이다. 에이스를 뽑았을 때 그 카드가 검정색일 확률은 다음과 같다.

$$P(검정색카드 \mid 에이스) = \frac{2}{3}$$

한 벌에는 51개의 카드가 있고 그중에 3개가 에이스이므로 에이스일 확률은 다음과 같다.

$$P(\text{에이스}) = \frac{3}{51}$$

마지막으로 51개의 카드 중에 26개가 검정색이므로 검정색일 확률은 다음과 같다.

$$P(\text{검정색카드}) = \frac{26}{51}$$

이제 문제를 풀기 위한 모든 정보를 충분히 가지고 있으므로, 값들을 대입하면 다음과 같다.

$$P(\text{에이스} \mid \text{검정색카드}) = \frac{P(\text{검정색카드} \mid \text{에이스}) \times P(\text{에이스})}{P(\text{검정색카드})} = \frac{\frac{2}{3} \times \frac{3}{51}}{\frac{26}{51}} = \frac{1}{13}$$

8장

문제 1 언급했듯이, 우도에 할당된 기존의 확률에 동의하지 않을 수 있다.

$$P(\text{창문 깨짐, 현관문 열림, 노트북 없어짐} \mid \text{도둑맞음}) = \frac{3}{10}$$

이것은 H_2보다 H_1을 믿는 데 있어 신념을 얼마나 강하게 변화시킬까?

해답 1

다음을 기억하자.

$$P(\text{창문 깨짐, 현관문 열림, 노트북 없어짐} \mid \text{도둑맞음}) = P(D \mid H_1)$$

신념을 어떻게 바꾸는지 보려면 비율로 대체해야 한다.

$$\frac{P(H_1) \times P(D \mid H_1)}{P(H_2) \times P(D \mid H_2)}$$

이미 공식의 분모가 $\frac{1}{21,900,000}$이라는 것과 $P(H_1) = \frac{1}{1,000}$임을 알고 있으므로, 답을 얻으려면 $P(D \mid H_1)$에 대해 변화된 신념으로 확인해야 한다.

$$\frac{\dfrac{1}{1,000} \cdot \dfrac{3}{100}}{\dfrac{1}{21,900,000}} = 657$$

따라서 $P(D \mid H_1)$이 10배 더 가능성이 적다고 믿으면 비율도 10배 더 작아진다(여전히 H_1을 선호하지만).

문제 2 H_1과 H_2의 비율이 균등해지게 하려면 H_1의 사전확률인 도둑맞았다는 신념의 가능성은 얼마나 낮아질까?

해답 2

문제 1의 답변에서 $P(D \mid H_1)$의 확률을 10배 줄이면 비율이 10배 감소했다. 이번에는 $P(H_1)$을 변경해 비율이 1이 되도록 657배 더 작게 만들어야 한다.

$$\frac{\dfrac{1}{1,000 \times 657} \times \dfrac{3}{100}}{\dfrac{1}{21,900,000}} = 1$$

따라서 새로운 $P(H_1)$은 $\frac{1}{657,000}$이어야 한다. 이는 도둑맞을 것 같지 않다는 매우 극단적인 신념을 의미한다.

9장

문제 1 친구가 땅에서 동전을 발견하고 뒤집을 때 앞면을 6개 연속으로 얻은 후 1개의 뒷면을 얻는다. 이를 설명하는 베타분포를 제공해라. 동전이 합리적으로 공정하다는 것을 반영하고 적분을 사용해 실제 앞면을 뒤집을 비율이 0.4와 0.6 사이일 확률을 결정해라.

해답 1

6개의 앞면과 1개의 뒷면을 얻기 때문에 $\alpha = 6$이고 $\beta = 1$인 베타분포로 나타낼 수 있다. R을 이용해 다음과 같이 적분할 수 있다.

```
> integrate(function(x) dbeta(x, 6, 1), 0.4, 0.6)
0.04256 with absolute error < 4.7e-16
```

동전이 공정할 가능성은 4%이므로 우도만으로는 불공정하다고 생각할 것이다.

문제 2 동전이 공정하다는 사전확률을 고려하자. 베타분포를 사용해 실제 앞면을 뒤집을 비율이 0.4에서 0.6 사이에 있을 가능성이 95% 이상이 되도록 해라.

해답 2

$\alpha_{사전} = \beta_{사전}$은 "공정하다"는 사전을 제공한다. 그 값이 커지면 커질수록 사전이 더 강해진다. 예를 들어 10을 사용하면 다음과 같은 결과를 얻는다.

```
> prior.val<-10
> integrate(function(x) dbeta(x,6+prior.val,1+prior.val), 0.4, 0.6)
0.4996537 with absolute error < 5.5e-15
```

물론 동전이 공정할 확률은 50%에 불과하다. 약간의 시행착오를 통해 원하는 숫자를 찾을 수 있다. $\alpha_{사전} = \beta_{사전} = 55$를 사용하면 목표에 도달하는 사전이 제공된다는 것을 알 수 있을 것이다.

```
> prior.val<-55
> integrate(function(x) dbeta(x,6+prior.val,1+prior.val), 0.4, 0.6)
0.9527469 with absolute error < 1.5e-11
```

문제 3 이제 동전이 공정하지 않을 가능성이 있다는 것을 충분히 납득시키기 위해 (더 이상 뒷면이 나오지 않는) 얼마나 많은 앞면이 더 필요한지 살펴보자. 이 경우 동전의 비율이 0.4에서 0.6 사이라는 신념이 0.5 이하로 떨어진다는 것을 의미한다고 가정하자.

해답 3

다시 답을 얻을 때까지 시행착오를 통해 간단하게 해결할 수 있다. 여전히 $\alpha_{사전} = \beta_{사전} = 55$를 사용하고 있음을 기억하자. 이번에는 공정한 동전의 확률을 약 50%로 바꾸기 위해 α에 얼마나 더해야 하는지 알고자 한다. 5개의 앞면을 더 얻으면 사후는 90%까지 떨어지는 것을 볼 수 있다.

```
> more.heads<-5
> integrate(function(x) dbeta(x, 6+prior.val+more.heads, 1+prior.val), 0.4, 0.6)
0.9046876 with absolute error < 3.2e-11
```

그리고 23개의 앞면을 더 가지면 동전이 공정할 확률은 약 50%가 됨을 알 수 있다. 이것은 강한 사전 신념조차도 충분한 데이터로 극복할 수 있음을 보여준다.

3부 모수 추정

10장

문제 1 원하는 것과 같이, 완전히 상쇄되지 않는 오차가 발생할 수 있다. 화씨 체온계로 98.6도는 정상 체온이고 100.4도는 발열의 전형적인 임곗값이다. 뜨끈하고 아픈 것 같은 어린이를 돌보고 있는데, 체온계를 반복해서 체크하면 모두 99.5도와 100도 사이에 있다.

뜨끈하지만 대단한 열은 아니다. 체온계를 당신 자신에게 직접 사용해 97.5도와 98도 사이의 수치를 몇 개 얻는 경우, 체온계에 어떤 문제가 있을 수 있을까?

해답 1

체온계가 화씨 1도 정도 떨어져 있는 경향이 있는 편향된 측정 값을 제공하는 것처럼 보인다. 만약 결과에 1도를 더하면 98.5도와 99도 사이인 것을 알 수 있으며, 이는 일반적으로 체온이 98.6도인 사람의 데이터가 맞는 것 같다.

문제 2 당신 스스로 건강하다고 느끼고 있고, 1번 문제에서와 같이 매우 일관되게 정상 온도가 측정되는 것을 감안할 때, 어린이가 열이 있는지 추정하기 위해 측정한 값 100, 99.5, 99.6, 100.2는 어떻게 변경할 수 있을까?

해답 2

측정 값이 편향됐다는 것은 체계적으로 잘못됐다는 것을 의미하므로 아무리 샘플링을 많이 해도 스스로 이 문제를 해결하지 못할 것이다. 원래 측정 값을 수정하기 위해 단지 각 측정 값에 1도씩 더할 수 있다.

11장

문제 1 분산의 이점 중의 하나는 차이를 제곱하면 차이가 기하급수적으로 증가한다는 것이다. 이것이 유용한 특성이 될 수 있는 몇 가지 예를 제공해라.

해답 1

기하급수적 증가는 많은 일상생활에서 매우 유용하다. 가장 명백한 것 가운데 하나는 물리적인 거리이다. 누군가가 위치를 순간적으로 이동시킬 수 있는 텔레포터^{teleporter}를 발명했다고 가정해보자. 위치 표시가 3피트^{feet} 정도 차이 난다면 그 정도는 괜찮을 수 있다. 또한 3마일도 괜찮을 수 있다. 그러나 30마일은 엄청나게 위험할 수 있다. 목표에서 멀어지는 거리가 커질수록 제곱한 거리는 훨씬 더 멀어질 것이다.

문제 2 주어진 관찰값에 대한 평균, 분산, 표준편차를 계산해라.

$$1, 2, 3, 4, 5, 6, 7, 8, 9, 10$$

해답 2

평균 = 5.5, 분산 = 8.25, 표준편차 = 2.87

12장

표준편차에 관한 참고 사항

이 책에서 언급한 표준편차가 아닌 표본표준편차$^{sample\ standard\ deviation}$를 계산하는 내장함수 sd가 R에 존재한다. 표본 표준편차의 아이디어는 n대신 $n - 1$로 평균을 구한다는 것이다. 고전적인 통계에서 표본 표준편차는 주어진 데이터에 대한 모집단의 평균을 추정하는데 사용된다. 여기서 my.sd 함수는 이 책에서 사용되는 표준편차를 계산한다.

```
my.sd <- function(val){
    val.mean <- mean(val)
    sqrt(mean((val.mean-val)^2))
}
```

데이터 집합의 크기가 커질수록 표본 표준편차와 실제 표준편차의 차이는 거의 없다. 그러나 데이터 집합의 크기가 작은 경우에는 약간의 차이가 있다. 12장의 모든 예에서는 my.sd를 사용했지만, 때로는 편리함을 위해 기본값인 sd를 사용한다.

문제 1 평균보다 5 시그마 이상 큰 값을 관찰할 확률은 얼마인가?

해답 1

평균이 0이고 표준편차가 1인 정규분포에 대해 integrate()를 사용할 수 있다. 그런 다음 5부터 100과 같이 상당히 큰 수까지 적분하면 된다.

```
> integrate(function(x) dnorm(x,mean=0,sd=1),5,100)
2.88167e-07 with absolute error < 5.6e-07
```

문제 2 화씨 100.4보다 높은 온도가 되면 열이 있다고 한다. 다음과 같은 측정 값에서 환자가 열이 있을 확률은 얼마인가?

100.0, 99.8, 101.0, 100.5, 99.7

해답 2

데이터의 평균 및 표준편차를 구하는 것부터 시작할 것이다.

```
temp.data <- c(100.0, 99.8, 101.0, 100.5, 99.7)
temp.mean <- mean(temp.data)
temp.sd <- my.sd(temp.data)
```

그런 다음 온도가 100.4를 초과할 확률을 찾기 위해 integrate()를 사용한다.

```
> integrate(function(x) dnorm(x,mean=temp.mean,sd=temp.sd),100.4,200)
0.3402821 with absolute error < 1.1e-08
```

측정 결과를 볼 때, 열이 있을 확률은 34% 정도이다.

문제 3 11장에서 동전을 떨어뜨려 시간을 측정함으로써 우물의 깊이를 추정하려고 시도했고, 다음과 같은 값을 얻었다고 가정하자.

2.5, 3, 3.5, 4, 2

물체가 떨어지는 거리(미터)는 다음 공식으로 계산할 수 있다.

$$\text{거리} = 1/2 \times G \times \text{시간}^2$$

여기서 G는 9.8m/s/s이다. 우물의 깊이가 500미터 이상일 확률은 얼마인가?

해답 3

시간에 관한 데이터를 R에 입력하는 것부터 시작하자.

```
time.data <- c(2.5,3,3.5,4,2)
time.data.mean <- mean(time.data)
time.data.sd <- my.sd(time.data)
```

다음은 500미터에 도달하는 데 어느 정도 시간이 걸리는지를 알아야 한다. 다음 공식을 사용한다.

$$\frac{1}{2} \times G \times t^2 = 500$$

G가 9.8인 경우 시간(t)이 약 10.10초 정도 되는 것을 알아낼 수 있다(R로 함수를 만들어 수작업으로 반복해서 해결하거나 울프람 알파$^{Wolfram\ Alpha}$ 같은 것으로 해결할 수도 있다). 이제 10.1 이상으로 정규분포를 적분하면 된다.

```
> integrate(function(x) dnorm(x,mean=time.data.mean,sd=time.data.sd),10.1,200)
2.056582e-24 with absolute error < 4.1e-24
```

이것은 확률이 거의 0이기 때문에, 우물의 깊이는 500미터가 아니라는 것을 꽤 확신할 수 있다.

문제 4 우물이 없을 확률은 얼마인가? (즉, 우물의 깊이가 실제로 0미터) 우물이 있다는 전제하에 주어진 관찰값에 비춰 볼 때, 당신이 예상하는 것보다 확률이 높다는 것을 알 수 있을 것이다. 예상보다 높은 확률에 대해 두 가지로 설명할 수 있다. 첫 번째는 정규분포가 측정에 적합하지 않은 모델이라는 것이고, 두 번째는 예제에서 숫자를 구성할 때 실제 상황에서는 볼 수 없는 값을 선택했다는 것이다. 어느 것이 더 가능성이 높을까?

-1부터 0까지 사용해 문제 3과 동일하게 적분하면 다음과 같다.

```
integrate(function(x)
dnorm(x,mean=time.data.mean,sd=time.data.sd),-1,0)
1.103754e-05 with absolute error < 1.2e-19
```

값이 작지만 우물이 없을 확률은 $\frac{1}{100,000}$보다 크다. 우물이 바로 앞에 있으면 우물을 잘 볼 수 있다. 확률이 작다고 하더라도 실제로 0에 가까운 것은 아니다. 모델에 의문을 제기해야 할까? 아니면 데이터에 의문을 제기해야 할까? 베이지안 접근법에서는 일반적으로 데이터보다 모델에 의문을 제기하는 것을 선호한다. 예를 들어 주가 변동은 일반적으로 금융 위기에 매우 높은 시그마 이벤트를 갖는다. 이는 정규분포가 주가 변동에 좋지 않은 모델임을 의미한다. 그러나 이 문제에서는 정규분포에 관한 가정에 의문을 제기할 어떤 이유도 없으며, 사실 이 숫자들은 편집자가 값이 너무 퍼져 있다고 지적하기 전까지는 11장에서 선택한 원래 숫자임을 기억하자.

통계 분석의 가장 큰 장점 중의 하나는 회의론이다. 실제로 잘못된 데이터를 몇 번 처리한 적이 있다. 모델은 항상 불완전하지만, 데이터도 신뢰할 수 있는지 확인하는 것은 매우 중요하다. 당신이 세상에 대해 가지고 있는 가정들이 잘 맞는지 살펴봐라. 그렇지 않다면 당신의 모델과 데이터를 여전히 신뢰한다고 확신할 수 있는지 돌아봐라.

13장

문제 1 179페이지의 PDF 플로팅 코드 예제를 사용해 CDF 및 분위수 함수를 플로팅하라.

CDF를 위해 다음과 같이 dbeta()를 pbeta()로 대체하면 된다.

```
xs <- seq(0.005, 0.01, by=0.00001)
plot(xs, pbeta(xs, 300, 40000-300), type='l', lwd=3,
     ylab="누적확률",
     xlab="등록확률",
     main="CDF Beta(300, 39700)")
```

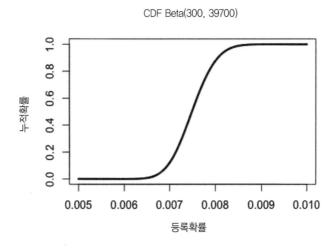

또한 분위수 함수를 플로팅하기 위해서는 xs를 분위로 변경해야 한다.

```
xs <- seq(0.001, 0.99, by=0.001)
plot(xs, qbeta(xs, 300, 40000-300), type='l', lwd=3,
     ylab="등록확률",
     xlab="분위",
     main="Beta(300, 39700)의 분위")
```

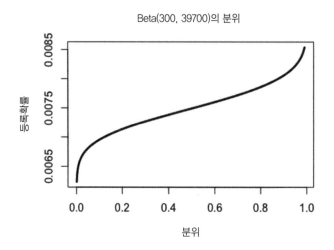

Beta(300, 39700)의 분위

분위

문제 2 10장에서의 적설량 측정 작업으로 돌아가, 다음과 같은 적설량 측정치(인치)가 있다고 가정하자.

$$7.8, 9.4, 10.0, 7.9, 9.4, 7.0, 7.0, 7.1, 8.9, 7.4$$

적설량의 실제 값에 대한 99.9% 신뢰구간을 구해라.

해답 2

먼저 주어진 데이터의 평균과 표준편차를 계산한다.

```
snow.data <- c(7.8, 9.4, 10.0, 7.9, 9.4, 7.0, 7.0, 7.1, 8.9, 7.4)
snow.mean <- mean(snow.data)
snow.sd <- sd(snow.data)
```

그런 다음 qnorm()을 사용해 99.9% 신뢰구간의 상한값과 하한값을 계산한다.

하한값 = qnorm(0.0005, mean=snow.mean, sd=snow.sd) = 4.46

상한값 = qnorm(0.9995, mean=snow.mean, sd=snow.sd) = 11.92

이는 4.46인치 이상의 적설량과 11.92 이하의 적설량을 갖고 있음을 매우 확신함을 의미한다.

문제 3 아이가 캔디 바를 판매하기 위해 집집마다 돌아다니고 있다. 지금까지 30채의 집을 방문했고 10개의 캔디 바를 팔았다. 오늘 40채 이상의 집을 더 방문할 것이다. 남은 하루 동안 얼마나 많은 캔디 바를 팔 것인지에 대한 95% 신뢰구간을 구해라.

해답 3

먼저 캔디 바를 판매할 확률에 대한 신뢰구간을 계산해야 한다. 이것을 Beta(10, 20)로 모델링한 다음 qbeta()를 사용해 다음과 같은 값을 알아낼 수 있다.

$$하한값 = qbeta(0.025, 10, 20) = 0.18$$
$$상한값 = qbeta(0.975, 10, 20) = 0.51$$

40가구가 남아 있다면 $40 \times 0.18 = 7.2$에서 $40 \times 0.51 = 20.4$ 사이에서 캔디 바를 판매할 것으로 예상할 수 있다. 물론 아이는 바를 통째로만 팔 수 있기 때문에 7개에서 20개 사이의 캔디 바를 팔 것으로 확신할 수 있다.

구체적인 값을 원한다면 실제로 qbinom()을 사용해 판매율의 각 극단값에서 이항분포에 대한 분위를 계산할 수 있다. 이는 스스로 탐구할 문제로 남겨두겠다.

14장

문제 1 당신은 친구들과 에어 하키를 하면서 퍽puck을 누가 먼저 갖고 시작하는지 결정하기 위해 동전 던지기를 한다고 가정하자. 12번 게임을 한 후에, 동전을 제공한 친구가 거의 항상 먼저 시작하는 것 같다는 것을 깨닫는다(12번 중 9번). 다른 친구들 중 몇몇은 의심을 품기 시작한다. 다음 신념에 대한 사전 확률분포를 정의해라.

- 친구가 부정 행위를 하고 있고 앞면이 나올 확률이 약 70%에 가깝다고 약하게 믿는 사람
- 동전은 공정하고 앞면이 나올 확률은 50%라고 매우 강하게 믿는 사람

- 동전은 70% 정도 앞면이 나오도록 편향돼 있다고 강하게 믿는 사람

해답 1

이러한 사전을 정하는 것은 약간 주관적이지만, 다음은 각 신념에 해당하는 몇 가지 예다.

- Beta(7, 3)은 비율이 70%에 가깝다는 신념을 나타내는 상당히 약한 사전이다.
- Beta(1000, 1000)은 동전이 공정하다는 매우 강한 신념이다.
- Beta(70, 30)은 동전이 70% 앞면으로 편향돼 있다는 훨씬 더 강한 믿음이다.

문제 2 동전을 테스트하기 위해 동전을 20번 던져 9번의 앞면과 11번의 뒷면을 얻는다. 1번 질문으로부터 계산한 사전을 사용해 95% 신뢰구간에서 앞면을 얻을 실제 비율에 대해 업데이트된 사후 신념은 무엇인가?

해답 2

이제 18개의 앞면과 14개의 뒷면을 포함하는 총 32개의 관찰값을 가진 업데이트된 데이터 집합을 가지고 있다. R의 qbeta()와 1번 질문의 사전을 사용해, 다음과 같은 다양한 신념에 대해 95% 신뢰구간을 도출할 수 있다.

다른 예제도 모두 동일하므로 Beta(7, 3)에 대한 코드만 살펴볼 것이다.

95% 구간의 하한값은 qbeta(0.025, 18 + 7, 14 + 3) = 0.445이고, 상한값은 qbeta(0.975, 18 + 7, 14 + 3) = 0.737이다. Beta(1000, 1000)의 경우는 0.479 ~ 0.523이고, Beta(70, 30)의 경우는 0.5843 ~ 0.744이다.

보다시피 약한 사전은 가장 광범위한 확률을 제공하며 매우 강한 공정한 사전은 동전이 공정하다는 것을 확실히 확신하고 강한 70% 사전은 여전히 동전의 실제 비율에 대해 더 높은 범위의 가능한 값으로 기울어져 있다.

15장

문제 1 오랜 경험을 가진 마케팅 책임자가 이미지가 없는 변형(B)이 원래 변형과 다르게 작동하지 않을 것이라고 매우 강하게 믿고 있다고 가정하자. 모델에서 이를 어떻게 설명

할 수 있을까? 이러한 변화를 구현하고 최종 결론이 어떻게 변경되는지 확인해라.

해답 1

사전의 강도를 높여서 이를 설명할 수 있다.

```
prior.alpha <- 300
prior.beta <- 700
```

신념을 바꾸기 위해서는 훨씬 더 많은 증거를 필요로 할 것이다. 이것이 결론을 어떻게 바꾸는지 확인하기 위해 코드를 다시 실행한다.

```
a.samples <- rbeta(n.trials,36+prior.alpha,114+prior.beta)
b.samples <- rbeta(n.trials,50+prior.alpha,100+prior.beta)
p.b_superior <- sum(b.samples > a.samples)/n.trials
```

그리고 새로운 p.b_superior는 0.74로, 원래 0.96보다 훨씬 낮다.

문제 2 수석 디자이너는 당신의 결과를 보고 변형 B가 이미지 없이 더 잘 수행할 방법이 없다고 주장한다. 수석 디자이너는 당신이 변형 B의 전환율을 30%보다 20%에 더 가깝다고 가정해야 한다고 생각한다. 이를 위한 솔루션을 구현하고 분석 결과를 다시 검토해라.

해답 2

신념을 바꾸기 위해 사전을 하나 사용하기보다는 두 가지를 사용하고자 한다. 하나는 A에 대해 가지고 있던 원래의 사전을 반영하고, 다른 하나는 B에 대한 수석 디자이너의 신념을 반영한다. 약한 사전을 사용하는 것보다는 조금이라도 강한 것을 사용할 것이다.

```
a.prior.alpha <- 30
a.prior.beta <- 70
```

```
b.prior.alpha <- 20
b.prior.beta <- 80
```

그리고 시뮬레이션을 실행할 때 두 가지 별도의 사전을 사용한다.

```
a.samples <- rbeta(n.trials,36+a.prior.alpha,114+a.prior.beta)
b.samples <- rbeta(n.trials,50+b.prior.alpha,100+b.prior.beta)
p.b_superior <- sum(b.samples > a.samples)/n.trials
```

이번에는 p.b_superior가 0.66으로 이전보다 낮지만, 여전히 B가 약간은 더 우수한 변형일 수 있음을 암시한다.

문제 3 95% 확실하다는 것은 가설을 어느 정도 "확신"한다는 걸 의미하는 것으로 가정하자. 또한 테스트에서 보낼 수 있는 이메일의 수에 더 이상 제한이 없다고 가정하자. A에 대한 실제 전환이 0.25이고 B에 대해서는 0.3인 경우, B가 실제로 우수하다는 것을 마케팅 책임자에게 "확신"시키기 위해 얼마나 많은 샘플이 필요한지 살펴봐라. 수석 디자이너에 대해서도 동일하게 살펴봐라. 다음과 같이 R을 사용해 전환 샘플을 생성할 수 있다.

```
true.rate <- 0.25
number.of.samples <- 100
results <- runif(number.of.samples) <= true.rate
```

해답 3

마케팅 책임자의 경우 이 문제를 해결하기 위한 기본 코드는 다음과 같다(수석 디자이너의 경우에는 별도의 사전을 추가해야 한다). R에서 while 루프를 사용해 예제를 반복(또는 수동으로 새로운 값을 시도)할 수 있다.

```
a.true.rate <- 0.25
b.true.rate <- 0.3

prior.alpha <- 300
prior.beta <- 700

number.of.samples <- 0
# 이 값을 초깃값으로 사용해 루프 시작
p.b_superior <- -1
while(p.b_superior < 0.95){
    number.of.samples <- number.of.samples + 100
    a.results <- runif(number.of.samples/2) <= a.true.rate
    b.results <- runif(number.of.samples/2) <= b.true.rate
    a.samples <- rbeta(n.trials,
                    sum(a.results==TRUE)+prior.alpha,
                    sum(a.results==FALSE)+prior.beta)
    b.samples <- rbeta(n.trials,
                    sum(b.results==TRUE)+prior.alpha,
                    sum(b.results==FALSE)+prior.beta)
    p.b_superior <- sum(b.samples > a.samples)/n.trials
}
```

이 코드 자체가 시뮬레이션이기 때문에 실행할 때마다 다른 결과를 얻을 수 있으므로 몇 번 실행(또는 자체적으로 몇 번 더 실행되는 좀 더 복잡한 예제를 구축)해야 하는 것에 유의하자.

마케팅 책임자를 "확신"시키기 위해서는 약 1,200개의 샘플이 필요하다. 수석 디자이너의 경우에는 약 1,000개의 샘플이 필요하다. 수석 디자이너가 B가 더 나쁘다고 믿지만, 이 예에서는 수석 디자이너 역시 더 약한 사전을 갖고 있기 때문에 수석 디자이너의 마음을 업데이트하는 데 증거가 덜 필요함을 알아두자.

16장

문제 1 주사위 문제로 돌아가, 당신의 친구가 실수를 했고 실제로 두 개의 로드된 주사위와 한 개의 공정한 주사위가 있다는 것을 갑자기 깨달았다고 가정하자. 이것이 우리의 문제에 대해 사전과 사후 오즈를 어떻게 변화시킬까? 던지고 있는 주사위가 로드된 주사위라고 더 확실하게 믿을 수 있을까?

해답 1

원래의 사전 오즈는 $\dfrac{\frac{1}{3}}{\frac{2}{3}} = \dfrac{1}{2}$이고, 베이즈 요인은 3.77이었다. 그 결과 사후 오즈 1.89를 얻었다. 새로운 사전 오즈는 $\dfrac{\frac{2}{3}}{\frac{1}{3}} = 2$이므로 사후 오즈는 2 × 3.77 = 7.54가 된다. 던지고 있는 주사위가 로드된 주사위라고 확실히 믿기를 원하지만, 사후 오즈는 여전히 어느 쪽에도 별로 강하지 않다. 완전히 포기하기 전에 더 많은 증거를 수집하기를 원할 것이다.

문제 2 희귀 질병 예제로 돌아가자. 의사를 찾아가서 귀를 깨끗이 한 후에도 증상이 지속된다는 것을 알았다고 가정하자. 더 안 좋은 것은 현기증이라는 새로운 증상이다. 의사는 미로염이라는 또 다른 가능성을 제안한다. 미로염은 98%가 현기증을 수반하는 내이$^{inner\ ear}$의 바이러스 감염이다. 그러나 청력 손실과 이명은 이 질병에서 덜 일반적이다. 청력 손실은 30%, 이명은 28%만 발생한다. 현기증도 청신경종양의 가능한 증상이지만 49%의 경우에만 발생한다. 일반적으로 매년 백만 명 당 35명이 미로염에 걸린다. 당신이 미로염에 걸렸다는 가설과 청신경종양에 걸렸다는 가설을 비교할 때 사후 오즈는 얼마일까?

해답 2

우리는 이미 청신경종양이 얼마나 가능성이 없는지를 살펴봤기 때문에 상황을 다시 H_1은 "미로염이 있다"로, H_2는 "청신경종양이 있다"로 할 것이다. "현기증이 있다"라는 새로운 데이터가 있고 완전히 새로운 가설을 가지고 있기 때문에 모든 사후 오즈를 다시 계산해야 한다.

베이즈 요인부터 시작하자. H_1의 경우 다음과 같다.

$$P(D \mid H_1) = 0.98 \times 0.30 \times 0.28 = 0.082$$

그리고 H_2의 새로운 우도는 다음과 같다.

$$P(D \mid H_2) = 0.94 \times 0.83 \times 0.49 = 0.382$$

따라서 새로운 가설의 베이즈 요인은 다음과 같다.

$$\frac{P(D \mid H_1)}{P(D \mid H_2)} = 0.22$$

이것은 베이즈 요인만 고려할 때 청신경종양이 미로염보다 대략 4배 더 나은 설명이라는 것을 의미한다. 이제 사전 오즈 비율을 살펴봐야 한다.

$$O(H_1) = \frac{P(H_1)}{P(H_2)} = \frac{\dfrac{35}{1{,}000{,}000}}{\dfrac{11}{1{,}000{,}000}} = 3.18$$

미로염은 귀지 매복보다는 훨씬 덜 일반적이지만, 청신경종양보다는 약 3배 더 흔하다. 사후 오즈를 구하면 다음과 같다.

$$O(H_1) \times \frac{P(D \mid H_1)}{P(D \mid H_2)} = 3.18 \times 0.22 = 0.70$$

결과적으로 청신경종양이 미로염보다 약간 더 나은 설명에 불과하다.

17장

문제 1 친구와 함께 영화를 볼 때마다 동전을 던져 누가 영화를 선택할 것인지 결정한다. 당신 친구는 매주 금요일마다 10주 동안 동전의 앞면을 선택한다. 당신은 동전이 앞면과 뒷면으로 있는 것이 아니라 앞면만 두 개라는 가설을 가정한다. 동전이 공정하다는 가설에 대해 속임수 동전이라는 가설에 대한 베이즈 요인을 설정해라. 이 비율은 당신의 친구가 당신을 속이고 있는지 여부에 대해 무엇을 암시하고 있을까?

H_1은 동전이 실제로 속임수 동전이라는 가설이고 H_2는 동전이 공정하다는 가설이다. 동전이 실제로 속임수 동전이라면 10개의 앞면을 연속으로 얻을 확률은 1이므로, 다음을 알 수 있다.

$$P(D \mid H_1) = 1$$

그리고 동전이 공정하다면 10개의 앞면이 나올 확률은 $0.5^{10} = 1/1{,}024$이므로 다음을 알 수 있다.

$$P(D \mid H_2) = \frac{1}{1{,}024}$$

이에 대한 베이즈 요인은 다음과 같다.

$$\frac{P(D \mid H_1)}{P(D \mid H_2)} = \frac{1}{\dfrac{1}{1{,}024}} = 1{,}024$$

이는 베이즈 요인만 고려할 때 동전이 속임수 동전일 가능성이 1,024배 더 높다는 것을 의미한다.

문제 2 이제 세 가지 경우를 상상해보자. 세 가지 경우는 "당신의 친구는 약간 장난을 잘 치는 사람이다", "당신의 친구는 대부분 정직하지만 때로는 교활할 수 있는 사람이다", "당신의 친구는 매우 신뢰할 수 있는 사람이다"와 같다. 각각의 경우, 가설에 대한 사전 오즈 비율을 추정하고 사후 오즈를 계산해라.

이것은 약간 주관적이지만 몇 가지 추정을 해보자. 세 가지 다른 사전 오즈 비율을 필요로 한다. 각각의 경우에 대해 단순하게 사전 오즈와 1번 문제의 베이즈 요인을 곱해서 사후를 얻는다.

친구가 장난을 잘 치는 사람이라는 것은 우리를 속이지 않을 가능성이 더 높은 것을 의미하므로, $O(H_1) = 10$을 설정할 것이다. 그러면 사후 오즈는 $10 \times 1,024 = 10,240$이 된다.

만약 당신의 친구가 대부분 정직하지만 교활할 수 있다면 당신 친구가 당신을 속인다고 해도 그다지 놀라지 않을 것이다. 그러나 기대하지는 않기 때문에 사전 오즈를 $O(H_1) = 1/4$로 설정할 것이다. 이는 사후 오즈가 240이 된다는 것을 의미한다.

당신이 정말로 친구를 신뢰한다면 속임수가 있다는 것에 대한 사전 오즈를 매우 낮게 하고 싶을 수 있다. 여기서 사전 오즈를 $O(H_1) = 1/10,000$로 할 수 있으며, 이는 대략 $1/10$의 사후 오즈를 제공한다. 이는 친구가 속인다는 것보다 동전이 공정할 가능성이 여전히 10배 더 높다고 생각한다는 것을 의미한다.

문제 3 당신의 친구를 매우 신뢰한다고 가정하자. 1/10,000을 사전 오즈로 할 때 사후 오즈 1과 같이 동전이 공정하다는 것을 의심하기까지 몇 번이나 동전의 앞면이 나와야 할까?

해답 3

14번의 동전 던지기에서 베이즈 요인은 다음과 같다.

$$\frac{1}{\frac{1}{0.5^{14}}} = 16,384$$

사후 오즈는 $16,384/10,000 = 1.64$이다. 이 시점에서 친구의 결백에 대해 확신을 갖지 못하기 시작한다. 그러나 14회 미만의 동전 던지기에서는 동전이 공정하다는 아이디어를 여전히 선호할 수 있다.

문제 4 당신의 또 다른 친구도 이 친구와 어울리면서 4주 동안 동전이 모두 앞면이 나온 후에, 두 사람 모두 속고 있다는 것을 확신하게 된다. 이러한 자신감은 약 100의 사후 오즈를 의미한다. 친구가 속이고 있다는 다른 친구의 사전 신뢰에 어떤 값을 부여하겠는가?

빈 칸을 채움으로써 이 문제를 해결할 수 있다.

$$P(D \mid H_2) = 0.5^4 = \frac{1}{16}$$

이것은 베이즈 요인이 16임을 의미한다. 따라서 16을 곱해서 100이 되는 값을 찾아야 한다.

$$100 = O(H_1) \times 16$$

$$O(H_1) = \frac{100}{16} = 6\frac{1}{4}$$

이제 의심스러운 친구의 마음속에 있는 사전 오즈에 정확한 값을 부여했다.

18장

문제 1 두 개의 가설이 데이터를 똑같이 잘 설명할 때, 마음을 바꾸는 한 가지 방법은 사전확률을 공격할 수 있는지를 알아보는 것이다. 당신 친구의 초능력적인 힘에 대해 사전 신념을 높일 수 있는 몇 가지 요인은 무엇일까?

해답 1

사전 신념에 대해 이야기하고 있기 때문에 이에 대한 답변은 모든 사람에게 약간 다를 수 있다. 나는 단지 주사위 던지는 것의 결과를 예측하는 것만으로는 속이기 쉬울 것 같다. 나는 이 친구가 내가 선택하는 실험에서 초능력적인 힘을 증명하는 것을 보고 싶다. 예를 들어 내 지갑에 있는 달러 지폐 일련번호의 마지막 숫자를 예측할 것을 친구에게 요청하는 것이다. 그렇게 하면 나를 속이는 것이 훨씬 더 어려울 것이다.

문제 2-1 플로리다라는 단어를 들으면 사람들은 노인을 떠올리면서 그들의 걷는 속도에 영향을 미친다고 주장하는 실험이 있다. 이를 테스트하기 위해 15명의 학생들로 구성된 두 그룹에게 방을 가로질러 걷게 한다. 한 그룹은 플로리다라는 단어를 듣고 다른 그룹은 듣지 않는다. "H_1 = 그룹은 다른 속도로 움직이지 않는다"이고, "H_2 = 플로리다 그룹은 플로리다라는 단어를 듣기 때문에 더 느리게 걷는다"로 가정하자. 또한 다음과 같이 가정하자.

$$BF = \frac{P(D \mid H_2)}{P(D \mid H_1)}$$

실험 결과 H_2의 베이즈 요인이 19로 나타났다. H_2의 사전 오즈가 더 낮기 때문에 누군가가 이 실험에 납득하지 못한다고 가정하자. 누군가가 확신하지 못하는 것을 설명할 수 있는 사전 오즈는 무엇이며, 확신이 없는 사람을 위해 사후 오즈가 50이 되게 하는 데 BF는 무엇이 필요할까?

해답 2-1

이 질문은 실제 논문인 「Automaticity of Social Behavior(사회적 행동의 자동화)」에서에서 나온 것이다. 실험이 의심스러워 보이는 것은 당신만이 아니다. 연구 결과는 재현하기 어려운 것으로 악명 높았다. 만약 당신이 확신이 서지 않는다면, 결과를 부정하기 위해서는 사전 오즈가 약 1/19이 돼야 한다는 것을 의미한다고 말할 것이다. 사후 오즈가 50이 되려면 다음이 필요하다.

$$50 = \frac{1}{19} \times BF$$

$$BF = 950$$

따라서 초기 회의론을 고려할 때 사후 오즈를 "강한 신념" 범위로 끌어들이려면 베이즈 요인 950이 필요하다.

문제 2-2 이제 사전 오즈가 회의론자의 마음을 바꿀 수 없다고 가정해보자. 플로리다 그룹이 더 느리게 걷는다는 관찰을 설명하는 대체 가설 H_3를 생각해보자. H_2와 H_3가 모두 데이터를 똑같이 잘 설명한다면, H_3를 선호하는 사전 오즈만이 누군가가 H_2에 대해 H_3가 사실이라고 주장하게 만들 수 있으므로, 우리는 이러한 오즈를 줄이기 위해 실험을 재고할 필요가 있다. H_2에 대한 H_3의 사전 오즈를 바꿀 수 있는 실험은 무엇일까?

해답 2-2

두 번째 그룹이 평균적으로 더 느리다는 것은 전적으로 가능한 일이다. 단지 15명의 참가자가 있는 상황에서 플로리다 단어를 들은 그룹이 더 짧은 거리를 더 늦게 걷는 사람이 더 많이 포함됐다고 상상하는 것은 어렵지 않다. 플로리다 단어를 들으면 더 늦어지는 것이 우연이 아니라는 것을 확실히 하기 위해서는 적어도 이 실험을 여러 다른 그룹과 함께 여러 번 재현해볼 필요가 있다.

19장

문제 1 베이즈 요인을 $H_1 : P(경품) = 0.5$로 가정했다. 이를 통해 알파 1과 베타 1인 베타분포 버전을 도출할 수 있었다. H_1에 대해 다른 확률을 선택하면 어떻게 될까? $H_1(경품) = 0.24$로 가정하고 합계가 1이 되도록 정규화한 후 그 결과 분포가 원래 가설과 차이가 있는지 확인해라.

해답 1

모든 코드를 다시 실행할 수 있지만, 이번에는 하나는 0.5 버전의 bfs 그룹을 만들고 또 다른 하나는 0.24 버전을 만든다.

```
dx <- 0.01
hypotheses <- seq(0,1,by=dx)
bayes.factor <- function(h_top,h_bottom){
    ((h_top)^24*(1-h_top)^76)/((h_bottom)^24*(1-h_bottom)^76)
}
bfs.v1 <- bayes.factor(hypotheses,0.5)
bfs.v2 <- bayes.factor(hypotheses,0.24)
```

다음은 각각에 대해 개별적으로 플로팅한다.

```
plot(hypotheses,bfs.v1,type='l')
```

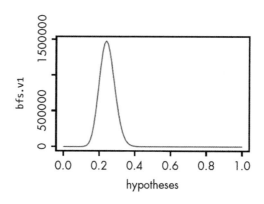

```
plot(hypotheses,bfs.v2,type='l')
```

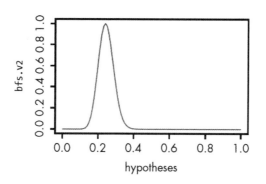

여기서 유일한 차이점은 y축이라는 것을 알 수 있다. 더 약하거나 더 강한 가설을 선택해도 분포의 척도만 변경되고 분포의 모양은 변경되지 않는다. 만약 우리가 두 개를 함께 정규화하고 플로팅하면 둘이 동일하다는 것을 알 수 있다.

```
plot(hypotheses,bfs.v1/sum(bfs.v1),type='l')
points(hypotheses,bfs.v2/sum(bfs.v2))
```

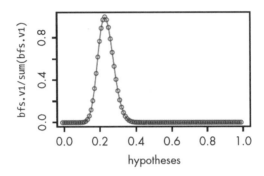

문제 2 각 가설이 이전 가설보다 1.05배 가능성이 더 높은 분포에 대해 사전을 작성해라 (dx는 똑같이 남아 있다고 가정).

해답 2

원래의 것으로부터 bfs를 다시 만들어보자(첫 번째 부분은 이전 답에 있는 코드 참조).

```
bfs <- bayes.factor(hypotheses,0.5)
```

다음은 (이전 가설이 없기 때문에) 새로운 사전을 1로 시작하고 1.05, 1.05 × 1.05, 1.05 × 1.05 × 1.05 등으로 진행할 것이다. 이를 수행하기 위한 몇 가지 방법이 있지만 R의 replicate() 함수를 사용해 (첫 번째는 1이기 때문에) 우리의 가설의 길이보다 1 작은 길이의 1.05 벡터로 시작할 것이다.

```
vals <- replicate(length(hypotheses)-1,1.05)
```

그런 다음 이 리스트에 1을 추가하면 cumprod() 함수(cumsum( )과 같지만 곱셈)를 사용해 사전을 생성할 수 있다.

```
vals <- c(1,vals)
priors <- cumprod(vals)
```

마지막으로 사후를 계산하고 정규화한 다음 새로운 분포를 시각화할 수 있다.

```
posteriors <- bfs*priors
p.posteriors <- posteriors/sum(posteriors)
plot(hypotheses,p.posteriors,type='l')
# 비교를 위해 bfs만 추가
points(hypotheses,bfs/sum(bfs))
```

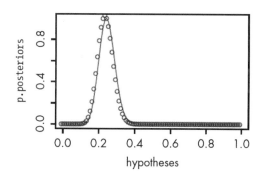

이렇게 해도 최종 분포는 그렇게 많이 변하지 않는다는 점에 주목하자. 마지막 가설에 훨씬 더 강한 (가능성이 약 125배 높은) 사전확률을 제시해도 베이즈 요인이 너무 낮아 결국에는 큰 차이를 보이지 않는다.

문제 3 경품을 가진 34마리의 오리와 경품이 없는 66마리의 오리를 포함한 또 다른 오리 게임을 관찰했다고 가정하자. "우리의 예제에서 사용했던 게임보다 이 게임에서 상품 획득할 가능성이 더 높을 확률은 얼마나 될까?"에 대해 답하기 위해 테스트를 어떻게 설정하면 될까? 이를 구현하려면 이 책에서 사용했던 R보다 약간 더 세련된 방법이 필요한데, 조금 더 진보된 베이지안 통계의 모험을 시작하기 위해 당신 스스로 준비가 됐는지 확인해봐라.

해답 3

이 문제를 해결하기 위해 해야 할 일은 15장에서처럼 A/B 테스트를 설정하는 것이다. 19 장에서 사용했던 과정을 반복하는 것만으로도 "경품 있는 34개, 경품 없는 66개" 예제에 대한 두 가지 분포를 쉽게 만들 수 있다. 까다로운 부분은 우리가 스스로 만든 사후에서 샘플링(표본 추출)하는 것이다. 알려진 분포에서 샘플링하기 위해서는 rbeta()와 같은 내장 함수를 사용했지만, 이 경우에는 적당한 함수가 없다. 이 문제를 해결하려면 기각 샘플링rejection sampling 또는 심지어 메트로폴리스-헤이스팅스Metropolis-Hastings와 같은 고급 샘플링 기술을 사용해야 한다. 만약 당신이 이 문제를 해결하기를 원한다면 베이지안 분석에 관해 조금 더 진보된 책을 살펴봐야 한다. 이것은 당신이 기본을 확실히 이해하고 있다는 의미이므로 스스로를 자랑스러워해도 된다.

찾아보기

흥미로운 베이지안 통계

스타워즈, 레고, 러버 덕으로 이해하는 통계와 확률

발 행 | 2021년 1월 4일

지은이 | 윌 커트
옮긴이 | 윤 정 미

펴낸이 | 권 성 준
편집장 | 황 영 주
편 집 | 김 진 아
　　　 임 지 원
디자인 | 윤 서 빈

에이콘출판주식회사
서울특별시 양천구 국회대로 287 (목동)
전화 02-2653-7600, 팩스 02-2653-0433
www.acornpub.co.kr / editor@acornpub.co.kr

이 도서의 국립중앙도서관 출판시도서목록(CIP)은 서지정보유통지원시스템 홈페이지(http://seoji.nl.go.kr)와
국가자료공동목록시스템(http://www.nl.go.kr/kolisnet)에서 이용하실 수 있습니다.(CIP제어번호: CIP2020054034)

책값은 뒤표지에 있습니다.